리더십
리부트

LEADERSHIP IS LANGUAGE

REBOOT

언택트 시대에 필요한 리더의 기술을 갖춰라

▶▶▶▶▶▶

리더십 리부트

◀◀◀◀◀◀

L. 데이비드 마르케 지음 | 박정은 옮김

시목始木

돈과 사람을 잃고 싶지 않다면
지금 당장 리더십을 리부트하라

셰인 맥 Shane Mac

컨버소셜 Conversocial* 상무, 어시스트 Assist 창립자 겸 前 CEO

"시간을 절약할 수 있게, 더는 비통해지지 않게 돕겠다."라는 데이비드의 말에 귀를 기울여라. 더 빨리 그의 가르침을 따랐더라면 나는 그토록 오래 힘들어할 필요가 없었고, 수백만 달러를 잃지도 않았을 것이다.

당신의 많은 지인들(어쩌면 당신!)이 그러하듯이 나 역시도 답을 모두 알고 있는 사람처럼 행세하며 살아왔다. 모두가 나를 똑똑한 사람으로 생각해주기를 바랐다. 왜 그랬는지는 알 수 없지만 좋은 리더란 모든 일에 옳게 행동해야 하며, 언제나 답을 갖고 있어야 한다는 믿음을 키워왔다. 그렇게 일하던 나는 직전 회사에 다닐 때에야 비로소 무언가가 잘못

---

* 2009년에 설립된 기업으로 구글, 러쉬, 테스코 등 여러 대기업에 고객 서비스 관련 소프트웨어를 제공한다. 셰인 맥이 공동 창립한 어시스트를 2019년에 인수했다. _옮긴이

되었다는 사실을 깨달았다.

나는 3,000만 달러를 모아 그전에는 만날 수도 없던 유능한 사람들을 고용해 실리콘 밸리Silicon Valley에서 제품을 기획·개발할 기회를 얻었지만, 그와 동시에 마음을 좀먹는 듯한 정체 모를 두려움에 떨고 있었다. 많은 자금과 훌륭한 직원들이 곁에 있었지만 누구 하나 빠짐없이 모두가 불행했다.

직시하고 인정하는 데 오랜 시간이 걸리기는 했지만 문제는 결국 나였다. 답을 모른다고 느낄 때 나는 불안감을 느꼈고 직원들에게 그런 모습을 보여주는 게 죽기보다 싫었다. 그래서 오히려 더 밀어붙였다. 내가 가는 방향으로 함께 움직여줄 것을 직원들에게 강요했고, 그렇게 하지 않을 시 조직에서 나가줄 것을 권했다. 답은 리더인 나에게 있어야 하기에, 이것이 옳은 리더십이라며 나 자신을 납득시켰다.

그러자 모두가 떠났다. 회사는 자본 구성을 재편할 수밖에 없었고 모든 투자자가 돈을 날렸다. 단 한 푼도 돈을 번 사람이 없었다. 나는 우울해졌다.

이 일이 있기 몇 년 전 나는 데이비드 마르케의 강연을 들은 적이 있다. 그가 말한 것들은 그때까지 내가 믿고 행하던 조직 운영 방식과 모든 게 정반대였다. 당시에는 아무 생각이 없었지만, 돈과 사람을 잃고 나자 데이비드의 말이 떠올랐다. 나는 그제야 그것들을 내 사업에 적용하기 위한 노력을 시작했다.

반성의 계기가 되었던 실패를 통해 나는 리더십 능력을 키우는 일에 전념했다. 다음 회사인 어시스트에서 일할 때는 데이비드의 지도 아래

밑바닥에서부터 리더십을 다시 배웠고, 이를 내 기반으로 삼았다. 긱 스쿼드Geek Squad의 창립자이기도 한 어시스트 공동 창립자 로버트 스티븐스Robert Stephens와 함께 나는 회사를 AI 영역의 선두 주자로 이끌었고 구글 어시스턴트Google Assistant, 알렉사Alexa 등 새로운 플랫폼에 기반기술을 제공하는 강력한 브랜드로 만들어냈다. 이 과정에 데이비드의 통찰력과 가르침이 크나큰 기여를 했다는 사실에는 의심의 여지가 없다.

어시스트를 시작하기 위해 썼던 글의 첫 단어부터 이후의 모든 것이 데이비드가 이 책에서 이야기하는 것과 맥을 같이한다. 호기심은 나와 우리 팀장들의 핵심가치다. 우리는 무언가를 모른다는 사실을 깨닫는 순간 서로 축하부터 나눴으며, 아는 척하는 태도는 지양했다. 우리가 어떤 말을 쓰느냐에 따라 직원들이 서로를 어떻게 대하는지, 회사가 얼마나 효과적으로 운영되는지가 달라졌다. 또한 우리는 의사결정권을 갖는 언어를 직원들이 자발적으로 사용하도록 하기 위해 애썼다. 직원들에게 "모르겠습니다."라고 말해도 괜찮다는 사실을 상기시키고는 했다. 직원을 채용한 후에는 그들에게 무엇이든 가르쳐달라고 요청했다. "…를 해야 할 것 같습니다."라는 말 대신 "…를 완료했습니다."라고 말하도록 이끌었다. 그 누구도 일을 할 때에 확인을 받을 필요가 없었다.

이제 내 사업의 최우선 순위는 권한위임의 범위를 확대하는 조직 문화를 만드는 것이다. 확인을 많이 거쳐야 할수록 창의적으로 사고하며 주도적으로 이끌어나가는 직원은 적어질 수밖에 없고, 그런 직장은 일하기 까다롭고 힘든 곳이 된다. 권한을 나누기란 언제나 쉽지 않다. 많은 사람들이 그런 식으로는 조직이 운영될 수 없다고, 그렇게 운영되어서는 안 된다고 생각한다.

하지만 나는 CEO로서 되도록 결정을 내리지 않는 것을 목표로 삼게 되었다. 모든 것을 다 아는 척하느라 언제나 가면 뒤로 숨어야 했던 나는 그동안 많은 변화를 겪었다.

이 책에 쓰인 모든 것은 전부 어시스트를 이끌어나가기 위해 내가 노력했던 방법들이다. 2019년, 어시스트는 컨버소셜에 성공적으로 인수됐다. 인수가는 수백만 달러에 이른다. 동료들이 일류 회사로 자리를 옮겨 일하는 걸 보면서 그간 최고의 리더들과 함께 배우고 성장하는 기회를 누렸던 내가 믿을 수 없을 정도로 운이 좋았다고 생각했다.

데이비드는 쉽고 빠른 지름길을 약속하지 않지만, 만족감과 자신감, 당장 다음 날부터 일에 뛰어들고 싶은 열정을 선사할 것이다. 그것이 내가 경험한 바다.

차례

일러두기

- 이 책에는 저자 주와 옮긴이 주가 있으며, 구별을 위해 옮긴이 주 뒤에는 '옮긴이'라
  고 덧붙였다.

- 단행본은 겹화살괄호(《》)를 사용했다. 국내에 번역된 단행본은 한국어판 제목을 표
  기하고, 출간되지 않은 경우 새로 번역하였으며 원어를 병기했다.

- 논문·언론매체·영화·방송 등은 홑화살괄호(〈〉)를 사용했다.

- 인명·회사명은 원어를 함께 표기했다.

이 책을 미 화물선 엘파로 El Faro 호 선원들에게 바친다.

그들의 사례는 우리의 언어를 되돌아보는 계기를 선사할 것이며,

그 경험으로 우리가 더 나은 리더로 성장할 수 있기를 바란다.

일 잘하는 리더의
조직을 망치는 리더십

나는 내가 특별하다고 생각했다. 주위 아이들보다 성적이 좋았던 고등학교 때부터 그렇게 생각했다. 미 해군사관학교에 입학해서도 그 생각은 변하지 않았다. 그저 시험을 요령 있게 잘 치렀을 뿐이지만 내가 남들보다 명민함, 절제력, 책임감, 배려심이 뛰어났기에 사관학교를 수석으로 졸업하고 해군잠수함대 대령으로 진급할 수 있었다고 섣불리 결론을 내렸다. 인정하기 부끄럽지만 당시에는 동료들보다 내가 일을 더 잘 처리한다고, 누가 봐도 그렇다고 꽤나 확신하고 있었다.

스스로 우수하다고 자신한 나는 조직 내에서 가장 먼저 문제점을 발견하고 그 문제의 해결책을 찾아야 하는 사람이 되었다. 사람들이 해야 할 일을 진두지휘하고, 계급이나 권위를 이용하거나 때로는 연설을 통해 사람들을 내 지시에 따르게 했다. 서둘러 일을 완수하기 위해 팀원들이 자신의 의견을 제시할 틈조차 주지 않았다.

내 생각이 잘못되었다는 걸 나타내는, 보고자 했다면 충분히 알아볼 수 있었을 만한 징후가 꽤 많았다. 이따금 나의 팀원들은 훌륭한 의견임에도 머뭇거리며 말할 때가 있었다. 어떨 땐 내가 실수를 저질러 우리 팀을 완전히 잘못된 방향으로 이끌 때도 있었다. 이런 경우에 소신껏 발언하라고 내가 누누이 일렀지만 팀원들은 잘못된 명령을 따르기만 했다. 나중에 상황이 완전히 잘못됐을 때 그들은 그저 내 지시를 따랐을 뿐이라며 어깨를 으쓱하고 말았다. 이러한 상황이 반복되자 나는 더욱 명확하고 정확한 명령을 내리는 데 몰두하게 되었다.

나는 28년간 평가를 받고 등급이 매겨지는 사회에서 살았다. 해군은 경쟁이 심한 곳이다. 최고위직 자리는 굉장히 적다. 끊임없이 평가와 심사가 이어지는 환경에서 스스로를 증명해내야 한다는 압박감이 매일 나를 억눌렀다. 시험, 월간 보고서, 점검, 회의⋯. 매일이 시험대이자 역량과 성과를 내보여야 하는 자리였다. 결과가 하나만 좋지 않아도 진급이나 연봉 인상, 사회적 지위, 심지어 자존감이 타격을 받았다.

나는 나의 성과를 스스로 자랑스럽게 여김에도 불구하고, 이를 다른 사람들이 제대로 인정해주지 않으면 안달이 났다. 나는 점차 성과주의 사고방식에 깊게 물든, 배타적이고 쉽게 접근할 수 없는 유형의 리더로 굳어져갔다. 팀원들을 심하게 다그쳐서라도 치열한 경쟁에서 승리를 쟁취하는 데 모든 것을 걸었다.

위계질서에 따른 역할에 순응하고 다른 사람과 감정적 거리를 두면서 어떻게든 취약한 모습을 드러내지 않으려 노력하는 삶은 외로웠다. 진급하고 상까지 받은 나 자신을 스스로 자랑스럽게 여기기는 했지만 뿌듯하지는 않았다. 뭔가 근본적인 걸 놓치고 있는 듯한 기분이 들었다.

‖　리더십을 리부트하라　‖

미 핵잠수함 산타페Santa Fe호 함장이 돌연 사임하고 급작스레 산타페
호의 지휘를 맡게 되면서 내 삶은 예상치 못한 방향으로 흘러가게 되었
다. 산타페호는 미 해군 전함의 웃음거리였다. 당시 농담 삼아 산타페호
의 문제라고는 딱 두 개밖에 없다고 했는데, 그 두 가지 문제란 바닥을
치고 있는 대원들의 사기와 최악의 실적이었다. 미 해군은 전체 잠수함
의 1년간 복무 유지율을 매달 발표하는데, 산타페호는 예상대로 하위
권에 머물렀다. 그냥 하위권도 아니었다. 엄청난 차이의 꼴찌였다. 복무
기간이 끝나면 산타페호 대원들은 전체 인원의 90퍼센트가 해군을 떠
나버렸다. 이러한 상황에서 나는 대원들의 사기 문제를 어떻게든 해결
해야 했다.

다른 문제는 나쁜 실적이었다. 산타페호는 어뢰 발사, 항해, 원자력
발전, 급식 체제 등 모든 운용 부문에서 점수가 매우 낮았다. 또한 안전
사고도 평균 이상으로 발생했다.

내가 만약 산타페호를 속속들이 잘 알고 있었더라면 의사가 간호사
에게 지시를 내리듯 내 리더십은 효율적으로 발휘되었을 것이다. 하지
만 나는 이 별난 잠수함의 인계 준비에 꼬박 1년을 보내야 했다. 앞이 보
이지 않는 상태에서 항해하고 있는 것 같았다.

그래서 나는 승조원들에게 질문을 던지기 시작했다. 물론 과거에도

늘 질문을 하긴 했지만 그 질문은 어떤 것의 실행 여부를 묻는, 대부분 이미 답을 알고 있는 것들이었다. 하지만 산타페호에 오른 뒤 질문하기 시작한 이유는 이 잠수함이 어떻게 운용되고 있는지 파악해야 했기 때문이다. 대원들 앞에 서서 리더인 내가 여러 사항에 대한 답을 모른다는 사실을 인정해야 했는데 그 점이 나는 참 두려웠다.

항해 첫날, 나는 함장의 역할에 본능적으로 순응했다. 내가 명령을 내리면 대원들은 그 명령에 따랐고, 그로 인해 문제가 발생했다. 당시 나는 기술적으로 불가능한 일을 대원들에게 지시했다. 모터가 1단밖에 없는 산타페호에서 2단 기어를 넣으라고 지시한 것이다. 내 명령을 들은 항해사는 말도 안 되는 지시라는 걸 알면서도 그대로 따라 말했다. "2단 기어!" 명령 수행을 전달받은 갑판원은 어찌할 수가 없다는 듯 어깨를 으쓱했고 내 실수는 그렇게 만천하에 드러났다.

내 삶이 완전히 달라진 순간이었다. 난 언제나 내가 맡은 업무를 속속들이 파악하고 있었다. 내가 내린 결정에 이따금 틈이 보이면 그저 '앞으로는 더 나은 지시를 내려야겠다'고 다짐하고 말았다. 하지만 산타페호에서는 해야 할 일과 관련해 내가 제대로 알고 있는 게 거의 없는 것처럼 느껴졌다. 이러한 상황에서 '명백한 실수'조차 제대로 지적하지 못하는 대원들에게 의지해야 한다면 언젠가는 우리 잠수함에서 누군가가 죽을 수도 있을 터였다. 우리는 우리 스스로를 죽음으로 내몰 수도 있었다. 당장 뭔가가 달라져야 했다.

그때까지 내가 받아온 리더십 훈련은 내가 내린 결정을 팀원들이 잘 수행하도록 하는 데 초점이 맞추어져 있었다. 산타페호에 오르기 전까지는 이 훈련법에 한 번도 의구심을 품어본 적이 없었다. 하지만 산타페호에 대해 아는 게 하나도 없는 상황에서 결정을 잘 내릴 수 있을 때까지는 오랜 시간이 필요했고, 따라서 완전히 다른 해결책을 찾아야 했다. 고민을 거듭하다 보니, 잘못된 명령을 하달한 것보다는 명령을 내린 것 자체가 잘못임을 깨달았다. 팀 전체를 대신해 내가 전략적·전술적 결정을 모두 내림으로써 팀원들이 가져야 할 결과에 대한 책임감을 면제해주고 있었다. 팀원들이 스스로 생각하고 도전할 기회조차 빼앗는 이기적인 리더였다. 다 함께 살아남고자 했다면 당장 철회해야 할 면제권이었다.

대다수의 조직과 마찬가지로 산타페호도 '할 수 있다' 문화에 자부심을 갖고 있었다. 하지만 '할 수 있다' 문화는 흐트러지기 쉽다. 할 수 있는 일이 정당하기만 하다면 괜찮겠지만, 그 무엇과도 타협하지 않는 단호한 열정에 휩싸여 있으면 조직 전체로 오류가 퍼져나가기 쉽다.

그날 나는 산타페호 대원들 앞에서 이제부터 절대 명령을 내리지 않겠다고 약속했다. 대신에 의도, 즉 우리 팀이 달성하고자 하는 것이 무엇인지에 대한 목표를 전달하겠다고 했다. 팀원들은 이제 명령이나 지시를 기다리지 않기로 약속했다. 대신에 어떻게 하면 그 의도를 충족시킬 수 있을지 자신들의 의사와 계획을 나에게 전달하기로 했다. 이런 전환은 우리의 언어에 영향을 주었으며 "허가를 요청한다."는 말이 "~를 하려고 한다."라는 말로 변화했다.

우리는 악수를 하고 업무에 복귀했다.

그리고 1년 후, 산타페호 대원들은 한 사람도 빠짐없이 해군에 남기로 결정했다. 잠수함 또한 모든 운용 부문에서 뛰어난 실적을 보였다. 산타페호는 잠수함 운용 사상 최고 점수를 기록했다. 낙오자 없이 모두 함께 이룬 일이었다. 잠수함 실적과 대원들 사기에 있어 항상 꼴찌를 기록했던 산타페호가 1년 만에 1등이 되었다.

이 결과는 내가 대원들을 닦달하고 몰아붙여서 얻어낸 것이 아니다. 모든 대원들이 직접 행동하고 생각하기를 좋아하는 리더 135명으로 변모했기에 가능한 일이었다.

다음 10년 동안 일어난 일은 훨씬 더 놀랍다. 산타페호 대원들은 내가 함장직에서 물러난 후에도 월등히 뛰어난 성과를 냈다. 함께 근무했던 장교들 가운데 10명은 잠수함 함장으로 선임되었고, 5명은 소함대 지휘를 맡게 되었으며, 2명은 해군 함대 최고 지휘관으로 진급했다. 아무리 가볍게 말한다 해도 대단한 일이다.

‖ 리부트의 시작은 언어다 ‖

업무에 대한 내 지식이나 기술, 기여도가 남들보다 더 뛰어나서 이러한 놀라운 결과를 얻은 게 아니다. 처음에는 해군 규정을 손보려 했으나 아주 조금밖에 고칠 수 없었다. 우리의 통제권이 닿을 수 없는 시스템 문제였기 때문이다. 팀 일정, 임무, 진급, 기술 요구 사항, 법적 의무, 절차와 정책, 잠수함에 배정되는 인원 등 우리가 바꿀 수 있는 건 하나도 없었다.

우리가 통제할 수 있는 영역은 서로에게 말하는 방식, 우리의 언어뿐이었다. 우선 나부터 변화를 꾀했다. 리더십이란 결국 말에서 시작되는 게 아닐까? 대원들과 대화하는 방식을 바꾸자 대원들이 내게 말하는 방식, 대원들 간에 대화하는 방식도 변화하기 시작했다. 대화 방식이 변함에 따라 우리의 문화도 점차 바뀌어갔고, 문화의 변화는 결국 모든 걸 완전히 바꿔놓았다.

언어의 변화는 우리의 세상을 변화시켰다.

우리의 언어는 다음과 같이 변화했다.

· 납득시키고 강요하고 순종하고 순응하는 수동적 언어를 행동에 몰두하고 전념하는 능동적 언어로 대체했다.
· 입증과 성과의 언어를 개선과 배움의 언어로 대체했다.
· 취약함을 감추고 확실성을 추구하는 언어를 취약함을 드러내고 호기심을 추구하는 언어로 대체했다.

물론 우리는 계속 영어로 대화하고 있었지만, 여러모로 새로운 언어를 배운 것 같은 기분이었다.

언어는 산타페호에서 일어난 모든 긍정적 변화의 시작점이 되었다. 말은 양쪽으로 오고 갔다. 언어는 우리의 생각을 드러내고 변화시키며 개인의 자율성과 조직 단결력을 향상시켰을 뿐만 아니라 그 정도를 측정할 수 있게 하는 도구도 되었다.

잠수함 함장으로서 내가 대원들에게 어떻게 말하는지는 우리 함대에 중대한 영향을 끼쳤다. 언어는 나의 지렛대였다. 모든 변화는 내게서 시작되었다. 좀처럼 말하려 하지 않는 대원들 앞에서 나까지 입을 다물 수 없다고 생각해서 계속 떠들어댔었지만, 그런 나 때문에 지금껏 대원들이 소신 있게 말하지 못했다는 걸 깨달았다.

내 신임을 얻기 위해서 대원들은 자신을 입증할 수 있는 기회가 올 때까지 잠자코 기다려야만 했는데 이 역시 구시대적인 리더십 방식이었다. 대원들이 스스로를 주도적으로 입증할 수 있도록 권한과 자율성을 함께 주었어야 했다.

나는 산타페호 대원들의 실적을 끌어올려야겠다고 마음먹었다. 실적이 좋아지면 자연스럽게 사기도 오를 터였다. 하지만 결과적으로는 그렇지 않았다. 반대였다. 사기가 오르니 실적이 올랐다. 대원들이 일에 자율성을 갖게 되면서 중요한 업무에 더 많이 관여하게 되었고 그러자 소속감을 느끼며 행복해했다. 사기가 솟구쳤고 자연스럽게 실적도 개선됐다. 이 모든 변화가 시작되는 데에는 일주일도 걸리지 않았다.

‖ 모든 조직에서 통하는 리부트 언어 ‖

산타페호에서 일어난 변화에 대해 좀 더 세세하게 알고 싶다면 내 첫책 《턴어라운드》를 읽어보기를 권한다. 나는 산타페호에서 일하며 나를 내려놓을 수 있었다. 내가 생각하는 것만큼 나 스스로가 대단한 사람이 아니라는 걸 깨달았기 때문이다. 그러한 경험을 할 수 있었던 것에 여전히 매우 감사한 마음이다. 내 의견만 쏟아내는 일을 멈추고 다른 이들의 생각을 듣기 위한 질문을 던진다면, 그리고 그들이 하는 말에 실제로 귀를 기울인다면, 그들이 이야기하는 생각과 관점, 그리고 대책은 내가 떠올리는 것만큼이나 좋을 수 있고 어쩌면 더 나을 수도 있다.

팀원들을 재촉해 내가 원하는 일을 시키면서 난 그들의 참여성, 개방성, 창의성을 억누르고 있었다. 그들이 일을 제때 해내도록 사기를 북돋워준다고 생각했지만 실제로는 임무를 완수하는 데 그들이 기여할 수 있는 가능성을 떨어뜨리고 있었다. 또 한편으로는 조직의 규모가 커지면서 모든 사항을 인지하고 관리해야 하는 내 업무 능력이 점차 힘을 잃어갔다. 내내 나를 방해하던 존재는 바로 나 자신이었다.

나는 해군을 전역한 후 그간의 경험을 바탕으로 현재 리더십 교육에 힘쓰고 있다. 팀원들이 일하기 좋은 이상적인 환경을 조성하고, 그들의 열정, 지성, 결단력이 전부 발휘되도록 돕는 방법을 소개하고 있다. 리더가 팀원들과 어떻게 대화해야 하는지 가르치면서 언어를 통한 변화를 이끌어내고 있다. 이는 확실한 효과가 있다.

수많은 리더들의 코치이자 멘토로 일하면서 산타페호에서 얻은 교훈이 모든 조직에서 효과적으로 통한다는 것을 확신할 수 있었다.

· 분기별 퇴사자가 8명에서 0명이 된 콜센터
· 수익을 두 배로 늘린 기술회사
· 만드는 신제품마다 상을 받기 시작한 연구센터
· 최고의 실적을 달성한 원자력발전소

· '일하기 좋은 직장'으로 선정된 기업

· 아이 재우는 시간이 더 이상 두렵지 않다는 엄마

· 범죄 발생률을 3퍼센트나 감소시킨 관할지구대

· 스트레스를 관리해 약 20킬로그램을 감량한 회사원

이 모두가 언어를 통해 이뤄낸 결과다. 다른 사람들과 대화하고 협력하는 '말'을 바꿈으로써 이룬 것들이다.*

나는 사람들의 말하는 방식을 바꾸기 위해 수년간 노력하고 있다. 우리 사회에 널리 퍼져 있는 '명령형 대화 방식'을 끊기 위해서는 끊임없는 자기인식과 재학습이 필요하다. 예를 들자면 좀 더 효과적으로 의도를 표현하기 위해 상대의 말에 대꾸하거나 반응하기 전 잠시 멈추는 연습을 하는 것이다. 이를 통해 나는 성과를 이루는 데 올바른 말이 얼마나 강력한 효과를 발휘하는지 매일 목격하고 있다.

‖ 리더십 리부트 전술 교본 ‖

리더십 언어에 관한 책을 어떻게 쓸지 고민하다가 직장 내 다양한 상황에서 리더가 내놓을 수 있는 말들을 정리해봤다. 우선 조직 내 특정

---

* 팀원들에게 지시가 아닌 의도를 전달하기 때문에 이 언어 방식을 '의도 기반 리더십(Intent-Based Leadership)'이라 부르고 있다. 팀원들은 리더에게 확인을 요청하는 대신 리더의 의도를 충족시키기 위해 자신이 무엇을 할 예정인지를 언급한다.

사건이나 상황에서 우리가 흔히 생각하고 사용하기도 하는 언어에는 어떠한 것들이 있는지 떠올려보기로 했다. 운동선수가 운동장 분위기를 살핀 후 어떤 경기를 펼쳐야 할지 신중하게 판단해 그날의 전술을 선택하는 것처럼 말이다. 하지만 이 전술 비유가 적절한지 확신이 서지 않았고, 그래서 나는 이 책을 전반적으로 어떻게 구성해야 할지 계속 고심하고 있었다.

그러던 차에 샌프란시스코를 출발해 탬파로 가는 야간 비행기를 탔다. 내 옆자리에 앉은 남성은 안전벨트를 매자마자 커다란 더플백을 자신의 앞좌석 아래로 밀어 넣었다. 그러고는 가방에서 종이 뭉치 세 덩이를 꺼냈는데, 링의 크기가 8센티미터 정도로 매우 두꺼웠다. 호기심에 자세히 들여다보니 그 종이 뭉치는 미식축구 전술을 담고 있는 교본이었다! 당시에는 못 알아봤지만 옆자리 남자는 미식축구 팀 오클랜드 레이더스Oakland Raiders의 헤드코치로 막 재계약을 마친 존 그루든Jon Gruden이었다.

그루든에게 전술 교본을 보여줄 수 있는지 물었다. 그는 내 요청에 응하며 첫 번째 종이 뭉치를 내밀었다. 예상과 다르게 첫 전술 교본에는 미식축구와 관련된 내용이 없었다. 대신 팀 행사를 하거나 훈련을 할 때 선수와 코치, 그리고 직원들이 어떠한 말과 행동을 취해야 하는지 서술되어 있었다. 경기장에서 이루어지는 축구 전술에 관한 내용은 두 번째와 세 번째 종이 뭉치에 적혀 있었다.

왜 이런 구성으로 짜여 있는지 물었을 때 그의 입에서 처음 나온 말은 마치 하늘의 계시와 같았다. "음, 결국 중요한 건 언어이니까요." 나는 나의 책에 전술 비유를 사용하기로 결심했다.

리더십 언어를 설명하는 데 있어 '전술' 비유를 사용하기로 결정한 계기가 이렇다 보니 곧잘 미식축구를 떠올리게 되는데, 모두가 알다시피 미식축구를 할 때는 작전 사이사이에 휴식 시간이 있다. 그 시간에는 경기장을 재정비하고, 공격 팀은 러닝을 할지 패스를 할지, 아니면 다른 플레이를 할지 등 다음에 실행할 전술을 신중하게 결정한다. 수비 팀도 마찬가지다. 양 팀 모두 다음에 실행할 작전을 세우며 상대 팀의 의도와 전술을 파악하고자 애쓴다.

전술 실행 패턴은 인간의 행동, 비즈니스 리더십, 언어에 이미 존재하고 있다. 문제는 대다수가 활용하고 있는 방식이 구식이라는 점이다. 산업혁명 때 만들어진 리더십 패러다임에 갇혀 아직도 그 방법을 적용하고 있다. 이 책 초반부에서는 산업화 시대*에 생성된 리더십 언어를 지금까지 사용해온 과정과 왜 그것이 지금의 업무 환경에 맞지 않는지, 즉 왜 리부트가 필요한지를 살펴볼 것이다.

이 책은 난감한 상황에서 잘 대처할 수 있게 도와주는 리더십 리부트 전술뿐 아니라 전술의 근본적인 구조, 실행 논리, 각자의 팀에 적용할 수 있는 방법까지 소개한다. 전술의 구조와 방법까지 파악하고 나면 어떠한 상황에서도 적절한 언어를 찾아낼 수 있을 것이다. 이를 통해 조직 전체가 더 나은 성과를 얻으면서도 구성원 모두 만족하며 의미 있게 일

---

* 이 책에서 말하는 산업화 시대는 사회가 농업 중심에서 공업으로 이행되었던 시기를 일컫는다. 이 시기는 영국의 '산업혁명'을 시작으로 전 세계 사회·경제에 큰 변화를 초래했다. _옮긴이

할 수 있는 효율적인 업무 환경을 갖추게 될 것이라고 자신한다.

나는 이 책에서 오래된 리더십 전술에 대응하는 리더십 리부트 전술 여섯 가지를 소개하고자 한다. 또한 행동과 생각, 실행과 결정 사이를 오가는 근본적인 접근법을 밝히면서 리부트 전술들이 어떻게 함께 어우러져 작동하는지 보여주고자 한다.

리더십 리부트 전술은 순서대로 다음과 같다.

1. 시간에 따르지 말고 시간을 통제하라.

2. 강요하지 말고 협력하라.

3. 순종하지 말고 전념하라.

4. 계속 일하지 말고 분명한 목표를 정해서 완료하라.

5. 능력을 입증하는 데 신경 쓰기보다 결과를 개선하라.

6. 자신의 역할에 순응하지 말고 사람들과 가까워져라.

각 전술은 특정한 언어 방식과 긴밀히 연결되어 있는데, 이에 대해서는 뒤에서 자세히 설명하도록 하겠다.

‖ 행동과 생각의 균형 맞추기 ‖

프레드는 제조회사의 성실한 임원이다. 그에게는 매일 해결해야 할 일이 잔뜩 쌓여 있다. 기계 작동 개선, 신입사원 채용, 총 생산량 증대 방안 구상, 무역 관세 처리 등 셀 수 없다. 그는 시간 압박을 느끼며 서둘러 일을 완수하려다 보니 다른 사람들을 함부로 대하는 경향이 있다. 프레드는 그가 생각하기에 최선이라 생각되는 일들을 직원들에게 시키고 강요하는 데 하루를 꼬박 쓴다. 그러고 나면 뭔가 해냈다는 느낌도 없이 완전히 지쳐서 집으로 돌아간다. 그는 직원들에게 거리를 둔 채 상사의 역할에 부합하려 애쓰며 '프로다운' 모습을 지킨다.

프레드는 행복하지 않다. 그의 팀원들도 마찬가지다. 팀원들은 프레드가 자신들을 신뢰하지 않기에 끊임없이 일을 지시하며 사사건건 간섭한다고 여긴다. 팀원들은 창의성, 공감력, 목적의식 등 자신의 인간성을 집 현관에 남겨둔 채로 출근해야 할 것 같은 기분이 든다. 그들 역시 일에 진전이 있다는 느낌을 받지 못한다. 매일이 마지막 같고 미래가 보이지 않는다. 지시받은 일에 따르기는 하지만 거기에 열정이라고는 없다. 그럭저럭 통과할 만큼 적당히 일하고 체력이 바닥나지 않을 만큼 몸을 사린다.

수는 기술회사의 성실한 임원이다. 늘 사유하고 숙고하며 심지어 우울할 정도로 매일 힘들게 결정을 내린다. 모든 일이 중대한 책무로 느껴져 그녀의 마음을 무겁게 억누른다. 담당 프로젝트들이 궁극적으로 어떤 모습을 띠어야 하는지에 대한 감각은 뛰어나지만 곧잘 어디서부터 시작해야 할지 감을 잡기 어렵다. 회사 창립자는 "실패해도 괜찮으니 빨리 시작해. 한 단계를 끝내야 다음 단계로 나아가지."라고 충고하지만 그녀에게는 그 말이 확실히 와닿지 않는다. 그녀는 의사 결정을 하는 중에도 이 선택으로 인해 나중에 받게 될지도 모르는 비판이 너무 두렵다.

수는 만족스럽지 않다. 그녀의 팀원들도 마찬가지다. 팀원들은 진행해야 하는 프로젝트와 기존 제품의 개선 방법을 알고는 있지만, 수가 원하는 의미 있는 변화가 무엇인지는 알지 못한다. 팀원들이 의견을 내면 수는 그들의 말문이 막힐 때까지 질문 세례를 퍼붓는다. 그러고는 더 많은 조사를 해 오라며 그들을 돌려보낸다. 앞으로 나아간다는 느낌은 없고 매일이 마지막인 것만 같다. 완료되는 것이 별로 없으니 사기만 더욱 떨어진다. 이직률은 높고 팀원들은 업무에 집중하지 않는다.

프레드와 수의 문제는 서로 정반대처럼 보인다. 하지만 실제로 둘의 문제는 동일하다. 행동과 생각의 리듬이 균형을 이루지 못하고 있다.

행동과 생각은 모든 인간 활동의 기본 구성 요소다. 두 활동이 균형 있게 이루어져야 목표를 달성할 수 있다. 하지만 안타깝게도 조직 대다수가 건강한 균형을 유지하지 못해 애를 먹고 있는데 보통 프레드처럼 행동에 너무 치우쳐 있거나 수처럼 생각에 너무 치우쳐져서 문제를 겪는다. 행동-생각 리듬은 계획적으로 만들어지기보다 일상에서 하는 여러 작은 결정에 의해 우연히 생겨난다.

행동과 생각의 균형이 바르게 이루어지면 조직의 적응성, 유연성, 혁신성, 창조성이 발휘된다. 조직 구성원들에게 목적의식과 일에 진전이 있다는 느낌을 주면서 지속적인 성장과 발전의 동력을 제공한다. 즉, 행동과 생각의 올바른 균형은 우리에게 배움을 준다. 리더들의 마음을 열고 공감을 이끌어낸다. 사원들은 만족감을 느끼며 일한다. 결국 고객들의 만족감 또한 높아진다.

행동이란 지게차 운전이나 투자자 대상 프레젠테이션처럼 세상과 물리적으로 상호작용하는 것을 뜻한다. '행동하는 것'이 '생각하지 않는 것'을 의미하지는 않지만, 뇌는 행동할 때 훨씬 더 반사적으로 작동한다. 예를 들어 옷 입기나 집으로 운전하기 등 습관처럼 몸에 깊이 밴 익숙한 행동을 할 때 뇌는 거의 완벽 자동 모드에 들어간다. 그래서 우리는 면도를 하면서 자유롭게 돌아다닐 수 있고, 고속도로를 시간당 110킬로미터로 빠르게 달릴 수 있다. 행동은 생각이 작동하는 방식과 달리 정신에 부담을 주지 않는다. 행동은 생각보다 빠르고 효율적이며, 효율적인 걸 좋아하는 우리의 뇌로 인해 행동이 우리의 기본 모드로 작용한다.

생각이란 세상을 이해하기 위해 호기심과 열린 마음으로 정보, 믿음, 이야기, 가능성 등을 천천히 탐구하는 것을 의미한다. 우리가 배울 모델에서 생각은 보통 행동 전후로 일어난다. 행동하기 전에 생각으로 산출되는 것들은 '무엇을 할 것이며 무엇을 알게 될 것인가'와 같은 판단과 가정이다. 행동 후에 생각으로 산출되는 것은 '알게 된 것에 대한 소견'이다. 생각하는 과정은 행동과 달리 인지적 부담을 유발하며 정신적 피로감을 안긴다.

행동과 생각의 차이는 다음과 같은 방식으로 설명할 수 있다.

· 세상과 상호작용하는 것은 행동이다.
· 세상과의 상호작용을 개선하는 것은 생각이다.

· 입증과 수행은 행동이다.

· 성장과 개선은 생각이다.

· 집중하고, 폐쇄적이고, 추진하고, 입증하는 사고방식은 행동에 적합하다.

· 개방적이고, 궁금해하고, 탐구하고, 개선하는 사고방식은 생각에 적합하다.

· 행동하는 나는 세상에 영향을 미치고 자극에 반응하면서 순간에 충실히 존재한다.

· 생각하는 나는 공정하고 냉철한 관점에서 행동하는 나를 관찰하고 숙고한다.

우리는 프레드처럼 찬찬히 생각하는 시간 없이 바삐 움직일 때도 있고, 수처럼 많은 업무량에 압도되어 생각하고 고민하느라 앞으로 나아가기 힘들어할 때도 있다. 이처럼 우리 모두는 프레드와 수의 모습을 어느 정도씩 가지고 있기 때문에 앞으로 계속 이 둘을 언급하도록 하겠다.

‖ 이 책의 구성 ‖

과거의 전술을 이해하며 변화해나가기 위해서는 전통적인 산업화 시대의 조직을 이해하는 것이 시작점이자 핵심이다. 산업화 시대에는 조직 구성원을 리더와 부하, 결정자와 행위자로 나누었다. 사람들이 직장에서 입는 유니폼과 직함에서 여전히 이 구분의 흔적을 찾을 수 있다.

결정자와 행위자. 당시에는 이렇게 두 집단으로 완벽히 구분되어 있었으므로, 부하(행위자)들이 직접 계획하지 않은 일을 그들 스스로 아무 탈 없이 해낼 수 있도록 리더(결정자)가 설득해야 했다. 따라서 리더십은 부득이하게 강압적일 수밖에 없었다. 사람들을 명령에 따르도록 만드는 것이 가장 중요했기 때문이다.

행위자에게 가변성은 장애물이다. 공장 노동자들이 일관성 있는 결과를 얻으려면 최대한 모든 게 한결같아야 한다. 따라서 가변성을 줄이는 언어 패턴이 자연스럽게 발달했다.

또, 시간당 할 수 있는 업무량을 더 늘리는 것이 언제나 가장 큰 관심사였기 때문에 늘 시간을 준수해야 한다는 압박감이 있었고, 그것은 곧 성과주의 사고방식으로 이어졌다.

하지만 이제는 모든 상황이 변했다. 조직이 살아남기 위해서는 행위자도 결정자가 되어야 한다. 가변성을 적으로만 여겼던 것에서 벗어나 이제는 동맹으로 여길 줄도 알아야 한다. 오로지 성과만을 추구하던 방식에서 벗어나 이제는 개선을 추구할 줄도 알아야 한다.

이 책은 다음과 같이 구성되어 있다.

책의 1장과 2장에서는 우리가 직장에서 목격하는 변화의 이면에 어떠한 이유들이 있는지 살펴본다.

3장에서 8장까지는 우리에게 익숙한 구식 리더십 전술 여섯 가지와 이를 대체할 리더십 리부트 전술 여섯 가지를 설명할 것이다.

9장에서 11장까지는 이 리부트 전술을 우리의 직장 생활에 적용하기 위한 몇 가지 방법을 예를 통해 살펴보고, 이를 적용했을 때 나타나는 리듬의 양상을 단계별로 설명하겠다.

이 논의에 신뢰를 더하고자 역경에 맞서 임무를 완수하기 위해 노력하다가 처참히 실패한 실제 사례로 1장의 포문을 열고자 한다. 우리의 목표는 팀 구성원들이 대화하는 방식을 이해하는 것이다. 이 책을 통해 우리는 업무와 관련된 아주 작은 결정부터 시작해 생사가 달린 중대한 결정까지 어떠한 과정을 통해 이루어지는지 완벽하게 이해할 수 있을 것이다.

여기에서 소개하는 사례는 2015년, 최신 라디오와 내비게이션을 장착한 미 화물선이 폭풍우를 뚫고 항해하다가 침몰해 배에 타고 있던 33명이 전원 사망한 사건이다. 침몰 당시 선원들의 대처 상황이 음성 기록으로 전부 남아 있어서 그들의 언어를 세세히 분석할 수 있었다.

이 배의 이름은 엘파로이며 이 책에서는 엘파로호 선원들이 새로운 리더십 전술을 따랐더라면 전부 살았을 수도 있다는 가상의 시나리오를 전제로 이야기를 진행한다. 그러나 그 전에 최후의 항해였던 그날, 엘파로호에서 무슨 일이 일어났는지부터 알아보자.

CHAPTER
1

엘파로호의
침몰

화요일

태풍 중심부에서 약 1,600킬로미터 떨어진 지점

2015년 9월 29일 화요일. 미 화물선 엘파로호 선원들은 항해 막바지 준비로 바삐 움직이고 있었다. 대부분의 선박이 그러하듯 엘파로호 역시 이전 항해를 마친 바로 다음 날 출항해야 했기에 선원들은 무척 바쁠 수밖에 없었다. 싣고 온 화물을 내리고, 다른 컨테이너와 화물을 새로이 실어 나르며 흔들리지 않도록 단단히 동여매야 했다. 아마 출항 시간인 오후 7시에 맞추기 위해 더욱 서둘렀을 것이다. 산타페호 선원들처럼 엘파로호 선원들도 대부분 '할 수 있다' 문화에 젖어 있었다.

태풍이 자주 발생하는 시기였지만 플로리다주 북동부의 항구도시 잭슨빌에서 바라보는 바다는 잠잠하기만 했다. 미식축구 경기장 두 개를 합친 것보다 더 긴 엘파로호는 플로리다주 북동부를 출발해 푸에르토리코 본섬에 있는 도시, 산후안까지 2,100킬로미터에 이르는 직선 항로를 횡단할 터였다.

오후 8시 6분. 엘파로호가 출항했다. 열대성 태풍 호아킨Joaquin은 엘파로호가 지날 바하마 제도의 대서양 쪽에서 점차 세력을 키우고 있었다. 그날 하루가 끝날 무렵 호아킨은 시속 200킬로미터가 넘는 강풍을 동반해 막대한 피해를 입힐 수 있는 3급 태풍으로 격상되었다. 그리고 다음 날 아침, 엘파로호가 남동쪽으로 향하고 있을 때 기상청은 호아킨을 1급 태풍으로 격상하고 바하마 중앙부에 태풍주의보를 내렸다. 호아킨은 1866년 이래 바하마를 강타한 가장 강력한 태풍이 될 터였다.

항해 준비에 앞서 비번이던 한 선원이 선장에게 태풍 소식은 들었는지, 경로는 정했는지 문자로 물었다. 선장은 늘 가던 대서양 직선 경로로 이동할 계획이라고 답했다. 최단 거리라 빨리 갈 수는 있지만 태풍에 노출될 위험이 가장 높은 경로이기도 했다.

대체 경로인 구 바하마 해협으로 이동하면 횡단 거리가 늘어나 항해가 8시간이나 더 걸리겠지만, 배와 태풍 사이에 바하마 제도가 위치하게 되면서 강풍과 파도를 피할 수는 있을 터였다.

푸에르토리코로 가는 항해에서 태풍을 피할 수 있는 기회는 단 두 번밖에 없다. 출항하자마자 우측으로 배를 틀어 플로리다 해안선을 따라가다 보면 만나는 바하마 제도 북단에서 한 번, 그리고 바하마 제도의 대서양 쪽을 따라 한참 내려와 럼케이 섬 근처의 중간 지점에서 한 번. 이 두 지점을 그냥 지나치면 대서양 직선 경로로 쭉 가야 하기에 태풍의 직격탄을 맞게 된다. 그러나 엘파로호 선장은 팀원들과 한마디 논의도 없이 항해를 시작하기도 전에 이미 경로 결정을 내렸다.

당시 유속을 살펴봤을 때 엘파로호는 첫 번째 결정 지점에 수요일 아침 7시에, 두 번째 결정 지점에 목요일 새벽 1시에 당도할 것으로 예상되었다.

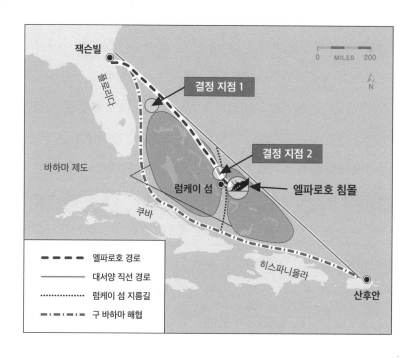

이 장은 산업화 시대 리더십 전술에 뿌리를 둔 언어에 대해 다룬다. 태풍에 직면한 선박을 예로 들어 설명하고 있지만 어느 조직에나 해당되는 이야기다. 엘파로호를 논의 대상으로 정한 이유는 선장과 선원의 실제 언행이 기록으로 남아 있기 때문이다. 이 기록은 생사가 달린 결정을 내려야 하는 상황에서 리더와 팀원이 어떤 언어를 사용했는지 파악해볼 수 있는 생생한 기회를 제공한다.

산후안으로 가는 직선 경로는 엘파로호 선장과 선원들에게 매우 익숙한 길이었다. 매번 가던 길이라 이골이 날 정도로 속속들이 파악하고 있었다. 그렇기에 모든 선원들은 자신이 해야 할 일과 그 일의 시점을 정확히 알고 있었다.

그런데 상황이 변했다.

엘파로호가 항구를 떠날 무렵, 태풍 호아킨은 대서양 중앙부에서 점차 다가오다가 바하마 제도 부근에서 우측으로 이동할 것으로 예상되었다. 이대로라면 엘파로호는 비교적 태풍 뒤쪽으로 항해할 수 있었다. 하지만 호아킨이 조금이라도 늦게 방향을 바꾼다면 엘파로호는 강력한 바람과 파도가 몰아치는 태풍의 앞쪽을 지나가게 될 것이었다.

엘파로호가 일단 대서양 경로를 타면 럼케이 섬 근처에 도달하기 전까지는 태풍을 피할 수 있는 구 바하마 해협 쪽으로 넘어갈 방도가 없었다. 베테랑 선원이라면 이 사실을 모를 리 없는데, 엘파로호 선장과 항해사, 선원들은 경력과 자격 요건을 따져봤을 때 그 누구도 부인할 수 없을 정도로 완벽한 베테랑들이었다.

수요일

태풍 중심부에서 약 960킬로미터 떨어진 지점

수요일 아침 7시 2분 엘파로호가 바하마 제도 북쪽으로 다가가고 있을 때 선장은 태풍 영향권에 있는 바하마 제도 부근으로 내려가면서도 대서양 경로를 유지하기로 결정했다.

어쩌다 이런 결정을 내리게 되었을까?

신중하게 내린 결정이 아니라고 생각할 수도 있다. 그러나 이동 경로에 대한 엘파로호 선장과 1등 항해사 간의 논의가 있었다. 다른 선원들은 논의에 참여하지 않았고 결정 사항을 듣지도 못했다. 최종 결정 사항이라고 확실히 공표한 것 같지도 않다. 선장은 이미 출항 전부터 매번 가던 대서양 경로로 가야겠다고 마음을 굳힌 것처럼 보인다. 선장은 논의 초반에 1등 항해사에게 "그러니 이번에는 그저 굳세게 견뎌야 할 걸세."라고 말했다. 이미 결정을 내린 것이다.

해야 할 일은 계획을 속행하는 것뿐이었다. 그러고 나서 그들은 배가 태풍에 최대한 견딜 수 있는 방법을 강구했다. 대서양 경로를 탈지 안 탈지로 논의를 시작하는 게 아닌, 대서양 경로를 어떻게 탈 것인가에 대해서만 논의했다. 이런 모습은 산업화 시대에서 뿌리를 내린 '속행하기' 전술이다. 속행은 숙고하는 과정 없이 하던 일을 그저 계속 행하는 것을 의미한다.

대화 기록을 보면 결정을 뒷받침하는 가정에 대한 논의도 없었을 뿐더러 그에 대한 근거를 모으려는 계획도 없었다는 것이 분명히 드러난다. 나중에 이 결정이 잘못되었다는 것이 밝혀졌을 때 선장은 이미 몰입의 상승escalation of commitment에 빠져 있었다. 몰입의 상승이란, 어떤 행위에 따른 결과가 잘못된 방향으로 진행되고 있어도 이미 결정을 내렸다는 이유만으로 그 행위를 고수하는 것을 말한다.

엘파로호 선장은 왜 태풍이 지나가는 경로를 선택했을까? 더 빨리 갈 수 있는 길이었기 때문이다. 화물선은 항해만으로는 수익을 얻지 못한다. 목적지에 도착해서 화물을 내려놓아야 돈을 벌 수 있다. 따라서 모든 상선은 정해진 시간에 꼭 따르려고 한다. 이러한 경향이 산업화 시대에 행해진 '시간 준수하기' 전술이다. 시간 압박에 따른 스트레스를 받으면서도 어떻게든 시간 내에 반드시 일을 완수하려고 한다.

시간 준수하기가 긍정적으로 작용하면 집중력을 낳는다. 성과주의 사고방식을 지니게 하고, 기한 내에 일을 마칠 수 있도록 돕는다. 하지만 스트레스 요인이 더 크게 작용하면 스트레스가 가져다줄 수 있는 모든 안 좋은 영향을 직격탄으로 맞는다. 자기방어 모드에 들어가 인지 활동이 감소하고 시야가 좁아지기도 한다.

‖ 재앙을 불러온 선장의 언어 ‖

그날 늦게 엘파로호는 태풍 영향권에 있는 바하마 제도 쪽으로 향하고 있었고, 이때 선장이 선원들에게 한 말은 다음과 같다.

· "우린 괜찮아."
· "괜찮아야 할 텐데. 아니 괜찮아야 하는 게 아니고 괜찮을 거야. 아무 일 없을 거라고."
· "우리는 방향을 바꾸지 않을 걸세. 방향을 바꾸지 않을 거라고."

선장은 무슨 일이 있어도 완수하겠다는 언어, 취약함을 드러내지 않는 무적의 언어, 어떠한 염려도 허용하지 않는 언어를 사용했다. 자신이 내린 결정에 절대 의구심을 품어서는 안 되며, 경로는 이미 정해져 있으니 어떠한 이의도 제기하지 말고 설명도 요구하지 말라는 메시지를 전달한다.

선장이 이렇게 말한 동기는 무엇이었을까? 엘파로호의 리더는 어떤 동기를 지니고 있는가? 선원에게 자신감 불어넣기? 업무에 집중하라고 타이르기? 명령에 복종시키기? 선장이 사용한 언어는 이번 항해에서 몇 번이고 반복해 듣게 될 산업화 시대의 '강요하기' 전술이다. '강요'라는 용어를 쓰기에는 우리가 너무 예의 바른 탓에 보통 '영감'이나 '동기'라는 말로 표현하기도 하지만, 근본적인 문제는 선장이 독단적으로 대서양 경로로 간다는 결정을 내린 뒤, 결정에 참여하지 않은 선원들이 그 결정에 따르도록 만들어야 했다는 것이다.

바로 선장을 탓할 수도 있지만 일단은 그가 처한 상황을 조금 더 면밀히 살펴보도록 하겠다. 당시 엘파로호가 속해 있던 회사는 엘파로호와 자매선들을 신형 선박으로 대체하려는 준비를 하고 있었다. 세 척이던 배는 곧 두 척이 될 터였고 이에 따라 선장 자리는 단 두 자리뿐이었다. 하지만 선장 1명은 이미 내정되어 있었기 때문에 남은 선장 자리는 단 하나뿐이었고 이 상황에서 엘파로호 선장은 자신의 능력을 회사에 입증해 보여야 했다.

그날 시간이 좀 더 지나고 엘파로호 선장은 운용감독관에게 이메일을 보냈다. 기상 상태가 악화되고 있기에 귀항 경로를 어떻게 하면 좋을지에 대한 내용이었다. 귀항 경로를 구 바하마 해협으로 설정할 가능성이 있다고 적었다. 감독관의 승인을 기다리겠다는 말도 덧붙였다.

엘파로호는 귀항할 때 시간이 더 걸리는 구 바하마 해협 경로를 택해도 좋다는 인가를 받았다. 이런 문의와 대답이 오간 것을 볼 때 엘파로호 선장은 승인 기반 조직 환경에서 배를 운용하고 있었다. 엄밀히 따지자면 운용에 관한 결정권은 선장에게 있지만 엘파로호 선장은 그렇게 생각하지 않은 것 같다. 대신 상관 말을 잘 듣는 관료의 역할에 순응했다. '순응하기' 전술 역시 산업화 시대에 행해진 것으로 보통 역효과를 낳는다.

남쪽으로 갈 수 있는 럼케이 섬 지름길에 닿기 전이고 태풍은 여전히 굳건함에도 왜 선장은 운용감독관에게 럼케이 섬 지름길로 가겠다고 제안하지 않은 걸까? 선장은 대서양 경로로 가겠다는 결정을 두 개로 쪼갤 수 없는 하나의 책무로 봤으며, 단 한 번의 결정으로 여겼기 때문이다. 또한 기상예보를 걱정하는 선원들 앞에서 방향을 바꾸지 않겠다고 단언까지 했는데 이제 와서 기상 상태 탓을 하며 경로를 바꿀 수 있겠는가? 선장은 자신이 내뱉은 말에 갇혀 가망 없는 행동을 계속할 수밖에 없었다.

하지만 선장은 귀항 경로에 대해서는 출항과는 다른 별도의 책무, 즉 개별적 결정이 가능한 것으로 여겼고 이에 따라 윗선에 자유롭게 대체 방안을 제안했다.

수요일 저녁부터 목요일 아침까지 선내에서 이루어진 대화를 살펴보면 선원들 몇 명이 태풍 영향권으로 배를 몰고 들어가는 것에 대해 불편한 기색을 내비친다. 엘파로호가 태풍 속으로 직행하고 있다는 사실을 선원들은 틀림없이 알고 있었다.

한편 우측으로 방향을 틀 거라는 예상과 달리 태풍 호아킨은 서서히 남서쪽으로 이동하고 있었다. 앞서 말했듯이 호아킨이 방향을 늦게 틀수록 엘파로호가 태풍 앞을 지나갈 가능성도 커진다. 자정이 조금 지난 시각, 2등 항해사가 "…우린 끝났어. 배가 남쪽으로 내려갈수록 태풍이 계속 우리 뒤를 따라올 테니 말이야."라고 푸념했다.

태풍 중심부에서 약 320킬로미터 떨어진 지점

3등 항해사가 저녁 8시부터 자정까지 당직을 서러 왔다. 항해사의 당직이 시작되자 선장은 바로 함교를 떠나 8시간 동안 돌아오지 않았다. 선장이 3등 항해사에게 마지막으로 남긴 말은 "자네가 당직을 잘 서는지 확인하기 위해 안 자고 깨어 있을 거야. 그러니 석연치 않은 걸 발견하면 주저하지 말고 항로를 변경한 후 내게 알리게."였다.

상황은 계속 나빠졌지만 엘파로호는 태풍에 노출될 수밖에 없는 대서양 경로를 18시간째 고수하고 있었다. 목요일 새벽 1시, 태풍을 피할 수 있는 마지막 기회의 순간이 빠르게 다가오고 있었다. 이 시점에 이르기 약 2시간 전, 당직을 서고 있던 3등 항해사가 선장에게 태풍 위치를 보고하고 남쪽으로 경로를 변경하자고 제안했다.

다음은 밤 11시 5분 3등 항해사가 선장에게 내선으로 전달한 말이다.

어, 음, 방금 본 예보에 따… 따… 따르면, 음, 최고 시속… 약 160킬로미터… 강풍이랍니다. 중심에서요. 음…, 그리고 제가 제대로 본 것이 맞다면… 음…, 그러니까 그게, 어, 그러니까 이쪽으로 계속 움직이고 있는 것 같습니다…. 앞으로 5시간 동안 같은 방향으로요. 그래서…, 음, 우리가 향하는 경로로 전진하고 있는데… 어…, 그러니까 우리와 정말 가까워지고 있습니다. 음, 아시겠지만…, 더 구체적으로 말씀드리면…, 예상해볼 수는 있을 것 같은데 음…, 진짜 가까워지는 것 같습니다. 그리고 어…, 모르겠어요. 어…, 어, 더 정확히 말씀드릴 수 있을 때 다시 전화드릴게요. 새벽 4시 정도에 태풍을 만나게 될 거예요.

3등 항해사의 보고를 들은 선장은 거의 바로 "기존 항로를 유지하라." 라고 지시를 내렸다. 3등 항해사는 곧바로 "알겠습니다."라고 답했다. 선장이 원래 계획대로 속행하라는 명령을 내렸을 때 둘 사이에 아주 잠깐 말이 끊겼으나 이내 명령을 따르겠다는 항해사의 대답이 들렸다.

3등 항해사가 사용한 언어에서는 머뭇거림과 불안감이 느껴진다. 또한 자신감이 부족하고 지나치게 정중히 말하고 있다. 3등 항해사가 이러한 방식으로 말했기 때문에 선장은 자신에게 달갑지 않은 정보를 쉽게 거부할 수 있었다. 선장이 그간 했던 발언들이 그의 의도대로 논의 자체를 막은 것이다.

문제가 있을 경우 주저하지 말고 경로를 변경하라던 선장의 말은 어떻게 되었는가? 선장의 조언이 왜 효과를 발휘하지 못했는지를 파악하는 건 리더십을 이해하는 데 굉장히 중요하다.

우리는 '남이 해야 하는 일'에 초점을 맞추는 경향이 있다. 제대로 들을 의지도 없으면서 거리낌 없이 말하라고 다른 사람을 부추긴다. 자신의 행동을 바꾸려고 노력하는 것보다는 남에게 일을 떠맡기는 편이 훨

썬 더 수월하며 인지적으로도 편하기 때문이다. 하지만 상의하달식 의사 결정이 이루어지는 환경에서 아랫사람에게 의견을 내라고 부추기거나 "주저하지 말고 항로를 변경하라."며 '가짜 권한'을 부여하는 방식은 결코 제대로 작동될 수 없다.

리더들은 이러한 방식으로 말하며 양심의 가책을 덜어내려 한다. 일이 잘 풀리지 않을 경우 "내가 그렇게 의견을 내라고 했는데 왜 말하지 않았나!"며 남을 탓할 수도 있다. 하지만 리더십이란 다른 사람들이 일을 수월하게 할 수 있도록 돕는 것이지 남을 탓하는 게 아니다. 리더란 자신의 말과 행동이 다른 사람의 인생에 어떤 영향을 끼칠지 생각해야 하며 힘들어도 그 결과에 책임을 져야 한다.

목요일

자정 무렵 2등 항해사가 당직 근무를 이어받았다. 2등 항해사와 3등 항해사는 현재 상황을 터놓고 논의했다. 3등 항해사는 지금 이대로 가면 4시간 안에 태풍 반경 약 40킬로미터 구역으로 진입하게 될 거라고 말했다. 둘은 웃음을 터뜨렸다. 럼케이 섬 지름길로 경로를 바꾸는 것에 대해서도 이야기를 나눴다. 2등 항해사는 "선장님이 마음에 들어 하지 않을 것 같은데."라고 말했다.

같은 시각, 선원들도 임무를 교대하고 있었다. 그들은 바닷물에 닿으면 작동하는 개인용 조난신호기를 켜야 할 것 같다며 농담했다. 한 선원이 자리를 뜨며 빈정거렸다. "여기에 나와 있는 우리만 멍청한 거지."

대화 기록에는 3등 항해사가 함교를 떠나 어디로 향했는지 나오지 않지만 아마도 자러 간 것으로 추측된다. 내가 근무한 미 해군 전함 산타페호에서는 대원이 퇴근할 경우 함장에게 직접 보고를 해야 했다. 직접 보고를 하면 상황을 더욱 생생하게 전달할 수 있고 곧 들이닥칠 위험에 대해서도 알릴 수 있다. 하지만 엘파로호에는 이와 관련한 기록이 아예 없어서 아마 직접 보고하는 일은 없었을 거라고 추측하고 있다.

목요일 새벽 1시 무렵, 엘파로호로 폭우가 마구 쏟아졌다. 바람이 갑판을 세차게 두들겨서 선원들은 밖으로 나가기 전에 철저히 대비해야 했다. 파도 때문에 배가 이리저리 마구 뒤흔들렸다. 태풍이 전방에 위치하고 있다는 건 알았지만 선원들은 그 형태까지는 정확히 알지 못했다. 엘파로호가 최고 속력으로 동쪽을 향해 이동하고 있을 때 태풍은 서서히 엘파로호와 가까워지고 있었다.

2등 항해사는 조타수에게 럼케이 섬에서 남쪽으로 방향을 바꾸는 것에 대해 설명했다. "…그러면 태풍을 피할 수 있을 텐데. 태풍의 눈을 피해서 남쪽으로 가면 구 바하마 해협으로 연결되거든. 구 바하마 해협으로 갈 수 있는 (잡음) 중간 지점 경로가 하나 더, 어, 하나가 더 있어. 산후안으로 연결되는 길이야."

2등 항해사는 탈출구가 있다는 걸 알고 있었다. 항해사의 목소리에서 빠져나갈 가능성이 있다는 사실에 안도하는 것이 느껴졌다. 하지만 그녀가 사용한 언어를 잘 살펴보자. '할 것이다' 혹은 '해야 한다'가 아닌 "…할 수 있을 텐데."라고 말했다. 마치 엘파로호 선원에게는 없는 선택지인 것처럼 말이다.

결정적으로 2등 항해사는 남쪽으로 방향을 바꾸라는 명령을 내리지 않았다. 계획을 바꾸고 싶어 하지 않는 선장에게 승인을 받아야 하는 조직 구조 안에서 주저하고 있었다. 결국 그녀도 조직 문화에 순응했다.

2등 항해사와 조타수 모두 자신들이 처한 상황의 심각성을 알았다. 구명조끼를 준비해야겠다는 농담까지 했다. 안절부절못하며 커피 잔 크기에 대해 수다를 떨었다. 모든 배가 모조리 '여기를 빠져나가고' 있는데 엘파로호만 이 바다 위에 떠 있다며 웃기도 했다. 호아킨이 3급 태풍으로 격상되었다는 얘기도 나눴다.

조타수가 물었다. "…2시에는 경로를 변경할 수 있을까요?"

2등 항해사가 주저하며 답했다. "잘 모르겠어. 아이고. 선장님이 함교로 나오시지 않으면 이곳으로 바로 호출해야 할 수도 있어." 그녀는 용기를 북돋우며 안전한 곳으로 경로를 변경하는 것에 대해 몇 번이고 설명했다. 20분이 지나고 2등 항해사는 선장에게 연락을 취했다. 그녀는 자신이 선장의 마음을 돌려야 한다는 것과 이는 결코 쉽지 않은 도전임을 알았다. 함교에서 이루어진 대화 기록에는 2등 항해사의 말만 남아 있다. 대화 기록 중 알아들을 수 없는 부분은 ◆로 표시했다.

(어) (섬의) 남쪽 ◆ ◆ ◆ (구 바하마/날씨) 해협 ◆ ◆ ◆ (가면) 좋겠습니다. 태풍을 맞닥뜨리게 될 거예요. 음, 폭스 뉴스에서 ◆ ◆ ◆ 격상되었다고 합니다. 예…, 그렇습니다. (저는 그렇게 들었는데) ◆ ◆ ◆. 지금은 상황이 좋지 않아 보입니다. 지금은…, 제 어…, 진행 경로…, 바로 남쪽으로 향하는 경로로 바꾸고, 그다음에 (우리가) ◆ 이 얕은 지역을 모두 ◆ 통과할 겁니다. 음, (그리고 그다음에) 경로를 바꾸고 (바하마

를 가로질러서) 가게 (될 것이고) 그다음에 (방향을) 돌려서 ◆ ◆ ◆.

3등 항해사와 마찬가지로 2등 항해사가 선장에게 사용한 언어에서도 '어'와 '음'이 많이 쓰이면서 머뭇거림이 느껴지고 지나치게 정중한 태도가 엿보인다. "저는 그렇게 들었는데…."와 "그렇다고 합니다."를 비교해보면 알 수 있듯이 말을 얼버무리면 말의 힘이 떨어진다. 이런 식의 대화 방식은 말하는 이에게 현실에서 정신적으로 도피할 틈을 내어준다. 똑 부러지기보다("위험한 구역으로 들어가고 있습니다.") 굉장히 애매모호하다("지금은 상황이 좋지 않아 보입니다.").

음성 기록 장치에 선장의 말은 기록되지 않았지만 그는 틀림없이 2등 항해사에게 속행하라는 지시를 내렸을 것이다. 논의하려는 마음이나 호기심도 없이, 또 경로 수정도 없이 오로지 기존 경로대로 계속 항해하는 일에만 관심을 쏟았을 것이다. 선장의 말을 들은 2등 항해사 역시 그를 다시 설득하려는 어떠한 시도도 하지 않았다. 각자 자신의 역할에 순응했다. 2등 항해사가 보고를 끝내고 4초 뒤에 하는 말이라고는 "알겠습니다."뿐이며 그녀는 선장에게 사소한 경로 수정을 보고한 뒤 조타사에게 선장의 속행 의사를 전했다.

당직을 서던 이들은 자신들의 미래가 뒤흔들릴 중대한 결정 지점에 다다랐음을 깨달았지만 이 상황을 말로는 제대로 표현하지 못했던 것 같다. 속행과 순응이라는 구식 전술에 갇혀버린 것이다. 기존 계획에 어떠한 이의도 제기하지 않고 그저 따르기만 했다.

사고 후 공개된 보고서에는 '당직 사관들이 자신들의 우려를 좀 더 적극적으로 언급했더라면 선장이 상황을 더 잘 인식했을 수도 있다.'라고 진술되어 있다. 이 진술이 사실이기는 하지만 질병의 증상일 뿐 질병 자체는 아니다. 선장과 회사 경영진의 의무와 책임은 기존 계획에 이의를 제기하는 일이 힘든 문화가 아닌, 누구나 자신의 우려를 적극적으로 말할 수 있는 구조를 마련하는 것이다.

30분도 지나지 않아 함교에 있던 선원들은 번쩍이는 섬광과 배가 파도에 흔들리며 우당탕거리는 소리에 대해 이야기를 나눴다. 배는 파도를 맞아 경로에서 벗어나고 있었다. 240미터에 이르는 배가 경로를 벗어날 정도면 파도가 엄청나다는 뜻이다. 물론 파도를 피하기에는 이제 너무 늦어버렸다. 이미 두 번째 결정 지점을 지나쳤다. 이제 더 이상 태풍에서 벗어날 수 없었다. 빈정거리던 선원의 말이 씨가 되었다.

함교에 있던 선원들은 일어서는 것조차 너무 힘들다고 이야기했다. 2등 항해사도 욕설을 내뱉으며 "진짜 별로다."라고 말했다. 새벽 3시 30분 무렵, 함교에 있던 선원들은 풍향 변화에 대해 논의했다. 이제 바람은 엘파로호 정면과 우측을 강타하고 있었다. 입 밖으로 말을 꺼내는 사람은 아무도 없었지만 이게 무엇을 의미하는지 모두가 알고 있었다. 태풍이 이동하며 풍속이 더 거세지고 있었다. 몇 분 뒤, 부사령관인 1등 항해사가 함교로 나와 상황을 살폈다. 2등 항해사는 선장이 거절한 자신의 제안 사항을 1등 항해사에게 얘기해볼 기회가 있었으나 그렇게 하지 않았다. 군이 말할 필요가 있을까? 말한다고 바뀌는 건 없는 상황에서 말이다. 에너지를 비축해두는 편이 더 나을 것이다.

새벽 4시 10분. 8시간 10분 동안 자리를 비웠던 선장이 마침내 함교로 돌아왔다. 선장은 3등 항해사가 당직을 선 대부분의 시간과 2등 항해사가 당직을 선 시간 전부를 통째로 놓친 셈이다. 선장은 함교로 돌아오며 몇 마디 했는데, "이번 항해는 나쁜 게 하나도 없군.", "세상모르고 잤네.", "알래스카의 평범한 겨울날이네."와 같은 말이었다.

선원들을 안심시키려고 했든 자신의 결정을 정당화하려고 했든, 이 발언들로 결과를 바꿀 수는 없었다. 배는 4시간 이내로 침몰할 터였다. 엘파로호는 이제 태풍 반경 약 50킬로미터 이내로 진입하고 있었다.

‖ 리더의 말이 조직을 바꾼다 ‖

거대한 선체가 발견될 거라고 예상한 곳에는 배의 잔해만 남아 있었다. 태풍 강도를 감안하더라도 현대식 대형 선박이 이렇게 침몰할 수 있다니, 수색대는 바다를 샅샅이 뒤지며 의아해했다. 하지만 엘파로호는 처참히 침몰했다. 현대식 기술도 구식 사고방식을 이길 수는 없었다.

다행히 배 침몰 장소에서 엘파로호의 음성 기록 장치를 찾은 덕분에 함교에서 이루어진 대화 기록 전체를 얻을 수 있었다. 비극이 남기고 간 보물인 셈이다.

511쪽에 달하는 대화 기록에서 선장은 25시간 동안 1,203번 발언하고 165번 질문한다. 그러나 그가 던진 질문 중에 제대로 된 질문이라고는 하나도 없다.

- "무슨 소리인지 알겠지?" (이분법적 확인)
- "이 중간 지점을 뭐라 부르고 싶나? '알파'라고 할까?" (자문자답)
- "좋아. 지금 침로 140도지?" (자문자답, 이분법적 확인)
- "이 둘 사이에 놓인다는 거지, 그렇지?" (이분법적 확인)
- "이해가 가나?" (이분법적 확인)
- "속도가 나오는 한 다 괜찮은 거지?" (정답 요구, 이분법적 확인)

이 말들은 사람들을 자신의 역할에 순응하게 하고 기존 방침대로 업무를 속행해나가도록 만드는 거짓 위안이다.

대서양 경로로 가겠다고 운명의 결정을 내린 아침, 선장은 선원들에게 다음과 같이 말한다.

- "그러니 이번에는 꼭 참고 견뎌야 할 걸세."
- "태풍 속으로 들어가게 될 거야. 다른 방도가 없네."
- "다 잘 풀려야지."

선장은 말로써 자신의 결정을 정당화하고 있다. 선장이 함교를 떠난 뒤 선원들은 자기들끼리 모여 선장의 말을 조롱한다.

저 양반은 멀리 서서 말만 하지. "그렇게 심한 태풍은 아니야. 심하지 않다고. 바

끝에 바람도 별로 안 부는걸."

선장의 태도는 선원들에게 영향을 끼친다. 나중에 선원들이 사용하는 언어를 보면 머뭇거리면서 애매모호하고 효과적이지 못한 것을 알 수 있다. 한 사람의 마음속에서 생겨난 몰입의 상승이 조직 전체로 퍼진 결과다.

꼭 이런 방식이어야 할 필요는 없었다. 다음 장에서 자세히 살펴보겠지만 자신의 의견을 드러내고 반대 의견도 들어보며 함께 의논하여 결정하면 모두가 안정감을 느끼는 환경을 조성할 수 있다. 팀원들은 업무 수행에 전념하며 좀 더 작은 단위로 업무 완수 조건을 생각할 수 있다. 이런 과정을 통해 몰입의 상승도 예방할 수 있다. 엘파로호 선원들에게서 '할 수 있다'의 마음가짐으로 행동에만 매달리는 프레드의 모습이 보인다. 하지만 논의에 갇혀 안전한 항로로 배를 돌리지 못하는 부분에서는 수의 모습도 보인다.

선장이 함교에서 조금이라도 다른 언어를 사용했다면 배가 침몰하지 않았을 수도 있다.

- "이번에는 꼭 참고 견뎌야 할 걸세. 하지만 제군들, 난 이런 상황에 대해 아는 게 많지 않아. 승산이 그리 크지 않아 보이네."
- "별일 없겠지만 그래도 상황을 계속 주시하자고. 경로를 바꿔야 할 수도 있으니까."
- "다들 이 상황에 대해 어떻게 생각하나? 잠자코 있지 말고 자기 생각을 말해

보게."

· "경로를 고수해야 한다고 얼마나 확신하나?"

만약 선장이 취약함을 드러냈다면 다른 선원들도 자기 의견을 말해도 괜찮다고 생각했을 것이다. 이처럼 업무를 할 때도 '감정'이 필요하다. 하지만 우리는 일을 최우선으로 여기며 성과주의 사고방식에 빠져 있기에 흔히 직장을 아무 감정도 없는 곳이라고 생각한다. 감정이 포함된 의사 결정을 일의 한 부분으로 인정하지 않는다.

그러나 생각하고 결정하는 과정도 업무로 받아들여야만 리더는 비로소 직원들의 정신 건강에도 신경을 쓸 수 있게 된다. 순응이 프로그램화된 산업화 시대 전술을 계속 사용한다면 의사 결정에 감정을 개입시킬 연결고리를 영영 잃게 된다.

‖ 리더, 말하기보다 들어라 ‖

엘파로호의 '목소리 점유율'도 살펴볼 만하다. 목소리 점유율은 전체 대화에서 한 사람의 발언이 차지하는 비율을 뜻하는데 조직 내 권력 기울기를 알 수 있는 훌륭한 지표다. 총 4명이 참여한 대화에서 1명당 정확히 25퍼센트씩 말했다면 목소리 점유율이 완벽히 균형 잡혀 있다고 할 수 있다. 하지만 리더만 100퍼센트 말하고 다른 사람들은 한마디도 하지 않았다면 목소리 점유율이 완전히 편향되어 있는 것이다. 나는 리더십 코칭을 할 때 그 조직의 목소리 점유율이 균형 잡혀 있는지 아니면 편향되어 있는지 면밀히 살펴본다.

내가 활용하는 방법론은 다양한 목소리 점유율을 단일한 숫자로 전환하는 것이다. 이 방법론은 국가별 소득 불평등 정도를 계산하는 방법에서 착안해 만들었다.* 이 숫자는 균형 잡힌 목소리 점유율에서 벗어난 정도를 나타내며, 팀 언어 계수TLC; Team Language Coefficient라고 부른다.

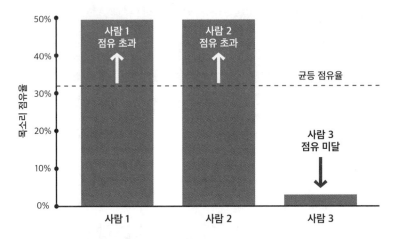

TLC는 0과 1 사이의 숫자로, 여러 사람이 참여한 대화에서 발언 불평등 정도를 나타낸다. 3명이 참여한 대화에서 2명만 반반씩 말하고 1명은 한마디도 하지 않았다면 TLC는 0.5이다.

목소리 점유율이 완벽하게 균형을 이룬 경우에는 편차가 없으므로 TLC는 0.0이다. 한 사람만 말하고 다른 사람들은 아무 말도 하지 않으

---

* 소득 불평등 정도 측정법을 '지니 계수'라 부르는데 이 방법을 고안한 이탈리아 통계학자의 이름을 따서 붙인 명칭이다.

면 100퍼센트 불균형한 상태이므로 TLC는 1.0이 된다. 3명으로 이루어진 팀에서 2명만 반반씩 말하고 1명은 단 한마디도 하지 않았다면 TLC는 0.5가 된다.

지금까지 살펴본 내용에 근거하면, 목소리 점유율이 균형점에 가깝고 TLC가 작을수록 팀 전체가 함께 생각하면서 결정하면서 더 나은 결과를 얻을 수 있을 거라고 예상할 수 있다. 이는 사실일 뿐만 아니라 관찰과 측정도 가능하다.

매사추세츠 공과 대학 교수 토머스 멀론Thomas Malone은 자신의 저서 《슈퍼마인드Superminds》에서 집단이 개인보다 더 똑똑할 때의 요인을 밝혔는데, 여러 요인 가운데 하나가 조사 참가자들에게 균등하게 주어진 발언 기회의 정도였다. 다른 두 가지 요인은 집단 구성원의 사회 지능과 집단 내 여성 비율이었다.

잘못된 의사 결정으로 이끄는 요인들이 무엇인지 파악하기 시작하면 몸담고 있는 조직에서 이 요인들이 눈에 바로 보일 것이다.

엘파로호의 목소리 점유율은 상급자에게 매우 편향되어 있었다. 함교 위에 3명이 있을 때 상급자 2명만 이야기하고 1명은 거의 한마디도 하지 않는다. 최상급자가 자리를 떠야만 그제야 남은 두 사람이 이야기를 나눈다.

일례로 수요일 오전 5시 36분부터 7시 25분까지 함교에는 선장, 항해사, 일반 선원 총 3명이 있었다. 1시간 동안은 선장과 항해사만 말하고 오전 6시 40분에 선원이 "1, 4, 2."라고 말한다. 현재 침로를 묻는 선장의 질문에 대한 선원의 답이다. 그게 전부다. 다음 45분 동안 선원은 단 한마디도 하지 않는다.

목소리 점유율 편차는 측정이 가능하다. 다음 표는 선장이 당직 사관 3팀과 각각 함교에 있을 때 사람별 발언 비율과 팀 언어 계수이다.

발언 비율	선장	항해사	선원	팀 언어 계수
팀 1	57%	39%	3%	0.55
팀 2	50%	45%	5%	0.45
팀 3	54%	43%	2%	0.53

선장, 항해사, 선원 3명이 각각 말한 단어의 개수만 알고 있다고 가정 해본다. 말한 내용이나 방식에 대해서는 전혀 알지 못해도 몇 단어를 말 했는지만 알면 이 사람이 조직 내에서 어느 위치에 있는지를 100퍼센 트 정확하게 예측할 수 있다.

세 경우에서 최하급자는 그곳에 없는 사람 취급을 받고 있다. 어떤 기 분이 들지 짐작이나 가는가. 그러고는 하급자에게 "네 의견이 중요해.", "거리낌 없이 네 의견을 밝혀봐."라고 말한다.

말을 많이 할수록 덜 듣게 된다는 것은 명백한 사실이다. 팀원들의 의 견이 듣고 싶다면 스스로 말을 줄이면 된다. "팀원들이 말을 많이 하면 내가 알아서 덜 하겠지."가 아니라 우선 자신이 말을 줄여야 팀원들이 더 많이 말할 수 있다. 팀 언어 계수는 소프트 스킬soft skill*을 넘어서는

---

* 조직 내 리더십, 대화, 협상, 대인관계 등을 다루는 능력. _옮긴이

하드 데이터 hard data*다.

엘파로호의 대화 기록이 남아 있는 덕분에 선원들이 선박을 운용한 방식을 살펴보며 리더십에 대한 교훈을 얻을 수 있다. 또한 발언 하나하나를 면밀히 검토하고 분석할 수 있다. 하지만 이렇게 하다 보면 과실, 즉 사람들이 잘못한 점만 찾아내고 싶은 마음이 생긴다.

대화 기록을 몇 번이고 되풀이해 읽다 보니 배를 구조하고 임무를 완수하기 위해 전력을 다하는 동료 선원들, 동종 업계 종사자들의 목소리가 들리는 것 같았다. 엘파로호 선장과 같은 전술을 운용하는 리더들, 내 전임 함장들의 목소리도 들리는 것 같았다. 그리고 내 안의 목소리도 들렸다.

그들이 불행한 운명을 마주하는 과정을 보니 마음이 쓰라렸다. 능력이 미숙하거나 사람이 나빠서가 아니라, 잘못된 전술 교본으로 배를 운용하다가 불행한 결말을 맞았다는 사실에 마음 아팠다. 선한 사람이 스스로 옳다고 생각한 일을 한 후에, 그 결과가 좋지 못해 고통받는 모습을 여러 번 목격했다. 기한 준수, 복종 강요, 역할 순응, 실행 강조, 성과주의 사고방식에 대한 결과가 불량품 생산이나 판매 손실, 시간 낭비나 보람이 없다는 느낌으로 나타날 때도 있다. 잘못된 전술 운용이 사람의 목숨을 앗아갈 때도 있다.

조직은 과거의 전술에 완벽하게 맞춰져 있고, 사람들의 행동은 조직이 설계한 대로 나온 완벽한 결과물이다. 우리는 이 점을 항상 유념해야

---

* 정확한 통계와 수치를 기반으로 제공되는 자료. _옮긴이

한다.

개인은 조직이 설계한 범위 내에서 최고가 될 책임을 받아들여야 한다. 하지만 리더로서 책임은 자신이 설계한 조직에서 개인이 최고의 모습을 낼 수 있도록 돕는 것이다.

구식 전술을 더 능숙하게 펼칠 필요는 없다. 우리에게는 지금 리부트 전술 교본이 필요하다. 완전히 다른 전술 교본이 있었다면 엘파로호 선원들은 지금도 여전히 살아 있었을지 모른다. 이 책의 마지막 장에서는 그러한 상황을 가정하여 살펴볼 것이다.

CHAPTER
2

리더십 리부트
전술 교본

어느 세계적인 기업의 경영진들이 한 테이블에 5명씩, 총 열 개의 테이블에 둘러앉아 리더십 세미나를 듣고 있다. 이 기업은 리더들의 리더십이 좋다는 평판과 함께 '일하기 좋은 직장'으로 꾸준히 선정되며 지난 10년 동안 계속해서 성장하고 있다.

나는 참석자들에게 '과도 피력overclaiming'에 대해 설명했다. 과도 피력이란 공동 작업에 참여하는 사람들이 성과로 보증된 것보다 더 많이 인정받으려는 경향을 보이는 심리 현상을 말한다. 과도 피력에 대한 초기 연구는 1970년대로 거슬러 올라간다. 한 연구에서 남편과 아내 각각에게 자신이 하는 집안일의 정도를 퍼센트로 추산해보라고 요청했다. 그 결과, 부부의 추정치를 합친 값이 모두 100퍼센트가 넘었다.

과도 피력이 발생하는 이유는 자신이 기울인 노력이 자신의 눈에 더 잘 보이기 때문이다. 평일에는 야근하고 주말에는 집에서 일하는 등 자신이 얼마나 열심히 일하는지는 확실히 알 수 있지만, 다른 사람들도 그렇게 일한다는 건 누구나 어렴풋이 짐작만 할 뿐이다. 분명 다른 사람들 보다 내가 더 많이 일하는 것 같은데도 제대로 인정받지 못한다는 생각 이 드는 이유다.

나는 세미나에 참가하는 경영진에게 매번 부부 대상 연구의 과도 피력 총합 평균은 얼마일지 생각해보라고 한다. 한 테이블당 답은 하나씩만 내놓을 수 있다. 주어지는 시간은 1분 30초다. 테이블 간 경쟁이 점점 달아오른다. 이들은 정해진 시간 안에 답을 내놓아야 한다는 압박을 느낀다. 여기에는 내 숨은 의도가 있다. 리더들로 구성된 각 집단이 압박감 속에서 어떻게 결정을 내리는지 그 과정을 보고 싶은 것이다.

예상대로 경영진은 산업화 시대 전술을 펼친다. 이 세미나에 참여한 모든 테이블에서, 또한 내가 이와 같은 문제를 낸 대부분의 세미나에서 일이 진행되는 순서는 기본적으로 동일하다. 문제를 내자마자 거의 곧바로 최상급자가 제일 먼저 자신이 짐작한 바를 내뱉는다. 그러면 다른 사람이 끼어들어 상급자가 내놓은 추정치에 약간 더하거나 뺀 수치를 말한다. 만약 입을 다물고 있는 사람이 있다면 그 사람은 앞으로 한마디도 안 할 것이며, 특히 그 사람이 마음속으로 생각한 수치가 대다수가 재빠르게 답한 숫자와 차이가 크다면 더더욱 말하지 않을 것이다.

이는 산업화 시대 전술이다. 이처럼 논의부터 한 뒤에 투표하는 의사결정 구조는 논의 단계에서 가변성을 축소시킨다. 이러한 과정을 통해 나온 결과를 '목소리 큰 사람의 지혜'라고 한다. 권위자가 처음 나온 수치를 지지하면 구성원들은 그게 정답에서 얼마나 크게 빗나가든 상관없이 해당 수치 범위 내에서 최종 추정치를 정해버린다. (궁금한 사람들을 위해 알려주자면 이 문제의 답은 130퍼센트다.) 다른 의견을 지닌 구성원은 논의 과정에 참여하기를 주저하면서 관련 정보와 분석 내용을 집단에게 제공하지 않으려 할 것이다. 처음 나온 수치에서 크게 벗어나지 않는 의견들을 모아 재빨리 투표해 결정하는 방식은 결국 한 가지 목표점으로 향한다. 가변성을 신속히 줄이려는 것이다.

지금까지의 내용을 잘 이해했다면 집단이 결정을 내릴 때 이러한 방식이 결코 좋지 않다는 사실을 확실히 깨달았을 것이다. 그러나 안타깝게도 대부분의 집단 결정은 이런 식으로 이루어진다. 엘파로호에서 이루어진 의사 결정 방식, 즉 선장이 결정한 뒤 선원들에게 통보하는 모습과도 꼭 닮아 있다.

더 나은 결과를 얻고 싶다면 구성원들의 의견이 다양하게 발산될 수 있도록 해야 한다. 특히 상사의 영향을 받기 전에 각 구성원이 스스로 추측해서 개인의 의견을 낼 수 있어야 한다. 이를 보장하는 간단한 방법 중 하나는 논의를 시작하기 전에 자신이 생각하는 추정치를 팀원 모두에게 적어보라고 하는 것이다. 그다음에 각자의 의견을 한데 모아본다. 누가 무슨 답을 냈는지 따지지 말고 모든 추정치를 검토한 뒤에 가능성 있는 답변으로 다 함께 좁혀나간다.

이런 식으로 의사 결정을 하면 집단의 지혜, 즉 집단이 한목소리를 내는 결과를 낳는다. 조건만 올바르다면 집단은 언제나 개인보다 더 현명하다. 집단의 지혜는 제임스 서로위키 James Surowiecki가 자신의 저서 《대중의 지혜》에서 처음 쓰기 시작한 용어이다.

난 세미나를 열 때마다 테이블을 꽉 채운 경영진에게 이 문제를 풀어보라고 하는데, 집단의 지혜를 발휘한 팀은 지금까지 딱 한 번밖에 만나지 못했다. 대부분은 최상급자가 말한 추정치에 아주 가까운 답을 내놓았다.

집단은 왜 이런 식으로 질문에 답할까? 복잡한 변수들을 빈틈없이 살피는 일이 힘들기 때문이다. 반면 권위자 의견을 중심으로 중론을 모으는 일은 만족감을 선사한다. 불확실성을 재빨리 줄이려는 인간의 본성을 거스르기 위해서는 정밀하고 체계적인 접근법이 필요하다.

집단이 이런 식으로 결정을 내리는 또 다른 이유는 엘파로호 선장과 선원들처럼 우리 속에 이런 의사 결정 방식이 프로그램화되어 있기 때문이다.

‖ 사고 과정 없이 수행만 원하는 조직 ‖

엘파로호 선장과 선원들이 불행한 운명을 맞이한 이유는 이들이 특정 전술을 펼치고 특정 방식대로 행동하며 특정 언어를 사용하도록 프로그램화되어 있었기 때문이다. 그들은 시대에 뒤떨어진 전술에 갇혀서 일을 수행할 다른 방식을 알아보지 못했다. 설사 다른 대처 방안을 떠올릴 수 있었다고 하더라도 일하는 내내 따르던 패턴을 깨기란 무척 어려웠을 것이다. 몸에 밴 패턴을 깨기 위해 시도했다가 실패한 선원들의 말에서 불안을 읽을 수 있다.

다음은 엘파로호 선원들이 프로그램화한 전술과 어쩌면 그들을 살릴 수도 있었을 전술 여섯 가지를 연결한 것이다.

1. 선원들은 시간을 통제해야 할 때 정해진 시간을 지키기만 했다.
2. 선장은 선원들과 협력해야 할 때 명령을 내리기만 했다.
3. 선원들은 책무를 다해야 할 때 주어진 명령에 따르기만 했다.
4. 선원들은 첫 번째 결정 지점과 두 번째 결정 지점에서 각각 결정을 내려야 할 때 대서양 경로를 타는 처음의 결정에 계속 따르기만 했다.
5. 선원들은 '개선' 모드에 있어야 할 때 '입증' 모드에 머물렀다. 이는 '생각할 수 있다' 모드에 있어야 할 때 '할 수 있다' 모드에 머물러 발생한 결과다.
6. 선원들은 서로 의논해야 할 때 자신의 역할에 순응하기만 했다.

행동은 그 자체로도 중요하지만 생각과 함께 균형을 이루어야 의미가 있다. 서문에 소개한 프레드처럼 생각 없이 너무 행동에만 매달리면 헛되거나 잘못된 행동을 하며 좋지 않은 결정을 내릴 수 있고, 수처럼 행동 없이 너무 생각에만 매달리면 무언가를 시작조차 하지 못한 채 좌절감에 빠질 수 있다.

기업이나 개인의 입장에서 배우고 성장하기 위한 비결은 행동과 생각의 올바른 균형점을 찾는 것이다. 어떤 것을 생각하거나 결정할 때 자신의 아이디어를 실험해보는 과정이 없으면 그 어떤 것도 배울 수 없다. 다른 사람의 지시를 아무 생각 없이 따르기만 해서도 마찬가지다.

행동과 생각의 균형은 필수인데, 우리는 우리가 사용하는 언어부터 조직을 구성하는 방식에 이르기까지 너무 오랫동안 행동에만 치우쳐 있었다. 리더만이 아닌, 위계 구조에 있는 모든 사람들에게는 행동과 생각이 균형을 이룬 전술이 꼭 필요하다. 그것이 이 책에서 전하고자 하는 메시지다.

‖ 생각과 언어의 가변성을 극대화하라 ‖

'생각'은 가변성을 수용할 때 폭넓어지고, '행동'은 가변성을 축소할 때 원활해진다.

생각과 의사 결정을 할 때 가변성은 협력자다. 할 수 있는 행동에 가변성이 클수록 혁신 가능성과 창의력이 발휘되며 선택권도 많아진다. 아이디어를 낼 때 우리는 다양한 선택권에서 폭넓게 고려하기를 원한다. 배우기 위해서는 낡은 생각은 버리고 새로운 생각을 차용해 자신의 생각에 변화를 줘야 한다. 업무 방식을 개선하기 위해서는 다른 사람들의 관점에 관심을 갖고 열린 시각을 지녀야 한다. 가변성은 다양성이 지닌 여러 이점 가운데 하나다.

생각할 때는 가변성을 수용하는 것이 좋다.

· 브레인스토밍을 할 때 의견이 최대한 다양하면 좋다.
· 의사 결정을 할 때 선택권이 넓으면 좋다.
· 사실을 밝힐 때 여러 관점에서 들어보면 좋다.

가변성을 수용하는 언어는 개방적이고, 호기심이 강하며, 확률적이고, 개선에 초점을 둔다. "어떻게 알 수 있는가?" 또는 "얼마나 안전한가?"와 같은 말이다. 호기심과 취약함을 드러내는 언어다.

집단의 생각이 같으면 가변성은 낮다. '의견 일치'라는 표현을 쓰기도 한다. 반면에 사람들의 생각이 다 다르고 반대 의견도 있으면 가변성은 높다. 토론이 펼쳐진다. 이는 의견의 불일치를 의미하기도 한다.

'합의'라는 말을 우리는 보통 긍정적인 의미로 쓴다. 하지만 합의는 가변성이 줄어든 상태로, 생각하는 과정에서는 그다지 바람직한 요소가 아니다. 가변성을 더 키워서 다양한 의견을 들어봐야 할 때조차도 합의를 유도하는 리더들은 가변성을 축소시키고는 한다. 그러고 나서 팀원들이 왜 새로운 아이디어를 내지 않는지 궁금해한다. 이러한 리더들은 잘못된 전술을 구사하고 있다. 가변성을 수용해야 하는 경기에서 가변성을 축소하는 전술을 펼치고 있는 것이다.

그들이 가변성을 줄이고자 하는 이유는 뭘까? 우선 가변성으로 인해 생겨난 모든 선택권을 숙고하고 따져봐야 하기에 정신적 부담이 커진다. 쉽지 않은 일이다. 우리 뇌는 최소한의 노력만 하려 하기 때문에 힘든 일은 밀어낸다. 쇼핑할 때 선택권이 너무 많으면 오히려 아무것도 사지 못하는 경우와 같다.

가변성은 리더들이 조직 구성원들에게 잘해야 한다고 강조하는 행동들과 반대점에 있다. 다음의 예를 보면 이해가 쉬울 것이다.

· 제조업에서 부품은 최대한 유사해야 한다. 제조업에서 가변성은 오류를 일으

킨다.

· 잠수함을 몰 때 선장은 정확한 절차에 따라야 한다. 순서가 조금이라도 어긋 나면 절차를 위반하는 것이다. 1단계에 해치를 닫고 2단계에 잠수한다. 순서 가 뒤바뀌면 문제가 된다.

· 고객이 따로 요청하지 않는 한 패스트푸드 햄버거는 모두 동일해야 한다. 맛 과 양의 차이는 고객에게 혼란을 주고, 재료 구입 및 예산 원가에 차질을 빚 는다. 표준화가 최우선이다.

가변성을 축소하는 언어는 목표 지향적이다. 엄격하게 규칙을 준수 하며 절차를 고수한다. "이렇게 하세요." 또는 "이게 안전합니다."와 같 은 말이다. 통제와 준수의 언어이다.

‖ 일에 따라 필요한 언어가 다르다 ‖

생각하고 결정을 내리고 가변성을 받아들이는 일을 블루워크bluework 라 하고, 행동하고 실행하고 가변성을 줄이는 일을 레드워크redwork 라 하자. 이 두 종류의 일은 서로 다른 사고 프로세스를 가지며 별개의 언 어가 필요하다. 이 둘을 구분해서 부르는 것만으로도 당신이 어떤 일을 하고 있는지 분명히 알아내는 데 도움이 될 것이다.

두 가지 일 중 행동하는 쪽을 레드워크라고 이름 붙인 이유는 레드red 가 에너지와 결의를 연상시키는 색이고 블루blue가 침착성과 창의력을 상징하는 색이기 때문이다.

이 책의 도입부에서 프레드와 수는 레드워크와 블루워크의 경계를 넘지 못하고 각자 반대쪽에서 힘겨운 시간을 보내고 있었다. 프레드는 깊이 생각하지 않고 무조건 행동으로 밀어붙이면서 레드 안에 갇혀 있는 반면, 수는 행동으로 옮기지 못하고 끝없이 생각하며 블루 안에 갇혀 있었다. 이렇듯 레드워크와 블루워크 중 하나에만 매달려서는 충분한 성과를 얻을 수 없다. 둘을 적절하게 조합해야 한다.

또한, 두 가지 일을 효과적으로 하려면 팀 전체가 계획적으로 함께 반대쪽 모드로 넘어가야 한다.

잠수함에서 나와 대원들은 여러 사안에 대해 생각하고 가변성을 받아들이는 시간, 일명 '팀 점검' 시간을 갖고는 했다. 점검하는 동안에는 모두가 가변성을 장려하며, 열린 마음으로 임했다. '이에 대해 사람들은 어떻게 생각하는가?', '우리는 얼마나 준비가 되었는가?', '상대방의 생각은 어떻게 다른가?' 이를 블루워크라 불렀다.

팀이 모든 준비를 마쳤다고 함장이나 1등 항해사가 판단을 내리면 우리는 생각 모드에서 행동 모드로 전환했다. 행동 모드에서는 가변성을 피하고, 정확성을 추구했다. 정해진 절차에 따르는 시간. 우리는 이를 레드워크라 불렀다.

레드워크를 할 때 우리는 결정된 행동, 말하자면 어뢰를 장전하는 절차를 가능한 한 충실하게 수행하려고 노력했다. 어뢰는 언제나 정확히 똑같은 방법으로 장전됐다. 어뢰를 장전하는 건 육체적으로 매우 힘들지만, 어떤 어뢰를 어떤 발사관에 언제 장전할지를 결정하는 일과 비교하면 정신적으로는 훨씬 편하다. 이러한 과제를 수행할 때는 눈에 보이는 성과가 분명하며 성취감을 느낄 수 있어서 행동에 치중하게 된다. 그래서 사람들은 임무를 완수했을 때 기분 좋은 상태에 쉽게 도취된다. 하지만 숙고하지 않고 행동만 한다면 그동안 열심히 한 일이 밑 빠진 독에 물 붓기였음을 깨닫는 순간을 맞게 될 것이다.

어느 쪽 모드든 원래부터 잘못된 일은 없다. 다만, 더 효과적으로 일하려면 생각과 행동 사이를 부지런히 오가야 한다. 그런데 문제는 우리가 평소 행동에 관한 언어만 사용한다는 것이다. 행동에 대해서만 이야기하면 가변성은 줄어들 수밖에 없다. 결과적으로 레드워크에서 블루워크로 전환하는 것을 미루게 되고, 생각을 하려 해도 가변성을 줄이는 언어가 전환을 방해한다.

이 패턴을 고치려면, 즉 레드워크에서 블루워크로 전환하려면, '자연스럽게 느껴지는' 언어를 쓰지 않도록 노력해야 한다. 우리는 결정론적이고 이분법적이며 편의주의적인 언어로 이야기하는 것에 익숙하다. 예를 들면 "얼마나 확실해?"라고 묻는 것보다 "확실해?"라고 묻는 것이 더 자연스럽다. "확실해?"는 "예." 또는 "아니요."로 간단하게 대답할 수 있다. 그에 비해 "얼마나 확실해?"는 부담스럽고 부자연스러운 질문이다. 대답하기도 어려우며 많은 생각을 하게 한다.

"그게 말이 돼?"와 "내가 놓치고 있는 게 뭔가?" 두 질문 중에 어느 쪽이 더 자연스럽게 느껴지는가? 첫 번째는 논의 단계를 바로 결정 단계로 바꿔버리는 질문이다. 일을 속행하며 정해진 바에 무조건 따르게 한다. 평상시에 우리가 항상 하는 말이다. 반면 두 번째 질문은 행동을 늦춘다. 시간 낭비처럼 느껴지기도 한다. 이처럼 블루워크는 우리가 직접 시간을 제어하도록 한다.

레드워크는 다음과 같이 말한다.

- "어서 완료해!"
- "해냅시다."
- "이거 끝내자."
- "제대로 하고 있는가?"

블루워크를 할 때는 관심의 대상을 넓히고, 차분하게 생각하며, 다른 사람의 시각과 의견에 호기심을 갖고, 가능한 대안을 생각해보는 것이 도움이 된다.

블루워크는 결정을 내리는 인지적 업무다. 머릿속에서 이루어지기 때문에 눈에 보이지 않아서 관찰하기가 어렵다. 몸을 써야 하는 일은 없지만 정신적으로 힘이 든다. 오랜 시간 블루워크를 하면 지칠 수밖에 없는 이유다.

블루워크는 다음과 같이 말한다.

- "어떻게 생각하는가?"
- "이 일에 얼마나 준비되어 있는가?"
- "더 잘하려면 무엇을 해야 하는가?"
- "무엇을 배울 수 있었는가?"

레드워크와 블루워크를 할 때 목소리 점유율이 각각 어떻게 달라지는지 생각해보자. 레드워크식 표현은 "좋습니다." 또는 "예.", "아니요." 와 같은 대답만 있으면 되므로 자연스레 의견이 한쪽으로 치우치게 된다. 팀의 막내들은 거의 말할 필요도 없다. 균형 잡힌 목소리 점유율에서 멀어지며 팀 언어 계수도 0.4나 0.5 이상으로 높은 편이다. 팀 언어 계수는 그 숫자가 클수록(1에 가까워질수록) 불균형이 커진다는 뜻이다. 목소리 점유율이 완벽하게 균형을 이루면 팀 언어 계수도 0이 되어야 하지만, 완벽하게 균형을 이룬다는 건 있을 수도 없는 일이고 꼭 바람직하지도 않다. 팀 언어 계수는 조직 내 의견 개진의 불균형 정도를 측정하는 도구일 뿐이다.

블루워크식 질문은 팀원들이 더 길게 대답할 수 있도록 유도한다. 목소리 점유율이 균일하게 분포하며 팀 언어 계수는 0.2나 0.1 정도로 낮은 편이다. 팀이 블루워크를 더 잘할수록 팀 내 목소리 점유율은 균등해지며, 팀 언어 계수도 0에 가까워진다.

반면, 목소리 점유율이 편향되고 팀 언어 계수도 높아지는 두 가지 상황이 있는데, 첫 번째는 리더가 대화를 독점하는 상황이다. 이때 팀원들은 반향실 효과echo chamber effect[*]의 영향을 받는다. 두 번째는 자신의 생각과 의견, 아이디어를 거의 말하지 않는 팀원이 있을 경우다. 사실 이 조용한 사람은 경영진이 새로운 관점을 얻기 위해 일부러 그 자리에 앉

---

[*] 조직 내 구성원들의 사고방식과 의견이 한 방향으로만 증폭되어 극단화되는 현상. _옮긴이

힌 사상가나 소수자일 수도 있다. 어쨌거나 두 상황 모두 팀 내 의사 결정이 효과적으로 이루어지지 않겠다는 것을 예상할 수 있다.

‖ 누구나 결정자가 되어야 한다 ‖

'레드워크'라는 이름만 보고 블루칼라 노동자가 담당하던 생산직과 육체노동을 떠올리는 독자가 있을 수 있다. 이름 조합에서 어색한 느낌이 들었으면 해서 일부러 이렇게 정했다. 화이트칼라 노동자가 하던 '생각하는' 일을 블루워크로, 블루칼라 노동자가 하던 '생각하지 않는' 일을 레드워크로 부름으로써 편견이 담긴 이름표가 조속히 사라지기를 바란다.

산업혁명 시기에 등장한 공장 시스템은 블루워크와 레드워크, 두 계층으로 업무를 나누어 일을 관리하는 유해한 방식을 만들어냈다. 일에 그치지 않고 블루워커와 레드워커, 즉 직업으로서 존재했다. 블루워커 집단은 결정을 내리고 레드워커 집단은 블루워커가 내린 결정을 수행했다. 한 집단은 의사 결정을 했고 다른 집단은 이를 실행했다. 한 집단은 가변성을 수용했고 다른 집단은 가변성을 축소했다. 한 집단은 이끌었고 다른 집단은 따랐다. 조직은 각 집단에 서로 다른 모드의 일을 부여하며 관리 업무를 간소화했고 정해진 일정에 맞춰 바쁘게 움직였다. 이러한 시스템으로 산업화 시대 조직의 틀을 다졌으며 이에 따라 직장 내 관행과 언어가 일정한 형식으로 굳어졌다.

프레더릭 윈즐로 테일러Frederick Winslow Taylor가 1911년에 출간한《과학적 관리법The Principles of Scientific Management》에 이러한 관리 방식이 잘 나타나 있다. 테일러는 미국 남북전쟁 이후 한창 산업화가 진행되던 시기에 기계 제작 수습공으로 일을 시작했다. 대부분의 가게는 여전히 규모가 작았으며, 필요에 따라 개인 기술자가 자신만의 업무 방식을 만들어가며 일했다. 산업 규모가 더욱 커지고 복잡해지자 테일러는 이러한 개별 방식이 비효율적이라는 판단을 내렸고 뭐라도 해보자는 결심을 세웠다.

테일러는 제철소 노동자들의 움직임을 연구하며 작업을 수행하는 데 가장 효율적인 방법을 하나 알아냈다. 노동자가 삽으로 원자재를 옮길 때 9킬로그램도 아니고 11킬로그램도 아닌, 딱 10킬로그램을 담는 것이 가장 효율적이라는 사실이었다. 이처럼 가변성을 축소하는 것이 테일러의 일이었다. 그는 적절한 양을 퍼낼 수 있게 다양한 재료의 밀도를 고려해 삽을 여러 사이즈로 디자인하기도 했다. 노동자들은 원자재를 옮기는 '행동'은 했지만 원자재를 한 번에 얼마나 옮길지 등의 의사 결정은 하지 않았다. 이는 관리자들이 '생각'했다. 이 모델에서 육체노동자들은 어떠한 결정도 내릴 필요가 없었다. 오히려 개인의 결단력과 생각은 주의를 흐트러뜨리는 요소만 될 뿐이었다.

테일러의 조언을 구하는 사람이 많아지면서 그는 빠르게 유명해졌다. 테일러는 가변성을 축소하고 낭비를 줄이며 품질과 효율성을 개선하는 방법으로 다양한 업계에 영향을 끼친 최초의 전문 경영인이었다. 헨리 포드Henry Ford와 파트너십을 맺으며 테일러의 영향력은 더욱 더

막강해졌다.

다음은 테일러가 관리자의 역할을 설명한 것이다.

업무 방식은 표준화되어야 하며 최적의 도구와 근무 환경이 일터에 갖추어져 있어야 한다. 또한 더 빨리 작업할 수 있도록 노동자들의 협력을 강화해야 한다. 이처럼 업무 방식을 표준화하고 공동 작업을 관리하는 것이 관리자의 책임이다.

우선 가변성 축소에 대한 부분을 살펴보자. 테일러는 '표준화'라는 용어를 사용한다. 그리고 세상을 두 집단으로 나누는데, 한 집단은 결정을 내리고 다른 집단은 그 결정을 실행한다. 이 접근법에서 강요는 필요 불가결한 요소다. 테일러는 관리자가 '업무 방식을 표준화하고 이를 노동자에게 강요하는' 것에 대해 거부감을 느끼지 않는다.

블루워커에게 모든 생각을 맡겨버리는 세상에서 레드워커는 어떤 생각도 할 필요가 없다. 테일러는 이 부분에 대해 다음과 같이 명확히 밝히고 있다.

우리 제도에서는 노동자에게 어떠한 결단력도 요구하지 않는다. 관리자가 원하는 것은 자신이 시킨 일을 노동자가 빨리 해내는 것뿐이다.

테일러는 노동자들에게 "당신들은 육체노동만을 위해 고용되었으며 생각하는 일을 맡은 사람은 따로 있다."라고 말했다. 어찌나 분명히 말하는지, 그가 쓴 언어의 명료성 하나는 꼭 인정해줘야 한다.

그의 방식에서는 노동자들이 일하는 방식을 스스로 선택할 수 없다. 노동자들에게 선택권을 주게 되면 여러 작업 방식이 나올 수 있어 가변성이 커질 수밖에 없다. 그러므로 테일러는 모든 노동자가 최적의 방법 하나로 업무를 하게 하여 가변성을 줄였다. 그리고 그 최적의 방법은 노동자가 아닌 다른 사람이 정하도록 설계했다.

테일러의 아이디어를 실행에 옮긴 공장주들은 엄청난 이득을 봤다. 그들은 교육받지 못한 사람들을 낮은 임금에 고용한 뒤 방대한 제조 공정 중에 딱 하나만을 맡아 일하도록 훈련시켰다. 그 부분이 전체 공정에 어느 정도 기여하는지, 그들이 실제로 만들고 있는 게 무엇인지조차 노동자에게 설명할 필요가 없었다. 노동자들은 폐쇄적 시스템으로 운영되는 공장에서 생산 작업에만 몰두할 뿐이었다.

오늘날 모든 조직에는 블루워크와 레드워크가 존재하지만, 블루워커와 레드워커의 구분은 더 이상 필요하지 않다. 하지만 산업혁명 때 만들어진 인위적 구성물들은 여전히 유산으로 남아 있다. 한 개인이 속한 집단을 식별하게 하는 문화적 표지와 유니폼 같은 것들로 우리는 그가 리더인지 부하인지, 정직원인지 아르바이트생인지, 사무직인지 생산직인지를 알 수 있다. 실험실 가운을 입었는지 작업복을 입었는지를 보며 우리는 여전히 누가 어느 팀에 속해 있는지 확인하려 한다.

테일러의 방식은 한때 효과가 있었지만 현대 조직에는 맞지 않는 부분이 있다. 첫째, 시스템이 무너지기 쉽고 변화에 적응하기 어렵다. 효율적이지만 변화에 적응하기 어려운 이유는 노동자들이 좁은 범위의 상황에서만 작업을 하기 때문이다. 국제 정세나 생산 라인 등 업무 환경은 계속 변화하는데, 노동자들은 업무를 완수하는 데에만 너무 몰두하는 나머지 다른 변화를 알아차리지 못한다.

이 시스템의 취약성은 엘파로호 선원들이 계속 변하는 기상 상태를 고려하지 못하고 그저 계획을 완수하는 것에만 집착하는 모습에서 분명히 드러난다.

둘째, 이 시스템에서 사람들은 최소 요건을 충족시키는 만큼만 일한다. 만약 자기 몫 이상으로 월등히 일을 해내면, 다음에는 목표치를 더 높게 잡아 할당량을 늘리는 것으로 되돌아오기 때문에 딱 필요한 만큼만 일하는 것이다. 결국 자발적인 노력은 0으로 줄어든다.

셋째, 시스템 자체가 사람들에게 큰 피해를 준다. 끊임없이 레드워크만 하면 권태감이 들어 정신이 딴 데 팔릴 수 있다. 공장의 거친 작업 환경에서 집중력이 흐트러지면 어떻게 되겠는가? 치명적인 사고로 이어질 수 있다. 미국의 주요 제철소들이 자리한 펜실베이니아주 앨러게니 카운티에서 발생한 산업 재해를 다룬 연구 결과를 보면, 연구 첫해에만 노동자 526명이 산업 재해로 사망했다.

마지막으로 이런 환경에서 생활하는 건 아주 힘들며 에너지를 깎아먹는 일이다. 고도로 산업화된 환경에서 일하는 사람들은 성실함과 자제력, 생활 만족도가 낮고 기대 수명도 짧은 것으로 나타났다. 놀라운 건 탄광업 등의 중공업이 쇠퇴하고 난 이후에도 부정적 심리 상태가 그 마을에 남아 오랫동안 후대에 영향을 미친다는 것이다.

〈하버드 비즈니스 리뷰〉 기사에서 마틴 업숀카Martin Obschonka는 업무 환경이 노동자의 가치관에 미치는 영향과 그 영향이 부모 세대에서 자식 세대로 전달되는 현상에 대해 설명한다.

반복성과 피로도가 높고 자율성이 낮은 업무(즉, 레드워크)를 수행하는 사람들은 지적 가치와 비판적 사고에 가치를 덜 두며, 이런 경향은 자식에게로 이어진다.

모든 사람이 생각하는 과정에 참여한다면 양쪽 다 윈윈 할 수 있다. 사측은 수월하게 변화에 적응할 수 있고 민첩하고 탄력적인 조직 운영이 가능해지며 수익도 늘어난다. 노동자는 만족하며 일할 수 있고 건강하고 충만하게 부유한 삶을 살며 기대 수명도 늘릴 수 있다. 더불어 그들의 자식들도 그렇게 살아갈 수 있다.

21세기 조직이 직면한 문제는 다음과 같다. 레드워크와 블루워크는 있지만 레드워커와 블루워커는 없는 환경을 어떻게 조성해나갈 것인가? 정해진 일만 하는 부하로 여겼던 직원, 즉 레드워커에게 의사 결정까지 해야 하는 블루워크를 어떻게 수행하게 할 것인가?

‖ 공장노동자가 의견을 내자 생겨난 변화 ‖

테일러 세계에서 블루워커는 레드워커를 관찰하며 그들이 해야 할 일을 결정한 뒤 지시 사항을 전달했다. 그러나 2차 세계대전이 끝난 후에 이러한 엄격한 방식에 변화가 생기기 시작했다. 그 변화가 처음 나타난 곳은 일본 자동차 제조 공장이다. 노동자들을 관찰하기만 하던 리더들이 미국 통계학자 W. 에드워즈 데밍 W. Edwards Deming의 연구 이후 그들에게 직접 의견을 묻기 시작했다.

일본과 독일이 제조업 부흥에 힘쓰고 있을 때 미국 자동차 제조업은 상대적으로 경쟁이 심하지 않은 업계 상황 속에서 호황을 누리고 있었다. 미국은 경쟁이 줄어든 상황에서 예전만큼 생산 품질 향상에 큰 관심을 두지 않았고, 이렇듯 현실에 안주하는 태도는 미국에서 만들어지던 자동차에 그대로 반영되었다.

전쟁이 끝난 후 데밍은 일본으로 파견되어 일본의 재건을 도왔다. 그는 30년 동안 일본에 머물며 품질 좋은 상품을 개발하는 방법을 여러 기업에 전수했다. 데밍은 통계학자로서, 제조 공정에 가변성이 클수록 비용도 많이 들고 생산품도 싸구려처럼 느껴진다는 걸 알아냈다. 또한 이 이야기를 반대로 뒤집어도 인과 관계가 성립한다는 걸 깨달았다. 즉, 제조 공정에서 가변성을 줄이면 고품질 물품을 생산하면서 비용도 줄일 수 있다는 것이다. 데밍의 첫 번째 깨달음은 품질을 향상시킨다고 해서 비용이 높아지는 게 아니라 오히려 줄일 수 있다는 점이다. 이 접근법을 '전사적 품질 관리 TQM; Total Quality Management' 혹은 '전사적 품질 리더십 TQL; Total Quality Leadership'이라 부른다.

데밍의 두 번째 깨달음은 품질 관리 방식이다. 당시의 품질 관리 방식은 물품을 다 완성하고 난 뒤에 부품을 하나하나 살피며 기준에 부합하지 않는 요소를 제거하는 식이었다. 이 과정에서 기업은 품질 검사관에게 보수를 지불해야 했고, 불량품을 폐기하는 경우에는 비용이 더 들 수밖에 없었다. 데밍은 이렇게 하는 대신 품질 관리를 제조 공정에 통합시켜 검사관을 아예 없앴다. 차체 도색을 예로 들어보자. 자동차 도색 공정은 바탕색을 칠하는 것부터 보호 코팅을 하는 것까지 여러 단계에 걸쳐 이루어진다. 차체 전체에 페인트가 골고루 발라졌는지, 페인트가 일정한 두께로 잘 칠해졌는지에 따라 품질이 결정된다. 도색 일관성은 페인트 혼합율, 분사 속도, 차체와의 도포 거리, 건조 온도, 건조 시간 등 여러 요소에 달려 있다.

전통적 모델에서는 자동차를 다 도색한 뒤에 그 결과를 검사했지만, 데밍이 제안한 새 모델에서는 관리자가 페인트 혼합율, 노즐, 도포 방식, 건조 온도와 시간 등 여러 요소를 다양하게 설정하여 끊임없이 시험했다. 이러한 블루워크는 초기에 시간과 노력, 비용이 많이 들지만 오류를 줄여 검사관의 필요성을 없애고 레드워크의 일관성을 향상시킨다. 지속적인 개량의 결과, 오늘날 생산되는 자동차의 평균 품질은 20년 전보다 훨씬 좋다.

데밍의 세 번째 깨달음은 레드워커(이 사례에서는 조립 라인 노동자들)도 블루워크에 참여해야 한다는 것이다. 데밍의 접근법은 테일러의 방식과 확실히 다르다. 테일러는 효력은 떨어지지만 효율이 높은 분업을 지지했다. 노동자의 의견을 묻느라 생산 일정이 지연되는 경우는 절대 없었다.

반면 데밍은 레드워커를 블루워크에 참여시켜서 그들에게 가변성을 축소하고 수용하는 것 사이를 오가는 법을 알려주었다. 레드워커는 생산 현장 공정을 누구보다도 잘 알고 있고, 자신의 결점과 그 결점을 보완하고 개선할 방법도 알고 있다. 데밍은 레드워커를 블루워크에 끌어들여서 오류를 감소시키고 업무 만족도를 향상시키는 동시에 그들이 레드워크와 블루워크 두 모드의 일을 모두 배울 수 있도록 이끌었다.

일본 기업이 이 새로운 방식을 연마하여 레드워크와 블루워크를 교대로 할 수 있게 되면서 공정의 정밀도가 꾸준히 상승했다. 1970년대 석유 파동 때 미국 자동차 제조업체는 연비가 좋은 소형차를 생산하는 데 애먹고 있었다. 그러자 품질과 연비가 좋은 튼튼한 일본산 소형차가 우위를 차지하기 시작했다.

좋은 품질은 결국 가변성 없이 공정을 반복할 수 있는 제조사의 능력에 달렸다. 자동차는 페인트와 볼트 정렬에 가변성이 클수록 녹스는 부분이 많아진다. 가구는 이음새에 가변성이 클수록 삐거덕거리는 부분이 많아져서 더 빨리 닳아 부서진다.

따라서 제조 공정 그 자체는 가변성을 줄이는 레드워크에 더 초점이 맞춰져 있지만, 반대 의견을 비롯해 다양한 생각을 들어가며 가변성을 수용하는 블루워크를 통해서 개선되고 발전될 수 있다.

일본 차의 점유율은 상승하고 미국 자동차 제조업체의 위상은 점점 떨어져가던 1980년에 발표된 다큐멘터리 〈일본도 하는데, 우리가 왜 못 합니까?If Japan Can, Why Can't We?〉를 통해 데밍의 철학이 미국에 처음 소개됐다. 도요타 간판방식Toyota Production System*과 같은 제조 공정은 어느 정도 데밍의 영향을 받아 생겨났다.

1981년, 일본 차의 연간 생산량이 처음으로 미국을 앞질렀다. 레드워

---

* 재고 관리를 위해 필요한 때 필요한 부품만 확보하는 도요타의 독창적인 생산 방식._옮긴이

크와 블루워크의 통합이 우수한 성과로 이어진다는 것이 입증되는 순간이었다.

데밍은 훌륭한 통찰력을 보여줬지만 레드워커와 블루워커의 구분을 완전히 없애지는 못했다. 그가 할 수 있던 최선은 레드워커가 블루워크에 참여하도록 관리자(블루워커)를 이끈 것이다. 이로써 테일러의 방식, 즉 블루워커가 실험용 쥐를 관찰하듯 레드워커를 지켜보는 것에서 한발 앞으로 나아가게 되었지만 근본 구조는 그대로였다. 생각하고 결정하며 개선하는 업무를 레드워커에게 넘기는 것이 너무 앞서나가는 일처럼 느껴지겠지만, 그것이 바로 지금 우리에게 필요한 일이다.

‖ 구식 언어가 모든 문제의 원인이다 ‖

데밍이 선도한 전사적 품질 리더십(TQL)과 같은 새로운 제조 방식은 통계적으로 접근하고, 노동자를 활용해 공정 문제를 해결하며 제조업 발달에 상당한 진전을 이뤘다. 제조업 종사자들은 TQL과 그 이후에 나온 도요타 간판방식으로 가변성을 줄인 고품질 상품을 생산할 수 있게 되었다.

현대식 경영 방식 중 하나인 '승무원 자원 관리 CRM; Crew Resource Management'는 레드워커를 블루워크에 참여시키는 것과 관련하여 여전히 남아 있는 근본적인 문제들을 해결하려는 노력이 엿보이는 관리법이다.

CRM은 조종실에서 근무하는 승무원들 간의 의사소통 방식을 다루며, 부조종사나 부기장이 거리낌 없이 자신의 의견을 밝혀야 하는 이유, 그리고 그러한 환경을 기장이 조성해야 하는 이유를 강조한다. 기장은 부하 직원들의 걱정과 아이디어를 기꺼이 경청하도록 훈련받는다. 대형 항공사들은 CRM을 훌륭하게 수행하여 수천 명의 목숨을 구했다. 일례로 2009년 1월, US 에어웨이즈 항공기 1549편이 새와 충돌하여 양쪽 엔진을 잃고 허드슨강에 불시착했을 때 기장과 부기장이 주고받은 대화를 살펴보면 이들이 CRM의 영향을 많이 받은 것을 알 수 있다.

많은 리더들은 팀원들이 문제를 발견했을 때 거리낌 없이 지적할 수 있으며, 업무에 창의력을 발휘하고 새로운 아이디어나 해결책을 자유롭게 제시할 수 있는 환경을 조성하고 싶어 한다. CRM 외에도 권한 분산, 참여, 주인 의식과 같은 개념을 주요 목표로 하는 현대식 경영 방식이 많다. 이러한 관리법은 팀원들이 자신의 생각을 자유롭게 말하며 심리적으로 안정되도록 돕고, 리더가 지시하는 대신 지도하며 적합한 질문을 던지도록 하는 데 중점을 둔다. 산타페호에서 시작해 다른 여러 조직을 거치며 완성된 '의도 기반 리더십'도 이와 같은 특성을 전부 포함하고자 한 관리 방식이다.

내 생각에 이 모든 프로그램들은 본질적으로 동일한 문제를 다루고 있다. 산업혁명 때부터 시작되어 지금까지 이어져온 레드워커-블루워커 계층 구조다.

하지만 이러한 노력에도 불구하고 여전히 문제는 사라지지 않고 있다. 심하게 분열된 노동 인구, 노동자들을 하찮게 여기는 직장, 스트레스와 번아웃에 시달리는 직장인들. 이유가 뭘까? 근본적인 구조나 전술을 바꾸려는 시도보다는 이 때문에 생겨난 문제를 임시방편으로 모면하려는 데 있다. 새로운 전술이 등장하는 경우도 있지만 본질적인 리더십 전술과 언어는 대부분 그대로 남아 있는 게 문제다. 리더들은 산업혁명 때부터 이어져온 언어 패턴을 사용하면서 '레드워크-블루워크' 적용을 지체시키고, 의도하지는 않았겠지만 더 나은 업무 환경을 조성하려는 노력을 게을리한다. 그들은 자신이 뭘 하고 있는지 알지 못하며, 몸에 배어버린 리더십 전술이 자신의 행동과 어떠한 연관 관계를 갖는지 깨닫지 못한다.

‖   최고 효율을 내는 업무 리듬을 익혀라   ‖

우리는 별생각 없이 블루워크와 레드워크를 오간다. 예를 들어보자.

당신은 차로 출퇴근을 한다. 퇴근 시간이면 곧장 집으로 갈지, 운동을 하고 갈지 아니면 친구를 만나 술을 마시고 갈지 결정을 내려야 한다. 쉽게 결정을 내릴 수도 있지만 당신은 세 가지 선택사항 중에 어느 것이 가장 마음에 드는지를 따져본 뒤에 오늘은 곧장 집으로 가야겠다고 마음먹는다. 당신은 매일 하는 블루워크 중 하나를 지금 막 끝냈다. 바로 결정을 내리는 일이다.

이제 결정을 내렸으니 차를 타고 가면서는 해야 할 일에 대해 더는 생각하지 않아도 된다. 레드워크에 진입한 것이다. 직장생활을 시작한 지

얼마 되지 않아 지리를 잘 모르는 게 아니라면 당신은 집으로 가는 길을 훤히 꿰고 있을 것이다. 그러므로 당신의 뇌는 계획이라는 힘든 일에서 잠시 해방된다. 운전 도중에 아주 잠깐 공상에 잠길 수도 있다. 집에 도착하면 어떻게 운전해 갔는지 상세히 기억하지 못한다. 레드워크 하나를 끝낸 것이다.

이번에는 스포츠로 예를 들어보자. 바다 수영에서는 경기 코스를 보통 주황색 부표를 띄워 표시한다. 수영 선수들은 고개를 숙이고 엉덩이를 높여야 더욱 효율적으로 헤엄칠 수 있기 때문에 대부분 이 자세로 수영한다. 이 자세를 취하면 앞으로 빠르게 나아갈 수 있지만 가고 있는 방향은 보지 못한다. 그래서 이따금 머리를 들어서 부표 위치를 확인하고 코스를 조정하면서 자신이 있는 지점을 확인해야 한다. 이 과정에 따르다 보면 특정 리듬이 생긴다. ①부표 위치를 확인하고(블루워크) ②한동안 부표 쪽으로 수영하다가(레드워크) ③머리를 들어 올려 자신이 헤엄쳐 온 코스를 확인한다. 장시간 고개를 숙이고 수영하면 속도는 빨라지겠지만 결국 경기 코스에서 많이 벗어나게 되면서 빠른 속도로 얻은 선두 자리를 내어줄 수밖에 없다.

이 예시가 마음에 드는 이유는 여러 사업장에서 벌어지는 일들과 아주 유사하기 때문이다. 기업의 입장에서는 생산 작업을 중단하는 것이 두렵기 때문에 잠시 멈춰서 생각하는 걸 자연스럽게 피하는 경향이 있다. 이렇게 할 경우 수영 선수들과 마찬가지로 처음에는 빨리 갈 수 있겠지만 결국 잘못된 방향으로 나아갈 가능성이 있다. 반면에 블루워크를 위해 생산 작업을 너무 자주 멈추다 보면 불필요한 개입이 늘어나면서 실적이 떨어질 수 있다.

어떤 사업이든 최적의 균형점이 있는데, 이 균형점을 찾는 일에는 여러 기술과 경험이 필요하다. 선수들은 바다 수영에 능숙해짐에 따라 블루워크 간의 간격을 안전하게 늘리면서 점점 더 긴 거리를 멈추지 않고 수영하는 방법을 습득한다. 좌우 상황이나 다른 선수들 위치를 단서로 활용해 머리를 들어 올리는 시간을 줄인다. 선수들은 시간이 쌓이며 최고의 효율을 내는 '레드워크-블루워크' 리듬을 찾게 된다.

엘파로호에서 이루어진 의사 결정, 즉 블루워크는 태풍이 와도 항해를 지속하기로 한 것, 태풍에 노출되는 대서양 경로를 타기로 한 것, 럼케이 섬 갈림길을 지나쳐 계속 항해하기로 한 것 등이다. 엘파로호에서 이루어진 실행, 즉 레드워크는 거친 파도에도 동력 장치 시스템을 작동한 것, 화물을 화물칸에 고정한 것, 침몰하는 배에서 대응한 것을 포함한다. 선원들이 레드워크를 하며 실수를 했을지도 모르지만 그렇다 하더라도 엘파로호의 운명은 사실 처음에 내린 결정으로 확정된 것과 다름없다. 엘파로호가 맞이한 결과는 대서양 경로를 얼마나 능숙하게 지나갈 수 있을지가 아니라, 대서양 경로로 갈 것인지 말 것인지 그 첫 결정에 달려 있었다.

엘파로호 선장은 대서양 경로로 쭉 푸에르토리코까지 가겠다는 의향을 내비쳤다. 이러한 선장의 모습은 바다에 떠 있는 부표를 딱 한 번만 본 뒤 고개를 숙인 채 계속 수영만 하는 수영 선수와 비슷하다.

블루워크와 레드워크의 균형을 잘 맞추려면 항해를 시작할지, 대서양 경로를 탈지, 럼케이 섬에서 대서양 경로로 갈지 혹은 구 바하마 해협으로 갈지 등 여러 결정 사항들을 미리 파악해야 했다. 팀은 이 모든 결정 지점 사이사이에 레드워크에 전념할 수 있다. 발전소나 병원, 제조 업체와 같이 절차를 매우 중요시하는 집단은 레드워크 중에 발생하는 오류에만 집중하고, 블루워크 중에 발생하는 오류, 특히 레드워크와 블루워크의 균형을 잡는 중에 발생하는 오류에는 크게 신경을 쓰지 않는 경향이 있다.

이러한 경향이 나타나는 이유는 레드워크에서 발생한 오류는 바로 눈에 띄기 때문이다. 조종사가 장치를 잘못 조작한 경우, 의사가 환자에게 잘못된 약 처방을 내린 경우, 발전소 기사가 차단기를 잘못 개방한 경우 등은 쉽게 알 수 있다. 실행 오류는 정책 위반이나 절차 무시, 혹은 기술적 실수 같은 것이다. 이러한 오류는 반박할 수 없으며 확실히 알아볼 수 있다. 손을 씻었는가, 안 씻었는가? 디젤 엔진 전에 윤활유 펌프를 작동시켰는가, 안 시켰는가? 항공기 고양력 장치를 확인했는가, 안 했는가? 이와 같은 질문으로 간단히 파악할 수 있는 오류다.

이는 절차의 노예가 되는 과정이기도 하다. '안전 비행'이 원하는 결과 값이라고 가정했을 때 당신은 지상에서 고양력 장치를 점검하지 못한 일과 비행 중 발생한 문제로 당황한 일 사이의 상관관계를 알아차린다. 그러면 당신은 즉시 고양력 장치 점검 절차를 만들고 조사관은 그 절차에 따라 검사를 실시하게 될 것이다.

의사 결정 과정에서 발생하는 오류는 알아차리기 힘들고 측정하기는 더 어렵다. 엘파로호 선원들은 침몰 직전에야 이틀 전에 내린 대서양 항해 결정이 잘못되었음을 확실히 알 수 있었다. 이는 사업에서도 마찬가지다. 복권을 사는 것이 옳은 결정일까? 대학 입학이나 결혼은 어떨까? 스톡옵션을 받고 스타트업에 취직하는 건 어떨까? 질문들에 대한 답을 곰곰이 생각해보아도 결과가 어떻게 될지는 한동안 아무도 알 수 없다.

트럭 운송회사에서 화물을 싣는 양과 시간, 장소는 관리자(블루워커)가 정한다. 트럭 정비 계획도 관리자의 몫이다. 트럭운전사(레드워커)는 그저 정해진 장소에서 정해진 양만큼 화물을 싣고 정해진 경로에 따라 운전만 하면 된다. 블루워크는 블루워커에게, 레드워크는 레드워커에게 맡긴 전형적인 사례라고 할 수 있다.

만약 운송 중에 트럭이 고장 나면 어떻게 될까? 비난은 트럭운전사가 받는다. 하지만 근본 원인은 정비 계획과 그 트럭에 할당된 작업량에 있을 가능성이 높다.

앞으로 당신의 회사에 문제가 생기면 이 질문을 떠올려보기를 바란다. 단순히 실행 도중에 발생한 문제인가? 아니면 과거에 오류 가능성이 큰 쪽으로 유도하는 결정이 있었나? 혹은 결함이 있던 블루워크에서 기인한 문제인가?

단순히 블루워크를 하지 않아서 문제가 발생한 경우에는 원인을 파악하기가 더 어렵다. 누가 무엇을 할지, 또는 누가 무엇을 하지 않을지가 구성원 사이에서 분명하지 않기 때문에 업무 도중에 어떠한 평가를 내릴 수 없고 그저 하던 일을 계속할 수밖에 없다. 이는 산업화 시대의 속행하기 전술에 해당하며, 문제의 근본 원인을 알아차리기 어려운 요인 중 하나이다.

‖ 뇌의 사고 모드를 이해하라 ‖

동물 대부분이 몸과 뇌 크기를 일정한 비율로 유지하지만, 인간만이 비율에서 크게 벗어나 예상치보다 뇌 크기가 세 배나 크다.

초기 인류는 사냥으로 음식을 구해야 했기에 의사 결정 능력이 필수였다. 인간은 다른 포식 동물처럼 이빨이나 발톱이 크지 않았지만, 사냥감보다 더 깊이 생각할 수 있는 능력이 있었다. 발달한 뇌로 다른 사람들과 소통하고 협력하면서 자신의 몸집보다 훨씬 큰 동물을 쓰러뜨릴 수 있었다. 또한 언어와 같이 새로운 것을 고안할 수도 있었다. 집단생활을 하며 끈질기게 사냥하는 과정에서 언어가 탄생했고, 언어는 집단생활과 사냥을 더욱 용이하게 만들어주었다.

생각하고 상상하며 반성할 수 있는 큰 뇌는 블루워크를 인간만의 고유한 활동으로 만들었고, 따라서 인간 활동에서 블루워크를 제거하면 정서적으로 대단히 불만족스러운 상태가 된다.

하지만 이 모든 놀라운 능력과 복잡한 특징에도 불구하고 인간의 뇌는 효율적이다. 즉, 게을러서 가능한 한 최소한으로 일하고 싶어 한다.

뇌는 가능한 한 빨리 일을 처리할 수 있는 방법을 모색하기 위해 끊임없이 패턴을 탐색한다. 조금이라도 패턴이 드러나면 지금까지의 경험에 근거하여 앞으로의 사고 과정을 최소화하고 단순화시키는 휴리스틱heuristics 기술이 작동된다. 뇌 속에 지름길을 만들어서 관련 이슈를 접하면 그것에 대한 생각을 되도록 피한다. 특정 과일을 먹고 배탈이 났다면 다시는 그 과일에 입을 대지 않는 것으로 문제를 해결한다.

이러한 지름길은 생각을 왜곡해서 눈앞에 있는 대상을 그대로 보지 못하게 하고 쓸모없는 선입견을 갖게 한다.

노벨 경제학상 수상자 대니얼 카너먼Daniel Kahneman은 자신의 저서 《생각에 관한 생각》을 통해 다양한 선입견을 소개한다. 그중 '기준점 편향anchoring bias'은 처음 얻은 정보에 지나치게 의존해서 결정하는 현상을 일컫는다. 예를 들어 여러 사람에게 특정 수치를 추측하여 말해보라고 하면, 사람들은 누군가가 처음 말한 수치가 맞든 틀리든 상관없이 이를 기준으로 삼아 자신의 추정치를 말한다. 사람들은 기준점 편향이라는 걸 인지하면서도 반사적으로 그렇게 행동한다. 기준점 편향에 빠지지 않으려면 덫을 피하기 위해 의식적으로 노력해야 하며, 이는 의식적 노력을 요하는 많고 많은 선입견 중에 하나이다.

2장 초반에 '과도 피력'을 설명하기 위해 든 예시도 기준점 편향이다. 남편과 아내 각각에게 집안일 정도를 퍼센트로 추산하라고 한 뒤 나온 추정치의 합계를 묻는 질문에 어떤 사람이 가장 먼저 '125퍼센트'라고 답했다. 그 테이블 전체가 그 답에 동의했으며, 놀랍게도 근처 테이블 사람들도 125퍼센트라고 답했다.

이 사례에서는 답을 처음 말한 사람이 회사 창립자이자 CEO였기 때문에 기준점 편향이 유독 더 강하게 드러났지만, 다른 사람이 처음으로 대답했다고 해도 기준점 편향은 집단 전체에 영향을 끼쳤을 것이다.

기준점 편향이 가변성을 줄이는 데 어떠한 역할을 하는지 생각해보자. 블루워크를 하는 동안 가변성을 수용하고자 하는 욕구를 미묘하게 누그러뜨리는 과정도 생각해보자. 회의에서 누군가 숫자 하나를 먼저 말하면 처음 나온 답 위주로 답변들이 모여들며 기준점 편향은 자연스럽게 레드워크의 협력자가 된다. 결정이 이루어지는 거의 모든 회의에서는 논의부터 한 뒤 투표하는 패턴을 취한다. 하지만 여기서 '논의'는 기준점에서 벗어나는 대답을 억누르며, 크게 다르지 않은 두세 개의 선택사항 중에 하나로 생각을 고정시키는 역할을 한다.

회의할 때는 블루워크가 필요하므로 가변성을 수용해야 한다. 따라서 적극적으로, 그리고 의도적으로 기준점 편향을 피해야 한다. 이를 위해서는 지금까지와 매우 다른 방식의 회의가 필요하다. 바로 투표 먼저 하고 논의하는 방식이다. 이 순서에 따라 회의하면 아이디어 가변성과 인지적 다양성이 커지면서 더 나은 결정을 이끌어낼 수 있다.

대니얼 카너먼은 뇌 속에서 작동하는 사고 모드를 시스템 1, 시스템 2로 구분하여 설명한다. 시스템 1은 좀 더 원초적이다. 감정, 본능, 순간, 때로는 충동과 관련되어 있다. 시스템 1은 효율적이고 빨라서 정신 자원이 크게 소모되지 않는다. 시스템 2는 합리적이고 사려 깊어서 편견에 잘 빠지지는 않지만 매우 느리게 작동한다. 시스템 2의 역할은 시스템 1을 감시하는 것이다. 뇌는 예상한 대로 일이 풀리지 않으면 사고 모드를 시스템 2로 옮겨가지만, 일이 완료되면 자동 조종 모드인 시스템 1로 되돌아가 정신적 수고를 제한하는 쪽으로 작동하고 싶어 한다. 짐작한 대로 레드워크는 시스템 1을, 블루워크는 시스템 2를 사용한다.

블루워크에 관여할 때 우리는 관점을 넓히고 가정을 시험하며 어떤 편향이든 파악하려고 애쓴다. 이를 위해서는 의식적으로 관여하겠다는 결정이 필요하다. 간단히 말하면, 장단점 목록을 작성한다거나 일어날 법한 결과에 대해 동료와 토론하는 것 등이다.

나는 대서양 경로로 가겠다는 엘파로호 선장의 결정이 시스템 1의 결과라고 추측한다. 기록을 보았을 때, 시스템 2에 의도적으로 관여했다는 흔적이 하나도 없다.

시스템 1을 인지적으로 더 빨리하고자 하면 '과잉 확신'으로 나타나기도 한다.

과잉 확신이란 무슨 일을 해도 다 성공할 거라는 과장된 믿음으로 뇌가 유도하는 현상을 말한다. 인류의 입장에서 나는 인간에게 과잉 확신 편향이 있다는 사실에 감사하다. 과잉 확신으로 도전한 덕분에 사회, 과학, 기술 분야에서 결코 성공하지 못할 것처럼 보였던 일에 무수한 발전을 이루었기 때문이다. 이러한 장점이 있기는 하지만 과잉 확신은 기본적으로 충동적이고 비뚤어진 의사 결정에 부채질을 한다.

편견 없이 정확하게 비용과 편익을 검토하기 위해서는 시스템 2를 의식적으로 작동시켜야 한다. 시스템 2를 작동시켜 블루워크를 행하며, 일을 시작하기 전 자신의 관점을 넓히는 과정은 조직과 개인의 성장에 매우 중요하다. 시스템 2는 다음과 같은 질문을 던진다.

· "우리가 놓치고 있는 게 뭐지?"
· "어떻게 이게 잘못될 수 있지?"
· "만약 이걸 해서 잘못되면 그 문제의 가장 큰 원인은 뭘까?"

추측컨대 엘파로호 선장은 과잉 확신 편향에 빠져 있었으리라 본다. 선장은 대서양 경로로 무사히 지나갈 수 있다고 믿고 싶었고, 그런 그의 뇌가 관련된 근거들을 모을 수 있는 대로 모았다. 그가 나쁜 사람이라 그렇게 행동한 게 아니다. 단지 그는 인간의 마음속에 내재된 편견과 침착하게 맞서 싸울 수 없는 환경에 놓인 한 인간이자 리더였을 뿐이다.

블루워크에 관여하는 것은 쉽지 않다. 뇌는 시스템 2 속에서 차분하게 생각하는 걸 꺼려하기에 우리가 일부러 시스템 2를 작동시켜야만 한다. 뭔가 어색하고 부자연스럽게 느껴질 것이다. 하지만 정신적 부담이 될 거란 걸 알면서도 누군가는 이 시스템이 더 나은 결정과 학습을 보장한다는 걸 알기에 결국 관여하고 만다.

시스템 1과 시스템 2, 즉 레드워크와 블루워크 모두를 회의할 때 적용해볼 수 있다. 한 방식은 가변성을 축소하는 데 좋고, 다른 방식은 가변성을 수용하는 데 좋다. 회의할 때 가변성을 줄이고 싶다면 기준점 편향을 불러와서 논의를 한 다음 투표를 하면 된다. 이보다 더 나은 방법은 회의에 참석한 사람들에게 자신이 생각하는 바를 말하게 한 후 다른 사람들에게 이에 반대되는 의견을 듣는 것이다. 가변성을 받아들이고 싶다면 우선 익명으로 투표한 뒤에 논의를 해서 기준점 편향을 피하면 된다. 이 방식을 적용하면 아주 다양한 의견을 얻어 최대로 협력할 수 있을 것이다.

무슨 방식을 취하던 리더는 각 업무 모드를 이해하면서 자신의 선택으로 인한 결과를 기꺼이 받아들여야 한다.

‖ 스트레스가 업무 성과에 미치는 영향 ‖

레드워크는 정신적 부담이 거의 없지만 블루워크는 상당하다. 그렇기에 스트레스는 각 업무 유형에 따라 아주 다르게 나타난다. 레드워크를 할 때는 마감 시간이나 인센티브 등 외부 압박이 긍정적인 영향을 끼치거나 적어도 별 영향을 끼치지 않는 것에 비해 블루워크를 할 때는 유효성을 빠르게 떨어뜨릴 수 있다. 스트레스는 복합적인 사고 프로세스를 담당하는 전두엽 피질을 압박하여 블루워크를 할 때 필요한 인지 자원을 고갈시키고, 좀 더 본능적이고 원시적인 파충류의 뇌를 활성화시킨다.

1908년, 심리학자 로버트 여키스Robert Yerkes와 존 도슨John Dodson은 스트레스와 학습의 상관관계를 알아보는 실험을 설계해 실험용 쥐를 위한 모델 하우스를 만들어 미로 찾기를 하게 했다. 만약 쥐가 막다른 길로 가려고 하면 들어가야 할 방향을 '똑바로' 알려주기 위해 '불쾌한 충격'을 가했다. 그리고 나서 충격의 정도가 학습 과정에 어떤 영향을 끼치는지 관찰했다. 예상한 대로 충격의 정도가 커질수록 쥐는 더 빨리 학습했지만 한계점은 존재했다. 충격이 너무 심해 '몹시 불쾌한 정도'가 되면 쥐들은 공포로 인해 제대로 학습하지 못했고 전보다 낮은 수행 능력을 보였다. 과도한 스트레스가 학습을 완전히 중단시켰다.

수행 능력은 과제의 특성에 따라 달라지기도 했는데, 단순하고 반복적인 육체노동(공장 조립 라인을 떠올려보라.)을 하는 사람은 어느 정도

스트레스가 있어야 수행 능력이 높아졌으며, 스트레스 수준이 높아지더라도 실적이 떨어지지 않았다. 따라서 사람들의 노동력이 대개 육체노동에 쓰였던 산업화 시대에는 노동자들에게 스트레스를 주는 일이 관리자들의 동기 부여 수단이 되었다. 사람들에게 만성 스트레스는 매우 부정적인 영향을 주지만, 임무 완수가 중요한 관리자들에게는 단기적으로 매우 효과적인 수단이었다.

그런데 문제는 스트레스가 전혀 도움이 되지 않는 순간에도 관리자들이 이 기술을 사용한다는 사실이다. 바로 블루워크를 할 때다. 복잡하고 총체적이고 인지적인 업무를 할 때 스트레스는 매우 부정적인 영향을 끼칠 수 있으며 실제로 끼치기도 한다. 스트레스는 전두엽을 손상시켜 우리의 정신 활동을 파충류의 뇌가 제어하는 원초적 본능으로 전락시켜버린다.

파충류의 뇌는 자기보호를 위해 투쟁, 도피 혹은 경직 반응을 보인다. 또한 인간은 편안한 환경에 있을 때보다 스트레스가 높은 환경에 있을 때 훨씬 더 이기적으로 행동한다. 리더는 팀이 해결해야 할 어려운 문제가 있을 때 팀원들에게 스트레스를 주어 파충류의 뇌로 변하게 한다. 그러고는 파충류의 뇌로 변한 팀원들이 반사회적으로 행동하며 잘 공감하지도 못하고 창의력도 없다며 의아해한다. 팀원들을 그렇게 만든 장본인이 바로 자신인데 말이다.

스트레스를 너무 많이 받아 어찌할 수 없는 상태가 되면 사람들은 남에게 도움 요청하기를 주저하게 되고 성과주의 사고방식의 일종인 보호 사고방식에 빠지게 된다.

성과주의 사고방식에는 두 가지 측면이 있다. 자신의 역량을 입증("프로젝트를 잘해내겠어!")하거나 무능한 모습이 드러나지 않게 자신을 보호("무능력한 모습을 보이고 싶지 않아!")하는 것이다. 이 두 가지 측면을 각각 '입증 사고방식', '보호 사고방식'이라 부르겠다. 입증 사고방식은 긍정적인 것을 실제로 보여주는 데에서, 보호 사고방식은 부정적인 것을 숨기는 데에서 동기 부여가 된다.

입증 사고방식은 다음과 같이 말한다.

· "내가 해냈어!"
· "우리가 할 수 있다는 걸 보여줘야 해!"
· "완전 끝내줬지."

보호 사고방식은 다음과 같이 말한다.

· "내가 그런 게 아니야."
· "아니에요, 괜찮아요."
· "주어진 시간에 우리는 할 만큼 했어."

정해진 시간 동안 레드워크를 수행할 때는 '입증 사고방식'으로 목표에 집중하며, 방해되는 것은 떨쳐내고, '임무 완수'에 모든 인적 자원을 쏟아야 성과를 올리는 데 도움이 된다. 입증 사고방식은 단기간, 일회성, 중대한 업무에서 우수한 성과를 보인다. 하지만 실수를 회피하고 무능력을 감추려 하는 '보호 사고방식'은 그렇지 않다. 실수하지 않는 최고의 방법은 아무것도 하지 않는 것이며, 스트레스를 많이 받아 조직 전체가 보호 사고방식에 빠진 경우에는 다들 더욱더 아무것도 하지 않고 가만히 있을 것이다.

한편 블루워크는 학습과 개선에 집중한다. 블루워크에서 훌륭한 성과를 내는 것은 '개선 사고방식'과 관련이 있다. 개선 사고방식이란 열린 마음으로 비판과 피드백을 구하고 그것을 겸허히 받아들이는 태도다. 개선 사고방식일 때 우리는 과거에 한 일에 감정적으로 집착하지 않고 나아지기 위한 노력을 할 수 있다.

개선 사고방식은 다음과 같이 말한다.

- "어떻게 하면 더 나아질 수 있을까?"
- "더 잘하려면 내가 어떻게 해야 했을까?"
- "여기서 우리가 얻은 교훈은 뭘까?"

일을 하는 사람이라면 현재 하고 있는 일에 어떠한 사고방식이 적합한지 판단할 줄 알아야 한다. 모든 업무에서 보호 사고방식은 피해야 하고, 레드워크를 할 때는 입증 사고방식을, 블루워크를 할 때는 개선 사고방식을 활성화해야 한다.

‖ 리더십 리부트를 하기 전에 ‖

리더십 리부트 전술을 본격적으로 배우기 전에 이 장에서 익힌 레드워크, 블루워크를 다시 한번 정리해보자.

레드워크는 행동이다. 시계처럼 정해진 대로 움직이는 일이다. 레드워크는 효율성을 위한, 시간에 맞춰 일을 끝내기 위한 끊임없는 전투다. 노동자들이 출퇴근하는 이유고, 많은 사람이 시간당 급여를 받는 이유다. 레드워크를 수행하는 사람들은 시간 압박으로 인한 스트레스를 느끼며 '레드워크의 영향력 아래에' 있다.

레드워크를 할 때 우리는 '입증과 성과 사고방식'을 취한다. 성과 사고방식 중 하나로 보호 사고방식이 있으며, 이는 우리에게 어떠한 도움도 되지 않는다.

가변성은 레드워크의 적이다.

블루워크는 생각이다. 인지적인 일이다. 블루워크는 시간과 성과의 연관성을 측정하기가 상대적으로 어렵다. 블루워크는 창의력과 의사결정을 다룬다. 블루워크는 레드워크를 잘하기 위해 해야 하는 일이다.

블루워크를 수행하는 사람들에게 스트레스는 치명적이다.

블루워크를 할 때 우리는 개선하고 배우려는 사고방식을 취한다.

가변성은 블루워크와 동맹이다.

예측할 수 없을 정도로 세상이 더 빨리 움직이고 있기에 레드워크 기간을 줄이고 블루워크 기간을 더 늘려야 할 필요성이 커졌다. 그 사실을 염두에 두지 않으면 우리의 언어와 조직 구조는 레드워크를 수행하는 쪽으로 치우치게 된다.

레드워크	블루워크
가변성 회피	가변성 수용
입증	개선
한다	결정한다
되풀이되는	같지 않은
블루칼라	화이트칼라
육체적	인지적
개인	팀
동질성	이질성
생산	숙고
성과	계획
과정	예측
순응하는	창의적인
일치	다양
간단한	복잡한
시급	월급
좁은 관점	넓은 관점
가파른 위계질서	평평한 위계질서

레드워크와 블루워크는 위 표와 같이 요약할 수 있다.

‖ 오늘을 위한 리더십 리부트 전술 ‖

블루워크와 레드워크는 각기 다른 리더십 행동과 사고방식, 언어를
요구하며 서로 다른 방식으로 뇌를 사용한다. 우리가 일상과 직장에서

사용하는 언어 방식은 레드워크에 심하게 치중되어 있다.

- 기업은 '총원all hands'*이 참여하는 회의를 연다.
- 기업은 '리더와 부하', '화이트칼라와 블루칼라', '관리자와 노동자', ' 비조합원과 조합원'과 같이 두 집단으로 나뉜다.
- 특별한 '혁신 브레인스토밍 세미나'. 혁신과 창의성은 일반 업무가 아니라는 게 이 명칭에서 은연중에 드러난다.
- '할 수 있다'를 보여주는 팀이 되고 싶다.
- 상사는 지시direct를 내리고 부하 직원은 보고report를 한다. 직속 부하 직원 direct report이 존재한다.

우리는 이렇게 말하는 방식에 익숙해져 있다. 하지만 블루워크에 관여하려면 의사소통 방식을 조정하는 법을 배워야 한다. 블루워크를 하면서 레드워크 언어를 사용한다면 가변성을 받아들이면서 개선 사고방식을 촉진하는 블루워크 전술을 제대로 펼치지 못할 것이다.

엘파로호에서 일어난 비극을 다시 생각해보면 모든 전술과 대화가 레드워크에 뿌리를 두고 있다. 기상 상황이 더 나빠졌을 때 운영 모드는 레드워크에서 블루워크로 바뀌어야 했다. "산후안까지 대서양 경로로 항해한다."에서 "산후안까지 어느 경로로 가야 하는가?" 아니면 "산

---

* 옛 항해 용어. 비상 상황에서 선장이 선원 모두에게 '손으로' 배를 잡아끌 것을 명령할 때 쓰이던 용어.

후안까지 항해를 계속해야 하는가?"로 바뀌어야 했다. 항해사들이 선장에게 태풍 상황을 보고하고 럼케이 섬에서 우회하자고 제안했을 때 그들의 블루워크 언어는 "음."이나 "아."와 같은 자기부정 수식어로 가득했으며 서툴렀다. 블루워크 전술을 펼친 적이 단 한 번도 없었다고 해야할 정도로 서툴고 무력하며 주저함이 가득했다. 이유가 뭘까? 그들에게는 블루워크를 다루는 전술 교본이 없었기 때문이다. 가진 거라고는 레드워크 전술뿐이었다.

선원들이 우려와 의심을 확실히 드러냈음에도 선장은 레드워크 전술에 갇혀 어찌할 줄을 몰랐다. 자신에게 익숙한 레드워크 언어를 쓰면서마치 방법을 다 알고 있다는 듯이 대답만 할 뿐이었다.

문제는 선장이나 항해사들, 그 개인에게 있지 않다. '레드워크-블루워크' 방식에 맞지 않는, 시대에 한참 뒤떨어진 리더십 전술 교본을 활용한 것이 문제였다. 새로운 업계는 좀 더 수월하게 새로운 방식에 적응하지만 업계 전반에는 여전히 구식 전술 교본이 남아 있다.

일례로 컴퓨터 소프트웨어 업계에서는 기업 상당수가 애자일agile 소프트웨어 개발 기술을 채택하고 있다. 2001년, 미국의 주요 소프트웨어개발자들이 참여해 발표한 '애자일 선언문'을 통해 애자일 방식은 더욱광범위하게 쓰이게 되었다. 당시 대부분의 소프트웨어 프로그램은 산업화 시대 방식으로 관리되고 있었다. 초기에 의미 있는 계획을 세운 후수년 동안 긴 실행 기간을 갖는 방식이었다. 하지만 변화의 속도가 빨라지면서 이 방식은 돈이 많이 들고 고생스러워졌다.

애자일 개발의 목표는 당장 구현이 가능한 가장 기본적인 제품을 만들어 시험해본 뒤 다음 할 일을 결정하는 것이다. 이 방식은 몇 가지 면에서 산업화 시대 방식과 다르다. 첫째, 개발 중인 제품은 자주, 보통 격주로 사용자에게 전달된다. 이렇게 짧은 시간 동안 집약적으로 작업하는 방식을 스프린트sprint라고 한다. 시험 중인 프로그램을 사용자들에게 일찍, 자주 공개함으로써 수정도 빨리, 그리고 자주 할 수 있다.

둘째, 개발 팀은 프로덕트 오너product owner*와 의논해 다음 스프린트에 포함시킬 특성을 결정할 수 있다. 행위자와 결정자를 구분하는 산업화 시대 방식과 달리 애자일은 행위자가 결정자가 될 수 있다.

소프트웨어 기업들은 애자일 소프트웨어 개발 프로세스에 따라 팀과 절차를 재정비했다. 이 책에서 소개하는 '레드워크-블루워크' 운영 리듬도 모든 리더십 분야에서 비슷하게 활용할 수 있을 것이다.

우리의 문제 중 하나는 기한을 지켜야 한다는 압박 때문에 충분히 숙고하는 과정 없이 계속 레드워크에서 레드워크로만 옮겨간다는 것이다. 해군을 예로 들어보자. 잠수함 업무는 끝이 없다. 계속 움직여야 한다. 일 하나를 끝내면 바로 다음 일에 매달려야 한다. 다음 일을 진행하는 것이 적절한지 찬찬히 생각할 겨를이 없다. 전부 레드워크 모드에 갇혀버린다.

잠수함 함장으로서 대원들에게 특정 작전을 공지해야 한다면 나는 엔지니어링 시스템, 음파 탐지 시스템, 미사일, 어뢰 등에 관한 세세한 준비사항을 모두에게 확실히 알려 팀원들의 이해를 도왔을 것이다. 하

---

*   제품을 기획하는 것부터 디자인, 개발, 출시, 분석까지 모두 책임지는 사람. _옮긴이

지만 레드워크만 반복되는 문화에서는 어뢰실에 있는 선원들이 그들의 임무를 알고 있다고 해도 자신이 무엇을 더 할 수 있을지는 충분히 생각해보지 않는다. 앞장서서 알맞은 어뢰를 장전하지도 않는다. 대신 분명한 지시가 내려올 때까지 기다린다.

만약 이러한 문화에서 팀원들이 어뢰를 장전해야 할 때까지도 아직 이를 장전하지 않았다는 걸 리더가 알게 될 시 그는 힘든 결정을 내려야 할 것이다. 준비가 덜 된 채로 작전에 돌입하거나 막판에 서둘러 문제를 해결하는 것 중에 하나를 선택해야 한다. 후자를 선택한다면 어뢰발사관들은 극심한 스트레스를 받게 될 것이고, 그 충격에 치명적인 실수를 저지를 확률도 높아질 것이다. 스트레스는 어뢰발사관들을 레드워크 사고방식인 '입증과 성과 사고방식'으로 한껏 몰아넣을 것이다. 어뢰발사관들의 장전 실수는 누구나 쉽게 알아볼 수 있는 잘못이기 때문에 모두가 그들을 비난할 것이다. 하지만 애초에 어뢰발사관들의 잘못이 아닌, 블루워크가 결여된 조직 문화 때문에 발생한 문제라고 볼 수 있지 않을까?

이 예시는 시스템 전체에서 레드워크와 블루워크의 균형이 얼마나 중요한지 보여준다. 바다 수영 선수가 능숙하게 수영하며 코스를 탐색해야 최대한 멀리 나아갈 수 있는 것처럼 팀 전체가 매끄럽게 두 업무 모드를 오가야만 일을 잘할 수 있다. 이 방법을 배우지 않으면 상황은 나아지지 않을 것이다.

이 장 초반에 던진 질문을 다시 살펴보자. 워크숍에 참여한 거의 모든 임원들이 가변성을 축소하는 이유는 뭘까? 산업혁명의 맥락에서 보면 이해가 쉽다. 가변성을 줄이는 것이 오랫동안 전체의 목표였기 때문이다. 워크숍에서 시간을 압박하며 스트레스를 주면 참가자들은 다른 사람들의 정보와 의견은 알아보지도 않고 재빨리 답을 찾는 데 혈안이 된다. 이들은 산업혁명의 구조와 언어로 프로그램화된 것이다. 이를 개선하기 위해서는 구식 프로그램을 새로운 형태의 프로그램으로 리부트해야 한다.

다음은 여섯 가지 전술로 이뤄진 리더십 리부트 전술이다.

1. 시간에 따르지 말고 시간을 통제하라.

2. 강요하지 말고 협력하라.

3. 순종하지 말고 전념하라.

4. 계속 일하지 말고 분명한 목표를 정해서 완료하라.

5. 능력을 입증하는 데 신경 쓰기보다 결과를 개선하라.

6. 자신의 역할에 순응하지 말고 사람들과 가까워져라.

그저 주어진 상황에 대응하지 않고 능동적으로 전술을 펼칠 수 있는 입장이 되려면 우선 시간을 통제할 수 있어야 한다. 그것이 이 책에서 소개하는 첫 번째 리더십 리부트 전술이다.

CHAPTER
3

시간을
통제하라

시간을 통제한다는 건 '잠시 멈춤의 힘'을 믿는다는 것이다. 시간을 무조건 준수하는 대신에 팀의 상황에 맞춰 시간을 통제하기 시작하면 의식하고 의도하는 대로 행동할 수 있고, 관점을 넓혀 일할 수 있다. 리더는 팀원들이 주저하지 않고 중단 시간을 요청할 수 있는 환경을 조성해야 하며 이를 기꺼이 수용해야 한다.

2017년 2월 26일, 페이 더너웨이Faye Dunaway
와 워런 비티Warren Beatty는 아카데미 시상식에서 그날 밤 가장 영예로운
상을 발표할 준비를 하고 있었다. 관중과 시청자들이 기다려온 아카데
미 최우수 작품상 발표였다. 모든 일은 계획에 따라 순조롭게 진행되고
있었다.

투표 과정의 무결함을 보장하기 위해 다국적 회계 감사 기업 프라이
스워터하우스쿠퍼스PwC; PricewaterhouseCoopers 소속 직원 2명이 시상식에
앞서 아카데미 회원 6,687명의 투표 결과를 표로 정리하고, 각 부문의
수상자 이름을 카드에 적어 빨간 봉투 24장에 나누어 넣었다. 수상 결
과를 아는 사람은 이 둘뿐이었다.

PwC 직원 2명이 무대 양쪽에 서서 시상자에게 봉투를 건넸다. 두 직
원이 전체 봉투를 각각 한 세트씩 갖고 있었으므로 시상자가 무대 왼쪽
에서 등장하든 오른쪽에서 등장하든 어느 쪽에서나 봉투를 건넬 수 있

었다. 밤이 깊어 갈수록 봉투가 하나하나 시상자에게 전달되었고 쓰지 않은 봉투는 한쪽으로 치워두면서 양쪽 봉투의 균형을 맞췄다.

이번 시상식은 미적인 면에서 작은 변화가 있었다. 봉투 디자인을 새로 하면서 수상 부문을 진홍색 바탕에 짙은 금색 글씨로 아주 작게 표기 해두었다. 이 때문에 이전보다 수상 부문 글자를 읽기가 힘들어졌다. 봉투를 열고 카드를 보면 중앙에 수상자 이름이, 하단에 작은 글씨로 수상 부문이 적혀 있었다.

수상자 카드 레이아웃이 혼란을 초래했다.

리어나도 디캐프리오Leonardo Dicaprio가 끝에서 두 번째로 시상을 맡아 여우주연상을 발표했다. 더너웨이와 비티가 무대 오른쪽 끝에 서 있을 때 디캐프리오가 왼쪽에서 들어와 무대 중앙에 섰다. 그리고 봉투를 열어 여우주연상을 발표했다. "수상자는 〈라라랜드〉의 엠마 스톤Emma Stone입니다."

엠마 스톤이 상을 받고 무대 오른쪽으로 퇴장하면서 더너웨이와 비티 옆에 있던 PwC 직원을 지나쳤는데 이 직원은 기회를 놓치지 않고 엠마 스톤과 사진을 찍고 트위터에 올렸다. 그러느라 그는 자신이 쥐고 있던 여우주연상 봉투를 따로 치워두지 않았다. 그리고 비티에게 최우수 작품상 봉투가 아닌 여우주연상 봉투를 건넸다. 어느 정도는 직원이 부주의해서 생긴 실수였다. 더너웨이와 비티는 무대로 걸어 들어갈 때까지 뭔가 잘못되었다고 생각하지 못했다.

그들은 비록 잘못된 봉투를 받았지만 수상자를 잘못 발표하는 일만은 아직 피할 기회가 있었다.

더너웨이와 비티가 시상자로 선정된 이유는 그들이 함께 출연한 영화 〈우리에게 내일은 없다〉가 50주년이 되는 해였기 때문이다.

사실 시상 리허설부터 뭔가 잘 풀리지 않았다. 비티와 더너웨이 중 누가 수상작을 호명할지 의견이 계속 갈렸다. 그러다 마침내 절충안이 나왔다. 비티가 봉투를 개봉하고 더너웨이가 수상작을 읽기로 했다. 둘의 사이는 좋지 않았다. 이 둘은 그러는 와중에도 자신들의 싸우는 모습이 영상으로 새어나가지 않도록 신경 써야 했으며, 비티는 자꾸만 리허설 현장에서 사라졌다. 이런 상황 때문에 이 둘은 서로 불신하며 협력하려 하지 않았고 무대 위 서로의 행동을 오해하기에 이르렀다.

무대에 선 더너웨이와 비티는 〈문라이트〉(실제 최우수 작품상 수상작) 와 〈라라랜드〉를 포함해 최우수 작품상 후보 목록이 발표되는 걸 듣고 있었다. 후보작의 예고편이 5분을 꽉 채워 나오는 동안 비티는 잘못 전달된 빨간 봉투를 계속 들고 있었다. 그 시간 동안 비티는 봉투를 제대로 받은 게 맞는지 봉투 앞면을 단 한 번도 확인하지 않았다.

예고편이 끝나고 수상작을 발표할 시간이 왔다. 계획한 대로 비티가 봉투를 개봉했고, 카드에는 엠마 스톤, 〈라라랜드〉라고 적혀 있었다. 여우주연상 수상자가 적힌 카드였다. 그는 잠시 말을 멈추고 되살펴 봤다. 혹시 다른 카드가 들어 있는지 찡그린 얼굴로 봉투 속도 다시 들여다봤다. 그는 아마 속으로 '최우수 작품상 카드에 왜 배우 이름이 적혀 있는 거야?'라고 생각했을 것이다.

카드 하단에 작은 글씨로 분명히 '여우주연상'이라고 적혀 있었다. 하지만 비티가 그걸 마음속으로 읽는 동안 정적이 흘렀고 그 순간에도 시간은 계속 흘러가고 있었다.

정적 후에 비티는 소리내 말하기 시작했다. "아카데미 최우수 작품상 수상작은…."

비티는 미간을 찡그리며 또다시 말을 멈췄다. 봉투 속을 들여다봤다. 거듭 확인하며 시간을 끌었다.

자꾸 시간이 지연되자 더너웨이는 몹시 화가 났다. 참을 만큼 참았다. 입을 삐죽거리고 비티를 못마땅하게 보다가 한 손을 그의 어깨에 올리며 한 마디 내뱉었다. "당신은 정말 구제불능이야!"

비티는 고개를 무대 뒤를 돌려서 도움을 받을 수는 없을지 살펴봤다. 아무것도 없었다. 비티 스스로 해결해야 했다. 더너웨이는 옆에서 계속 그를 재촉했다. "어서 발표해야죠."

그러자 비티가 더너웨이에게 카드를 보여줬고 카드를 본 더너웨이가 곧장 수상작을 호명했다. "수상작은 〈라라랜드〉입니다."

최우수 작품상 수상작이 잘못 발표되었다.

‖　정해진 시간에 따르기만 해서는 안 된다　‖

비티는 왜 잘못된 카드를 보고도 시상을 멈추지 않았을까? 손을 들고 "뭔가 잘못된 거 같은데요?"라고 말하는 게 뭐가 그리 힘들었을까?

어쩌면 비티는 둘 사이에 흐르던 긴장과 불신 때문에 더너웨이를 골려먹을 기회를 즐긴 걸 수도 있다.

아니면 그저 자기 일이 아니라고 생각하면서 더너웨이에게 알아서 하라고 책임을 떠넘긴 걸 수도 있다.

그도 아니면 그냥 신경 쓰기 싫어서 그랬을 수도 있다.

하지만 난 위 추측들이 다 틀렸다고 생각한다. 불신이나 악의로 해석할 필요도 없이 더 간단하게 설명할 수 있다. 비티는 레드워크에 갇혀 빠져나오지 못한 것이다. 그는 시상식 제작진과 마찬가지로 반드시 시간을 지켜야 한다는 산업화 시대 전술에 따르고 있었다. 그들에게 필요한 건 시간을 통제하는 전술이었으나 그들의 전술 교본에 그런 내용은 나와 있지 않았다.

내가 추측해본 상황은 이렇다.

비티와 더너웨이는 시상을 일련의 단계를 따르는 레드워크로 여기고 있었을 것이다. 그저 옷을 잘 차려입고 무대에 오른 뒤 봉투를 열어 카드를 읽는 순서를 따르는 것이다. 여기에서는 생각을 하거나 결정을 내릴 일이 없다. 또한 이들은 시상을 잘 마칠 수 있다는 걸 보여주고 싶었을 것이다. 카드를 읽을지 말지 결정하는 블루워크를 시상의 일부라고 생각하지 않았다.

그렇다면 그들은 왜 시상 시스템을 의심해보지 않았을까? 신뢰성 있는 PwC 직원이 두 배우에게 수상자 카드를 직접 전달했고, 〈우리에게 내일은 없다〉가 개봉한 후로 50년간 시상자에게 카드가 잘못 전달된 적이 단 한 번도 없었기 때문이다.

하지만 당시 비티가 봉투를 열고 본 것은 전혀 예상하지 못했던 것이다. 여배우 이름이 적힌 '최우수 작품상' 카드라니. 어떻게 그럴 수 있지? 그는 그 카드가 맞는 카드일지 아닐지 고민한다.

이 과정은 블루워크이므로 문제 해결을 담당하는 뇌 부위 전두엽 피질이 활성화되어야 한다. 하지만 무대에 선 비티의 전두엽 피질은 여러 스트레스 요인으로 이미 손상되어 있다. 생방송으로 진행되는 시상식에서 수많은 관중 앞에 서 있으며, 시간을 꼭 지켜야 한다는 압박에 시달리고 있다. 스트레스 때문에 대자연이 심혈을 기울여 만들어낸 거대한 뇌의 활동이 작동을 멈춘다.

스트레스는 척추 상부에 위치한 가장 오래된 뇌 부위, 즉 파충류의 뇌로 우리를 떠민다. 파충류의 뇌가 관심을 보이는 건 단 한 가지, 자기보호다. (파충류의 뇌는 미국 아카데미 시상식, 〈라라랜드〉와 〈문라이트〉 영화팀, 그리고 더너웨이를 지키는 것에는 관심이 없다.) 파충류의 뇌는 결정을 내려야 하고, 그 결정은 빨리 이루어져야 한다. 시상식을 계속 진행하거나 중단하는 것, 둘 중에 하나를 선택해야 한다. 하지만 비티는 중단을 요청하는 암호를 들은 적도, 도구를 받은 적도 없다. 자신을 보호해야 한다는 생각만이 머리끝까지 차오른다. 이 무대에 혼자 남겨진 기분이다. 이 시점에서 비티의 뇌는 자기 자신만을 생각하며 작동한다.

비티의 파충류의 뇌는 걱정하며 이렇게 판단한다. "시상을 중단하고 카드를 확인해달라고 요청했는데 만약 내가 제대로 된 카드를 받은 거라면? 내가 틀린 거라면? 그러면 너무 창피할 거야." 왜 틀렸다고 할까? 나와 함께 이 분석을 한 사람들 대부분은 이때 '틀리다'라는 단어를 쓴다. "비티는 자신이 틀릴까 봐 두려워하네요."라고 말하고는 한다.

자기 목소리를 내는 데 방해가 되는 것 중에 하나가 바로 이것이다. 확인 요청을 위해 진행하던 것을 잠시 멈췄는데 확인 결과 그럴 필요가 없었다는 걸로 판명나면 '틀림'이라는 꼬리표를 단다. 하지만 그보다는 회복력, 검증 과정, 의문을 갖는 태도라고 부르는 게 더 알맞을 것이다.

비티는 시상을 계속 진행할 수도 있다. 파충류의 뇌를 생각하면 이 선택이 좀 더 안전해 보인다. 지금까지 카드가 잘못 전달된 적이 한 번도 없었고 분명 신뢰성 있는 사람에게서 건네받았다. 확실했다. 어쨌거나 카드를 문제 삼는 건 자신이 할 일은 아닌 것 같다. 비티는 단지 봉투를 열 뿐이고 수상자 호명은 더너웨이가 할 것이다. 이런 생각은 눈 깜짝할 새에 이루어진다. 파충류의 뇌는 자기보호를 두둔한다.

결정이 내려졌다. 시상을 계속 진행하기로 한다.

시상을 계속 진행하기로 결정한 비티의 얼굴에는 아직 스트레스의 흔적이 조금 남아 있지만 그의 전두엽 피질은 다시 살아나기 시작한다. 이제 파충류의 뇌가 내린 결정을 인간의 뇌가 평가한다. 요컨대 이렇게 말할 것이다. "파충류의 뇌야, 잘했어. 시상을 중단하는 건 너무 겁나는 일이지. 게다가 카드를 문제 삼는 건 네가 할 일도 아니잖아."

하지만 숙고 과정이 완전히 끝난 것은 아니다. 카드가 정말 잘못된 것일 수도 있다는 생각이 비티를 짓누른다. 그래서 말을 다시 멈추고 시상 진행을 중단할 방법을 찾아보려 하지만 마땅한 방법이 없다.

비티에게는 실수를 잡아낼 기회가 두 번 있었다. 첫째, 비티가 무대 뒤를 바라봤을 때다. 하지만 시상식의 구조가 정보와 권한을 갈라놓았다. 카드에 적혀 있는 정보는 비티만 볼 수 있고 무대 뒤에 있는 시상식 책임자는 볼 수 없었다. 그리고 정보를 볼 수 있는 비티는 자신에게 시상을 중단할 권한이 없다고, 그럴 권한은 책임자에게 있다고 생각했다. 비티는 시상식 책임자들이 자신의 신호를 알아채주길 바라며 어떻게든 해보려 애썼지만 책임자들은 알아채지 못했다.

둘째, 더너웨이가 문제를 알아챌 수도 있었다. 그녀가 알아챘다면 둘이 함께 대응책을 강구할 수도 있었을 것이다. 비티는 약간의 기대를 하며 더너웨이에게 카드를 보여주었지만 그녀는 그의 행동을 오해했다. 카드를 받자마자 바로 "〈라라랜드〉입니다."라고 발표해버렸다.

비티에게는 카드 아래쪽에 적혀 있는 작은 글씨를 차분히 읽을 시간 혹은 더너웨이나 다른 사람이 카드를 찬찬히 들여다볼 수 있게 하는 기회가 필요했다. 잠시라도 멈출 수 있었다면 "이 카드를 똑바로 읽어야 해."에서 "카드를 제대로 받은 거 맞아?"로 생각의 방향을 돌릴 수 있었을 것이다. 시간 내에 임무를 완수해야 하는 레드워크에 갇히는 대신 카드를 읽을지 말지를 결정하는 블루워크로 옮겨갔을 것이다. 하지만 제조회사 임원 프레드처럼 비티 역시 레드워크에 갇혀버렸다.

산업화 시대의 분업 체계를 보면 소수만 블루워크를 담당하고 대다수는 레드워크를 담당한다. 우리를 곤란하게 만드는 것은 레드워크가 아니다. 레드워크만 수행해야 하는 '레드워커'를 만들어낸 분업 체계가 문제다. 이 전략이 취약한 이유는 카드를 전달하고 카드를 읽는 임무를 능숙하게 수행했다 하더라도 실수를 막을 수는 없었을 것이기 때문이다. 커지는 문제를 막을 유일한 방법은 이 카드로 시상을 계속 진행해야 할지 생각해보기 위해 잠시 멈추는 시간을 갖는 것이었다.

레드워크는 불안정하지만 블루워크는 새로운 상황에 맞춰 조정이 가능하다. 하지만 시간을 통제하지 못하면 블루워크를 행할 기회조차 생기지 않는다. 따라서 우리가 던질 질문은 '누구의 잘못인가?'가 아니라 '무엇이 잘못인가?'다. 그리고 '정해진 시간을 지키기만 하는 산업화 시대의 전술'이 그 대답이다.

이는 엘파로호가 침몰한 이유이기도 하다.

‖ 시간 통제를 위한 네 가지 방법 ‖

전통적으로 조직은 구성원들이 적극적으로 자신의 의견을 밝히도록 장려한다. 강연을 열고 자기주장 훈련을 시키며 포스터도 만든다. 하지만 이 방법들로는 구성원들이 왜 적극적으로 의견을 밝히기를 꺼려하는지 그 근원을 밝혀내지 못한다. 리더라면 단순히 기한에 맞추고 따르는 대신, 직접 시간을 설정하고 조정하며 팀 구성원들에게 시간을 통제하는 방법을 알려줘야 한다.

다음은 시간 통제 전술을 펼칠 수 있는 네 가지 방법이다.

1. 중단 시간을 최대한 마련하라

산업화 시대 리더십은 구성원들이 쉬지 않고 계속 일하는 환경을 조성하는 데 중점을 둔다. 처음에는 좋은 의도였지만, 결과는 그렇지 않았다. '잠시 중단하는 시간'에는 제품이 생산되지 않으므로 일정이 지체된다. 따라서 생산 일정표에서 쉬는 시간은 '낭비 시간'이므로 제거해야 할 대상이 되어버린다.

대부분의 조직에서는 재빨리 결정을 내리고 그 즉시 실행하는 야심가들이 빨리 승진한다. 나 또한 그렇게 행동하여 해군 복무 시절에 승진했다. 어떤 일을 완수하도록 사람들을 설득하고 회유하며 동기부여를 하는 데 소질이 있었기에 승진할 수 있었다. 나는 그게 리더로서의 내 역할이라고 생각했으며, 이유는 모르겠지만 그 부분에서 나는 다른 사람들보다 더 월등했다. 어떤 식으로든 지체되고 허비되는 시간을 최소화하기 위해 나는 우리 팀원들에게 연설과 조언을 하며 우리가 해야 할 일이 얼마나 많은지, 내가 당신들에게 거는 기대가 얼마나 큰지, 다른 사람들이 당신들에게 얼마나 의지하고 있는지 전달하고자 했다. 지금 생각해보면 팀 구성원들이 내게 중단 시간을 요청할 수 없도록 내가 의도적으로 한 행동이었다. 나는 중단 시간을 회피하고 있었다.

여기서 '회피'란 미래에 어떤 일이 발생하지 않도록 막기 위해 미리 행동을 취한다는 의미다. 내 경우에는 팀이 레드워크를 계속 수행하며 여기에서 벗어나지 않도록 장벽을 더 높이 세우기 위해 말참견을 했다.

엘파로호 선장은 다음과 같은 발언으로 중단 시간을 회피한다.

· "그러니 이번에는 꾹 참고 견뎌야 할 걸세."
· "모든 악천후를 다 피할 수는 없어." 그러고 나서 "아, 어떡해! 어떡해!" 하며 극도로 흥분한 목소리를 흉내 낸다.
· 한 선원이 "지금 폭풍 속으로 들어가는 겁니까?"라고 묻자 선장은 "별다른 방도가 없지 않은가."라고 대답한다.

엘파로호 선장의 말은 회피성 발언이다. 그의 발언은 선원들이 이의를 제기하거나 의견을 밝히기 어렵도록 장벽을 만들었다. 선장이 선원들의 의견을 막고자 의도적으로 한 말은 아니었겠지만 결과적으로 그렇게 되었다.

1986년 1월의 어느 추운 날 아침, 나사NASA 리더는 우주왕복선 챌린저Challenger호가 발사 73초 만에 폭발하기 전, 잠시 중단하는 시간을 마련하지 않고 그냥 외면했다. 챌린저호에는 최초의 시민 우주비행사 크리스타 매콜리프Christa McAuliffe가 타고 있었다. 챌린저호의 비행 성공 여부는 나사에게 매우 중요한 임무였다. 발사 일주일 뒤에 대통령이 국정 연설을 하며 챌린저호가 이룩한 성취에 대해 언급할 예정이었다. 또한 챌린저호를 시작으로 매달 발사 준비를 하며 1986년을 '우주 왕복선의 해'로 지정할 계획이었다. 그러나 그해 첫 달부터 나사는 목표를 달성하기 어려운 상황에 처해 있었다. 발사 일자는 계속 미뤄지다가 1월 28일로 정해졌다. 까딱하면 2월로 넘어갈 뻔했다.

로켓 부스터 제조업체인 모턴 티오콜Morton-Thiokol 소속 엔지니어는 날씨가 너무 추우니 발사 일자를 좀 더 미루자고 제안했으나, 나사 직원은 이미 여러 차례 발사가 연기됐다며 "진절머리가 난다."고 말했다. 한 직원은 격앙되어 "아니, 도대체 언제 발사하기를 원하는 겁니까? 4월이면 만족하겠어요?"라고 고함을 쳤다고 한다.

그들의 말에는 과장된 표현과 격분이 가득하다. 나사 직원들은 기한을 맞추는 일에 목을 매며 중단 시간을 회피하고 있었다.

좋은 리더라면 첫 계획부터 결정, 착수, 사전 비행, 사전 조정 회의를 하는 동안 시간을 내서 팀원들에게 잠시 중단하는 시간을 가질 것을 상기시켜주어야 한다.

다음은 리더가 할 수 있는 말들이다.

- "이걸 제대로 해낼 시간은 충분히 있습니다. 그러니 나중에 두 번 하지 말고 지금 한 번에 잘해봅시다."
- "다들 알고 있듯이 지금은 아주 중요한 단계입니다. 그러니 이 일을 무사히 완수하지 못할 것 같으면 내가 책임을 질 테니 연기하는 쪽으로 합시다."
- "필요할 경우 언제든 중단하자고 얘기하세요."
- "일이 너무 급박하게 진행되는 것 같다고 느끼면 언제든 진행 속도를 늦추자고 말해주세요."

일반적으로 발생할 수 있는 업무 상황 몇 가지를 살펴보자.

한 건설 현장에서 사전 회의를 통해 작업 시작 날짜가 결정되었는데, 하필이면 날씨가 좋지 않을 것으로 예상되는 날이다. 팀원들은 생산 기한을 꼭 맞춰야 한다는 경영진의 지시 때문에 평상시처럼 시간 압박에 시달리고 있다. 현장 준비가 앞서 몇 번이나 지체되었기 때문에 팀원들은 이미 일정에 차질이 생겼다는 걸 알고 있다. 작업을 시작하는 날, 현장 감독은 팀에게 다음과 같이 말한다.

a. "우리 모두 안전한 하루 보냅시다."

b. "오늘 할당량을 꼭 채워야 합니다."

c. "진행 상황을 확인하러 정오에 들르겠습니다."

d. "눈 좀 온다고 겁내지 말라고."

e. "위험한 상황이 생길 것 같으면 문자 바랍니다."

f. "눈보라가 걱정되긴 하네요. 일단은 일을 시작하고, 계속 진행해도 괜찮을지는 12시에 다시 논의해보겠습니다. 이를 판단하기 위해 11시 반 정도에 현장 상황을 알려줬으면 합니다."

위 발언들을 보며 '팀 구성원이 중단 시간을 요청할 수 있도록 유도하는 리더의 능력'을 최저점 1점에서 최고점 5점으로 평가해보자.

a. "우리 모두 안전한 하루 보냅시다."

3점. 이 발언은 의미가 다소 불분명하다. 안전한 작업 환경을 조성해야 하는 책임을 별다른 통제권이 없는 작업자에게로 전가하는 말이다. 굳이 좋은 점을 찾아보자면 레드워크에서 빠져나오지 못하도록 압박하는 말은 아니다.

b. "오늘 할당량을 꼭 채워야 합니다."
1점. 이런 식의 하달은 중단 시간을 회피하게 하고, 작업자들을 생산 모드와 입증 사고방식으로 밀어 넣으며 가변성을 축소시킨다. 결국 작업자들로 하여금 중단 시간을 요청하는 일을 더욱 어렵게 한다.

c. "진행 상황을 확인하러 정오에 들르겠습니다."
3점. 이 발언은 '확인'을 어떤 의미로 썼느냐에 따라 평가가 달라진다. 진행 과정을 감시하겠다는 의미로 말했다면 확인은 독단이 되고 작업자들을 레드워크로 밀어 넣게 된다. 이와 달리 레드워크에서 벗어날 필요성이 있는지, 날씨가 얼마나 나빠지는지 살펴보겠다는 의미로 말했다면 작업자들이 중단 시간을 요청하도록 유도할 수 있다.

d. "눈 좀 온다고 겁내지 말라고."
1점. 이런 식의 책망은 작업자들이 작업을 멈춰야 할 정도로 상황이 좋지 않다는 소식을 관리자에게 전하기 어렵게 한다. 우회로를 택하고자 하는 선원들의 의견을 묵살한 엘파로호 선장의 모습과 같다.

e. "위험한 상황이 생길 것 같으면 문자 바랍니다."
4점. 이 발언은 팀 전체가 현장의 주된 관심사를 공유할 수 있게 돕는다. 작업자들이 잠시 작업을 중단해야 할 필요성을 알릴 수 있도록 장벽을 낮추고, 그렇게 할 수 있는 절차를 마련한다. 또한 현장 상황이 나빠질 것 같다고 판단되면 누구나 적극적으로 자신의 의견을 밝힐 수 있게 이끈다. 위험한 상황이 발생할 때까지 마냥 손 놓고 기다리기만 할 필요가 없어진다.

f. "눈보라가 걱정되긴 하네요. 일단은 일을 시작하고, 계속 진행해도 괜찮을지는 12시에 다시 논의해보겠습니다. 이를 판단하기 위해 11시 반 정도에 현장 상황을 알려줬으면 합니다."

5점. 리더가 취약한 모습을 먼저 드러내면 팀원들은 자신의 우려 사항을 언제든 표현할 수 있다. 게다가 리더는 11시 반으로 예비 평가 시간을 마련하고 12시로 결정 시간을 정해놓았다. 그렇게 함으로써 팀 전체가 최종 결정을 내리는 데 도움이 될 만한 정보를 모을 수 있게 한다.

또 다른 업무 상황을 살펴보자. 유정 굴착을 시작하기로 결정한 감독관이 팀에게 다음과 같이 말한다.

a. "이번에는 제발 돈 좀 벌어보자고."

b. "제군들, 대박을 터뜨려봅시다."

c. "비상 상황이 발생할 수도 있으니 조심하게들."

d. "굴착 공사를 시작할 준비가 다들 얼마나 되어 있나?"

e. "자, 공사를 시작해봅시다. 2시간 뒤에 확인하러 오겠소."

f. "지금부터는 완전히 새로운 작업 단계입니다. 의심스러운 점을 감지하거나

발견하면 뭐든 내게 꼭 알려주십시오."

g. "뭔가를 발견하면 뭐든 말하게나."

h. "뭐 궁금한 게 있는가?"

i. "이 단계까지 오다니 대단해. 다들 준비가 되었군!"

이번에도 위 발언들을 살펴보면서 1점에서 5점까지 '팀 구성원이 중단 시간을 요청할 수 있도록 유도하는 리더의 능력'을 평가해보자.

a. "이번에는 제발 돈 좀 벌어보자고."

1점. 리더가 답답한 심정을 토로하며 팀원들을 몰아붙이고 있다.

b. "제군들, 대박을 터뜨려봅시다."

1점. 결론은 이미 정해져 있으니 다른 논의나 의견은 받아들이지 않겠다는 점을 은연중에 풍기고 있다.

c. "비상 상황이 발생할 수도 있으니 조심하게들."

4점. 리더는 지금까지 해오던 일과 다른 작업을 시작하기에 앞서 뭔가 이상한 점이 있으면 알려달라고 팀원들을 상기시키고 있다. 또한 이 발언에는 작업을 잠시 중단할 수도 있다는 의미가 내포되어 있다. 현재 상황에 맞춰 더 구체적으로 언급했더라면 5점을 받았을 수도 있다.

d. "굴착 공사를 시작할 준비가 다들 얼마나 되어 있나?"

5점. '준비가 되었는지 아니면 안 되었는지' 단 두 가지 입장 중에 하나만 택하게 하는 대신에 '준비가 어느 정도 되었는지' 구체적으로 묻고 있다. 리더가 이런 식으로 질문을 던지면 팀 구성원들은 스트레스를 덜 받을 수 있다. 팀 구성원들이 각자가 느끼는 불안의 정도를 좀 더 수월하게 알릴 수 있기 때문이다.

e. "자, 공사를 시작해봅시다. 2시간 뒤에 확인하러 오겠소."
5점. 확인 시점을 확실하게 정해두어 팀 전체가 중단 시간을 갖기 전에 진행 상황을 주시할 수 있게 한다.

f. "지금부터는 완전히 새로운 작업 단계입니다. 의심스러운 점을 감지하거나 발견하면 뭐든 내게 꼭 알려주십시오."
4점. 현시점부터 이전과 완전히 다른 작업을 시작하게 된다는 점을 팀원들에게 상기시키면서 현 상황에 더욱 주목하게 한다. 감독관에게 연락을 취할 수 있는 방법까지 포함하여 확실히 설명했다면 5점을 받았을 것이다.

g. "뭔가를 발견하면 뭐든 말하게나."
3점. 이 발언은 일반적인 주의사항을 전달할 뿐이다.

h. "뭐 궁금한 게 있는가?"
3점. "예."나 "아니요." 둘 중 하나로만 대답할 수 있는 "질문 있나?"라는 물음보다는 낫지만, 반대 의견까지 유도할 수 있는 질문이었다면 더 좋았을 것이다. 예를 들어 "이해가 가지 않는 게 뭔가?" 또는 "내가 놓치고 있는 게 뭐지?"와 같이 질문할 수 있다. 이 두 질문 중에서는 두 번째 질문이 더 적절한데 리더의 부족한 점에 중점을 두고 있기 때문이다. 첫 번째 질문은 팀원들이 리더의 말을 이해하지 못한다는 뜻을 내포하고 있다.

i. "이 단계까지 오다니 대단해. 다들 준비가 되었군!"
2점. 앞으로의 일을 그르치면 안 된다는 뜻을 내비치며, 논의를 막아버린다.

보잉 787 드림라이너 사례에서도 교훈을 얻을 수 있다. 2007년 7월 8일, 많은 기대를 받고 있던 항공기가 1만 5,000여 명이 참석한 행사장에서 처음 공개됐다. 보잉 Boeing은 심혈을 기울여 공개 행사를 준비해왔기 때문에 반드시 그 날짜에 맞춰 787을 선보이려 했을 것이다.

공개 행사장에서 보잉 회장이 말했다. "드림라이너가 고객들에게 시장 가치를 확실히 인정받아 매우 기쁩니다. 고객들이 보내주신 성원 덕분에 드림라이너가 항공사 고객, 비행기 승객, 국제 운송 시스템에 큰 보탬이 되리라는 걸 확신할 수 있었습니다."

2006년 보잉 연례 보고서를 보면 아직 출시도 하지 않은 787 프로그램을 '민간 여객기 역사상 가장 성공적인 출시'로 언급하고 있다. 보고서 후반에는 '787 프로그램은 2007년 첫 비행을 목표로 일정에 맞춰 잘 진행되고 있다.'라는 부분도 나온다.

한편 보잉의 최대 라이벌 에어버스 Airbus는 차세대 장거리 초대형 제트기로 이미 기선을 제압하고 있었다. 에어버스 A380이 2005년 첫 비행을 선보인 후 2007년 가을부터 본격적인 운행을 준비하고 있던 반면,

보잉 787은 단 한 차례의 비행도 없었다.

보잉이 2007년 7월 행사장에서 처음 공개한 드림라이너는 미완성 상태를 감추기에 급급했다. 전자 장치도 없고 잠금장치는 임시로 달려 있었으며 목재 부품으로 마감되어 있었다.

보잉 CEO 제임스 맥너니 James McNerney 는 보잉 787의 첫 비행이 한두 달 뒤인 '8월이나 9월'로 예정되어 있다고 행사장에서 공식 발표했다.

하지만 첫 비행은 29개월이나 지난 2009년 12월 15일에 이루어졌다. 20배나 늦어진 것이다.

보잉 경영진은 어쩌다 그렇게 처참할 정도로 날짜를 잘못 예상했을까? 회사 직원들과 부품 제조업자들에게 속은 걸까? 아카데미 시상식, 챌린저호, 보잉 787, 여러분의 회사. 이 모두가 아주 중요한 '중단 시간'을 걸핏하면 회피한 탓에 벌어진 일이다.

보잉 경영진은 산업화 시대 전술인 레드워크에 따르고 있었다. 그들은 미리 언급한 생산 일정에 맞추어야 함을 계속 강조했다. 기한 엄수를 중요하게 여기며 팀 전체가 '입증과 성과주의 사고방식'을 지니도록 내몰았다. 하지만 이런 조치는 팀원들이 '보호 사고방식'을 갖게 한다. 입증 사고방식과 보호 사고방식은 팀원들이 이의를 제기하거나 반대 의견을 말할 수 없는 환경을 조성한다.

2. 중단 요청 신호를 만들어라

팀이 레드워크에 들어가면 구성원들은 성과주의(입증 또는 보호) 사고방식을 지니기 쉽다. 레드워크 수행이라는 목표를 달성하기 위해 관심의 초점을 좁히며 관점을 축소하고 '오직 하나만 바라보며' 일한다. 되도록 빨리 업무를 완수해야 한다는 압박을 느낄 수도 있다. 아카데미 시상식의 비티처럼 임무 완수라는 레드워크에 갇혀버린다. 내 생각에 비티는 보호 사고방식에 빠져서 실수를 피하고자 그렇게 행동한 것 같다. 아이러니하게도 그 행동이 실수를 더 크게 키운 것 같지만 말이다.

따라서 레드워크를 시작하기 전에 '레드워크에 빠지는 것'에서 스스로를 지켜야 한다. 이를 위해 리더는 사전에 특정 신호를 정해 팀원들이 중단 시간을 원할 때 자유롭게 표현할 수 있도록 해야 한다. 리더와 팀원은 미리 정해둔 언어로 레드워크에서 벗어나야 한다는 신호를 서로에게 보낼 수 있다.

다음은 중단 시간을 요청하는 신호이다.

· "잠시 중단합시다."라고 말하기

· "손 뗍시다."라고 말하기

· 옐로카드 꺼내기

· 줄 잡아당기기

· 손 들기

미 해군 전함 산타페호에 있을 때는 "손 뗍시다."라는 말을 썼다. 처음에는 팀원들이 다른 팀원에게 "손 뗍시다."라고 말하기를 꺼려했고, 용기 내서 "손 뗍시다."라고 해도 그 말을 들은 사람은 보통 방어적으로 반응했다. 하지만 우리는 훈련을 하며 이 상황을 극복했다. 훈련의 목적은 팀 전체가 이 말을 하는 것에 익숙해져서 거리낌 없이 중단 시간을 요청하고, 리더와 다른 팀원이 이 요청에 응할 수 있게 하는 것이었다.

중단할 필요가 없을 때에도 연습을 위해 팀원들에게 중단 신호를 보내게 했다. 연습 상황이라고 해도 리더는 중단 요청을 받아들여야 한다. 나는 팀원 한 명에게 중단 시간을 요청하라고 한 뒤 팀 전체가 이에 어떻게 반응하는지 알아보고는 했다. 중단 시간을 가진 결과, 임박한 문제가 없다고 판명 났을 때 중단 시간을 요청한 사람을 민망하게 하거나 꾸짖는다면 팀원들은 중단 시간 요청을 더욱 망설일 것이다.

하지만 중단 시간을 '회복력 훈련'이라 칭하면 문제는 달라진다. 중단 시간을 요청하여 진짜 문제를 발견했든, 아니면 아무 문제없는 것으로 판명 나든 이는 크게 중요하지 않다. '회복력 훈련'이라는 명칭 자체가 불필요한 중단 시간은 없다는 뜻을 담고 있다. 문제를 100퍼센트 확신하지 못할 때도 편하게 손 들고 말할 수 있는 문화를 확립해야 한다.

팀원들은 중단 시간을 요청하는 훈련을 받고 리더는 이에 답하는 방법을 배워야 한다. 훈련을 거듭해야만 중단 시간을 요청하는 일에 더 이상 불안감을 느끼지 않을 수 있다.

도요타Toyota에서는 안돈 코드Andon Cord를 사용한다.

도요타의 작업자들은 생산 시스템에 문제가 생기면 안돈 코드라 부르는 줄을 잡아당기고, 이 줄을 잡아당길 시 지시등에 불이 들어온다.

도요타는 자동차를 생산하기 전에 재봉틀을 만들던 회사였다. 도요타 창립자 사키치 도요다Sakichi Toyoda는 최초로 자동 직조 기계를 설계했는데, 이 기계는 바늘이 부러지면 즉시 작동을 멈췄다. 그 덕분에 직물 낭비와 불량품을 막을 수 있었다.

도요타가 자동차를 만들기 시작하면서 이를 담당한 관리자는 작업자들이 생산을 멈춰야 할 때 직조 기계처럼 즉각 알려주어 낭비를 줄여주는 시스템이 있으면 좋겠다고 생각했다. 그래서 공장 설계자는 등(안돈)에 불이 들어오도록 하는 줄을 설치했다. 작업자가 줄을 잡아당기면 안돈에 불이 들어왔고, 이를 본 현장 감독관은 어디에 문제가 발생한 건지 즉시 알 수 있었다.

안돈 코드 덕분에 작업자들은 레드워크만 하던 생산 작업에서 벗어나 문제를 의논하고 이를 해결하는 블루워크 단계로 옮겨갈 수 있었다.

작업대 위로 불이 깜박거리면 현장 감독관은 바로 문제를 확인하러 가야 했으며 해당 작업자에게 반드시 감사를 표해야 했다.

작업자가 작업을 완료해야 하는 평균 시점까지 문제를 해결하지 못하면 관리자는 생산 라인을 중단시켰다. 시간을 조정함으로써 시간 압박에서 작업자를 벗어나게 하고 작업자와 감독관이 함께 문제를 해결해나갈 수 있게 했다.

훗날 안돈 코드는 미국 도요타 공장에도 설치되었는데, 당시 CEO였던 테츠로 도요다Tetsuro Toyoda는 그 공장의 한 작업자가 특정 문제와 씨름하고 있는 모습을 봤다. 작업자는 안돈 코드를 사용하지 않고, 다른 모든 방법을 동원해 분투하고 있었다. 그 모습을 본 테츠로 도요다는 중간관리자들에게 안돈을 잡아당겨야 하는 이유와 조건을 충분히 전달하고 설득하지 못했다며 작업자들에게 사과했다.

산타페호에서 우리 팀이 그랬던 것처럼 안돈을 잡아당기는 것도 얼마든지 훈련으로 해낼 수 있다.

대다수가 자기 목소리 내는 걸 주저하는 이유는 '양치기 소년'이라는 꼬리표 때문이다. 손을 들어 의견을 말함으로써 남들의 이목을 집중시켰는데 자신의 의견이 틀린 걸로 판명난다면? 양치기 소년처럼 자신의 진실성이 의심받을까 봐 걱정할 것이다.

어릴 적 들었던 양치기 소년 이야기를 떠올려보자.

한 목동이 양 떼를 돌보고 있었다. 지루하고 심심했던 소년은 "늑대가 나타났다."라고 고함을 질러 마을 사람들이 다 달려오게 만들었다. 이 이야기의 한 버전을 보면 도착한 마을 사람들을 본 소년이 그들을 조롱했다는 내용이 나온다. 소년은 늑대가 없는 걸 알면서도 일부러 몇 번이고 "늑대가 나타났다."라고 거짓말을 한다. 그러다 보니 진짜 늑대가 나타났을 때는 아무도 소년의 외침을 들어주지 않았다. 몇 번이고 속은 마을 사람들이 소년을 외면한 것이다. 늑대는 양을 잡아먹고, 어떤 버전에서는 소년까지 잡아먹었다.

이 이야기는 거짓말을 하면 안 된다는 메시지이지만 쓸데없이 문제를 일으켜 남의 이목을 끌어서는 안 된다는 이야기로 잘못 해석되기도 한다. 아카데미 시상식의 비티처럼 말이다.

여러분의 직장에서 누군가가 손을 들고 이의를 제기해서 어떤 절차나 프로젝트가 중단되었다고 가정해보자. 그러나 검토 결과, 틀린 점이 없어서 수정 없이 그대로 진행하기로 한다.

이렇게 중단된 상황에서 팀원들은 어떻게 반응해야 할까? 이 상황을 뭐라고 불러야 할까? 팀원들은 이의를 제기한 사람을 이제 어떻게 대해야 할까?

직장 내 집단들은 하나같이 중단을 불필요한 것이라고 말한다. 이들은 중단을 요청한 사람이 '잘못'했거나 '실수'했다고 말한다. 이런 시각은 '다른 관점으로 보는' 사람들이 '다른 관점을 말하는 것'을 어렵게 하는 문화 장벽이다.

우리는 의문을 품고 이의를 제기하는 태도를 가치 있게 여기며 중단을 요청한 사람들을 칭찬해야 한다.

다음 상황에서는 어떠한 신호 체계를 사용해야 시간을 조정할 수 있을까?

· 간호사는 담당 의사가 수술실에 없는 것을 알아챈다.
· 발전소 기사는 발전기 가동 중에 뭔가 잘못된 것을 감지한다.
· 태평양을 횡단하는 항공기의 부기장은 비행기가 하강하는 순간 뭔가 어긋난 것을 알아챈다.

이러한 상황에서는 앞에서 살펴봤던 승무원 자원 관리(CRM) 시스템이 필요하다. CRM은 부하 직원들이 자신의 우려를 거리낌 없이 표현할 수 있는 언어를 제공한다. 비행기 조종실 안에서 부기장은 CRM을 활용해 중단 시간을 요청하고 기장과 함께 문제 해결을 위해 협력한다. CRM 훈련법 중 하나는 상대의 이름 또는 직위를 불러 말을 걸면서 관심을 끌거나 대화를 시작하는 것이다. 예를 들어 "기장님." 또는 "스미스 씨."라고 부르며 대화를 시작한다. 그다음에 부하 직원은 자신의 우려 사항을 언급한다. 예를 들어 "여기서 한 바퀴 더 돌면 연료가 바닥날 것 같아 걱정입니다."라고 말한다. CRM 시스템 안에서는 이것이 문제가 될지 안 될지 확신하지 못할 때도 누구나 나서서 자신의 우려 사항을 공유할 수 있다.

어떤 방법이든 부하 직원에게 자기 목소리를 내도록 책임을 안기는 것은 한계가 있다. 신호를 잘 보내는 것도 중요하지만 무엇보다 리더가 잘 받을 수 있어야 한다.

3. 팀원들의 중단 요청을 민감하게 알아차려라

일하는 중에 예상치 못한 문제를 발견했다면 중단 시간을 요청할 수 있어야 한다. 하지만 팀원들에게는 중단 요청이 어려운 일일 수 있다. 몇 가지 이유가 있다.

1. 기한 스트레스 때문에 레드워크에 빠져 있을 수 있다.
2. 레드워크에 몰입하고 있을 수 있다.
3. 기한을 칼같이 지켜야 한다는 압박을 느낀다.
4. 중단을 요청하면 당면한 문제 혹은 잠재적 문제에 사람들의 이목이 집중될 것 같다.

첫 번째 이유는 스트레스가 인간에게 끼치는 영향과 관련이 있는데, 이는 레드워크와 블루워크의 주요 차이점이기도 하다. 스트레스는 고급 사고 과정인 전두엽 피질을 손상시키기 때문에 블루워크에 훨씬 더 치명적이다.

100미터 달리기를 한다고 가정해보자. 100미터 달리기는 아주 짧은 시간 동안 몸을 써서 혼자 하는 운동이다. 경기장에 있는 관중 모두가 당신에게 고함을 친다. 관중의 고함 소리는 스트레스 요인이 된다. 이런 상황은 당신이 달리는 데 어떤 영향을 끼칠까? 아마 부정적인 영향은 없을 것이다. 어쩌면 더 빨리 달리게 할 수도 있다. 일단 스타트 신호가 떨어지면 당신은 달릴 것이다.

이제 당신은 여러모로 복잡한 결정을 내려야 한다고 가정해보자. 달리기를 할 때와 마찬가지로 경기장에 있는 사람들이 당신에게 고함을 친다. 이때 사람들의 고함 소리는 당신에게 부정적인 영향을 끼칠까? 당연히 그럴 것이다.

스트레스는 또한 레드워크에서 벗어나야 할 때를 알아차리지 못하게 하기 때문에 위험하다. 이런 이유로 레드워크를 수행 중인 팀이나 개인에게 중단 요청을 맡기는 것은 부당하다.

두 번째 이유는 팀원들을 일에 몰두하게 하는 것과 관련이 있다. 생산 모드에 너무 깊이 빠진 탓에 시간 가는 줄 모르고 작업에 몰두한 경험이 한 번쯤은 있을 것이다. 1975년, 심리학자 미하이 칙센트미하이Mihaly Csikszentmihalyi는 이런 경험을 '몰입'이라 칭했다. 몰입은 하고 있는 일에 완전히 빠져든 상태를 일컫는다. 멋지지 않은가! 단, 하고 있는 일이 바르게 가고 있어야 한다. 일을 하다가 잘못된 방향으로 빠지면 그 상황을 깨닫게 해줄 신호가 필요하다. 레드워크에 푹 빠져 있으면 관심의 초점과 시각이 좁아진다. 좁아진 초점은 업무 완수에 도움이 되기는 하지만 자기조절 메커니즘을 제한하기도 한다. 하던 일을 중단하고 다른 방도를 궁리하는 게 더 나을 것 같을 때도 고집스럽게 그 일을 계속한다.

일정을 관리해주며 중단 시간을 요청해줄 사람이 따로 있다는 걸 알면 팀원들은 레드워크에 더욱 깊이 빠질 수 있다. 자기도 모르는 새 어떤 일이 터질까 걱정하지 않아도 된다. 하고 있는 일에 완전히 몰입하여 더 효과적이고 더 창의적이고 더 생산적이면서도 만족스러운 결과를 얻을 수 있다.

이러한 이유로 레드워크를 수행 중인 팀원들이 시간 조정을 잘할 수 있게 충고하는 리더가 조직을 잘 이끈다. 레드워크에 최적화된 입증 사고방식은 일정 지연을 매우 나쁘게 본다. 따라서 그날그날의 업무량에 크게 신경 쓰지 않아도 되는 레드워크에서 한 발 떨어진 리더가 시간 조정의 필요성을 더 민감하게 알아차릴 수 있다. 팀을 위해 중단 시간을 요청하는 건 리더의 책임이다.

리더의 역할은 팀원이 중단 시간을 요청하도록 이끌고, 그들의 요청을 수용하는 문화를 조성하는 것이다. 여기서 나아가 도요타의 안돈 코드처럼 구체적인 요청 방법을 제시하는 것 역시 리더가 해야 할 일이다.

중단 요청이 어려운 이유 중 하나는 사람들이 잘못된 문제에 대해 듣고 싶어 하지 않기 때문이다. 영국 런던에서 233년의 역사를 이어간 베어링스 은행Barings Bank은 개인의 의견이 밝혀지는 걸 두려워하는 기업 문화 때문에 파산했다. 베어링스 은행 싱가포르 지점의 리더는 자기 팀원이 실수를 저질렀다는 것을 인지했지만 그 실수를 밝히지 않고 은폐했다. 그는 계좌를 만들어 팀원의 손실을 숨겼고, 은폐가 성공하자 또다시 그 계좌를 이용해 또 다른 손실을 숨겼다. 결국 그 금액은 베이링스 은행 운용 자본의 두 배를 넘겼고 은행은 파산할 수밖에 없었다.

팀원이 중단 요청 신호를 정확하게 보내지 않더라도 리더는 이를 민감하게 알아차리고 대응해야 한다. 시상식에서 비티는 머뭇거렸고 카드를 재차 확인했으며 미간을 잔뜩 찡그린 채 표정은 위축되어 있었다. 적절히 대응하는 리더라면 비티의 행동과 표정을 보고 곤경에 처했음을 깨닫고 중단을 요청했을 것이다.

엘파로호 항해사들이 선장에게 분명한 중단 요청 신호를 보내지는 않았지만, 명백한 상황을 전달하기 위해 애쓰며 사용한 말들을 기억하는가? 적절히 대응하는 리더였다면 항해사들의 언어를 듣고 바로 중단을 요청했을 것이다.

다음 상황에서 팀원들은 합의된 중단 요청 신호를 사용하고 있지는 않지만, 어쨌거나 나름대로 중단 요청 신호를 보내고 있다.

- 건설 현장에서 기초 공사 작업자가 묻는다. "콘크리트 붓는 작업을 정말 시작할까요?"
- 소프트웨어 팀에서 프로그래머가 말한다. "이 속성들을 넣으면 테스트 절차가 엄청 복잡해질 겁니다."
- 신기술 전기 자동차를 만드는 신입 엔지니어가 감독관에게 들릴 정도로 혼잣말을 한다. "이 새 배터리는 글쎄, 잘 모르겠어. 성능 수치가 기대한 만큼 좋지도 않고."
- 화재가 발생한 건물로 진입 중인 소방관이 외친다. "이 화재 뭔가 석연치 않

습니다. 그게 뭔지는 잘 모르겠습니다."

· 환자 진료 후 간호사가 수간호사에게 말한다. "이 환자, 우리가 제대로 진단
  을 내린 게 맞는지 궁금해요."

· 살균제 제조공장에서 신입 기사가 3만 8,000리터 정도 되는 재료를 섞기 시
  작하며 감독관에게 말한다. "이 밸브 정렬 상태가 좀 이상해 보이네요."

각 팀 모두에게는 작업을 잠시 중단하고 레드워크에서 벗어날 수 있
도록 도와줄 말이 필요하다. 팀은 그 말을 통해 의사 결정 모드인 블루
워크로 옮겨갈 수 있다.

다음과 같은 말을 떠올릴 수 있을 것이다.

· "아직 준비가 덜 되었다고 생각하는 것 같은데, 어떤 생각을 하고 있나?"

· "팀원 전체가 모여서 결정을 다시 검토해봅시다."

· "공급사 재평가를 해야 할 수도 있겠네요. 근거가 뭐죠?"

· "여기서 잠시 멈추고 살펴봅시다. 다들 어떻게 생각하나요?"

· "확신하지 못한 상태라는 걸 잘 알겠네. 자네가 발견한 걸 내게 보여주겠나?"

· "중단한 이유를 알려주게."

· "다른 게 또 있을까요?"

이 말들을 통해 리더는 자신이 중단 요청을 인식했음을 알리고, 중단
의 책임을 팀원에게서 가져올 수 있다. 그런데 만약 신호를 잘 알아챌
자신이 없다면 어떻게 해야 할까? 방법이 하나 더 있다.

4. 다음 중단 시간을 미리 계획하라

다음 중단 시간을 미리 계획해두면 레드워크에 너무 빠지지 않도록 돕는 안전장치를 마련할 수 있다. 타이머를 설정해 45분마다 휴식 시간을 갖거나, 격주로 프로젝트 중단 기간을 계획하는 등 간단하게 시도해볼 수 있다.

심리학에는 자신의 사고과정에 대해 생각하는 '메타인지metacognition'라는 개념이 있다. 다음 중단 시간을 미리 계획하면 인지적 자원의 100퍼센트를 전부 일을 실행하는 데 활용할 수 있다. 즉, 다음 중단 시간이 있다는 사실을 아는 것만으로도 팀원들은 업무에 전념할 수 있고, 리더는 누구도 반기지 않는 아이디어 요정(따로 요청한 사람도 없는데 더 좋은 방법이 있다며 갑자기 조언을 하고, 그 아이디어를 실행할 수 있는 방법을 알아내라고 팀원들에게 떠넘기는 일)이 되는 걸 피할 수 있다.

이런 목적에 효과적인 도구가 바로 애자일 경영이다. 소프트웨어 개발 부서가 주로 활용하는 애자일 경영에서는 팀 업무를 스프린트로 구성한다. 스프린트는 보통 2주 간격으로 진행되지만 더 길어지거나 짧아질 수도 있다. 스프린트를 시작할 때는 다음 생산에 포함시킬 사항을 함께 의논해서 결정하고, 종료할 때는 테스트를 진행하여 그 결과를 다시 살펴보면서 조직원들이 레드워크 사이사이에 블루워크를 적절히 할 수 있도록 돕는다. 스프린트는 기간을 미리 정해두기 때문에 레드워크에서 벗어나는 시기를 미리 알 수 있다. 이 덕분에 다음 중단 시간이 오기 직전까지 팀 전체가 생산 작업에 완전히 집중할 수 있다.

팀이 소프트웨어를 설계하고 코딩하여 생산하는 동안 리더가 지켜야 할 주요 규칙은 팀 작업의 방향을 재설정하거나 작업 과정에 간섭해서는 안 된다는 점이다. 리더는 새 아이디어가 떠올라도 당장에 말할 것이 아니라 다음 스프린트 기획 회의에서 논의할 주제로 이를 남겨두어야 한다.

스프린트를 종료할 때 팀원들은 성과를 발표하고 자축하며 블루워크를 한다. 이전 스프린트 작업 과정을 돌아보고 상품 피드백을 살펴본다. 스프린트는 '블루워크→레드워크→블루워크'의 형태를 띠며, '블루워크→레드워크→블루워크 / 블루워크→레드워크→블루워크 / 블루워크→레드워크→블루워크 / 블루워크→레드워크→블루워크' 사이클로 계속 이어질 것이다.

의지만 있다면 블루워크 기간을 계획할 기회는 많다. 팀이 프로젝트에 들어갈 때마다 "진행 과정을 평가하기 위해 언제 중단 시간을 가질까요?"라고 물어볼 수 있다.

지금까지의 내용을 떠올리며 다음의 질문에 답해보자.

· 발전소 직원들은 이번 수리 기간에 새로운 방법을 시도해보기로 결정했다. 이를 수행하며 다음 중단 시간을 미리 계획하기 위해서 리더는 뭐라고 말할 수 있을까?

· 소프트웨어 팀은 2주 정도 소요될 것으로 예상되는 몇 가지 기능을 추가하라는 업무 지시를 받았다. 이를 수행하며 다음 중단 시간을 미리 계획하기 위해서 리더는 뭐라고 말할 수 있을까?

· 운송회사 직원들은 광고 예산을 변경하라는 결정을 들었다. 이에 따르면서 다음 중단 시간을 미리 계획하기 위해서 리더는 뭐라고 말할 수 있을까?

· 파이프라인 가동 펌프장 직원들은 테스트를 한 번 한 후에 펌프 가동에 착수하기로 했다. 이에 따르면서 다음 중단 시간을 미리 계획하기 위해서 리더는 뭐라고 말할 수 있을까?

시간을 통제하는 법

1. 중단 시간을 회피하지 말고 최대한 마련하라.
2. 팀원들이 알아서 말하길 바라지 말고 누구나 쉽게 쓸 수 있는 중단 요청 신호를 만들어라.
3. 팀원들의 중단 요청을 민감하게 알아차려라.
4. 팀원들의 중단 요청을 기다리지 말고 다음 중단 시간을 미리 계획하라.

이제 시간을 통제할 수 있게 되었으니 전두엽 피질의 능력을 활짝 펼칠 기회가 생겼다. 지금부터는 자신의 생각에 100퍼센트 확신하지 못해도 두려움 없이 의견을 공유할 수 있다.

시간을 통제하라

시간을 통제하기 시작하는 순간 우리는 '레드워크-블루워크' 사이클에 합류할 수 있다. 산업화 시대에는 시간을 준수해야 했기 때문에 노동자들이 시간 압박에 대한 스트레스로 레드워크에 머무르려는 경향을 보였다.

시간을 통제한다는 건 '잠시 멈춤의 힘'을 믿는다는 것이다. 시간을 무조건 준수하는 대신에 팀의 상황에 맞춰 시간을 통제하기 시작하면 의식하고 의도하는 대로 행동할 수 있고, 관점을 넓혀 일할 수 있다.

레드워크에 빠져 있는 사람들은 종종 성과주의(입증 또는 보호) 사고방식을 지니기 때문에 자발적으로 중단 시간을 요청하기 어렵다. 그들은 일을 빨리 끝내고 싶고, 일이 지연될 시 곤란해지기 때문에 괜히 중단 시간을 요청해서 일을 방해하고 싶지 않다. 따라서 중단 시간을 요청하는 책임은 리더에게 있다.

리더는 팀을 위해 레드워크 기간과 레드워크에서 벗어나는 시점을 미리 계획해야 하며, 필요할 때는 레드워크 기간 중에도 중단 시간을 요청해야 한다.

▶▶▶▶▶▶ 리더십 리부트 전술 2 ◀◀◀◀◀◀

팀원들과
협력하라

협력하면 조직의 관점이 넓어지고 집단의 지식, 생각, 아이디어가 드러날 수 있다. 이를 위해서는 구성원 모두가 결정자가 되어야 하며, 적극적으로 아이디어를 공유하고, 부족한 부분을 드러내고, 타인의 의견을 존중해야 한다. 리더는 소수 의견에 귀를 기울이고 팀 구성원 모두가 균형 있게 말할 수 있도록 이끌어야 한다.

산업화 시대의 '시간 준수하기' 전술은 팀이 일을 하도록 한다. 결정자(블루워커)와 행위자(레드워커)가 구분되어 있기 때문에 결정자는 행위자가 의사 결정하지 않은 작업을 수행해내도록 설득이나 회유, 어떨 때는 매수나 협박까지 해야 한다.

이러한 결정자의 행위를 한 단어로 표현하자면 '강요'다. 아카데미 시상식에서 더너웨이가 비티에게 "당신 정말 구제불능이야!"라고 말하며 한 행동, 그를 노려보고 그의 어깨에 손을 올리며 "어서 발표해야죠."라고 재촉한 행동도 모두 강요라 할 수 있다.

이 단어가 썩 좋게 들리지 않기 때문에 보통 공식적인 자리에서는 잘 사용하지 않는다. 대신 동기부여, 격려 또는 협력과 같은 단어로 바꿔 부른다. 하지만 '협력'은 강요를 위장한 말일 때가 많다. 나도 그렇게 사용해왔다. 여러분도 그렇게 한 적이 있을지도 모른다.

이렇게 된 근본 원인은 레드워커와 블루워커의 역할을 구분한 데 있

다. 해결 방안을 한 문장으로 요약해보면 다음과 같다. '행위자도 결정자가 되게 하라.'

리더들은 보통 팀원들과 협력하여 결정을 내려야 할 때 다른 의견("다들 어떻게 생각하나요?")을 듣는 시간은 그냥 넘겨버리고 단일한 의견("제 생각은 이렇습니다. 모두 동의하시죠?")으로 곧장 뛰어든다.

그들은 무수한 브레인스토밍과 의사 결정 회의에서 자신의 의견만 쏟아붙이며 팀원들에게는 그저 따르게만 하는 언어를 사용한다. 리더들은 납득시키려고만 하지 궁금해하지 않는다. 유도 질문과 확인 질문을 던지며, 반대 의견은 억누르고 의견 일치만을 요구한다. 이러한 행동은 협력이라 할 수 없다. 협력으로 위장한 강요일 뿐이다. 레드워크에 갇힌 프레드가 하루 종일 소모된 기분을 느끼는 이유도 바로 이 때문이다. 프레드는 팀원들을 강요해 일을 시키는 데 대부분의 시간을 할애하고 있다.

여기서 내가 사용한 '강요'라는 단어는 영향력, 권력, 직급을 이용해 제일 먼저 말하고 더 많이 말하며 큰 목소리로 다른 사람이 자신의 생각을 받아들이도록 만든다는 뜻이다.

평상시 우리가 사용하는 의사 결정 모델에서는 상사가 결정한 일에 대해 팀원들의 확인을 구하지 않는다. 그런 식으로 회의를 하면 나중에 상사가 "자네들 모두 그 자리에 있었잖아. 그때 뭐라도 말했어야지."라고 말할 여지를 주게 된다.

엘파로호 선장은 대서양 경로로 가겠다는 결정을 내린 후 어떻게든 태풍에서 벗어나고자 하는 선원들을 놀려댔다. 대서양 경로를 선택한 자신의 결정에 의문을 품는 선원이라면 누구에게나 무안을 줬다.

우주왕복선 챌린저호 사례에서 나사 직원도 로켓을 발사하기에 기온이 너무 낮다는 엔지니어를 향해 대놓고 틀렸다고 말하며 선장과 똑같이 행동했다. "차라리 엔지니어 말고 임원을 하시지 그래요."라고 말하기까지 했다.

상사가 "한배에 탄 겁니다." 또는 "합의를 이끌어냅시다."와 같은 말을 하는 걸 들을 때마다 강요라는 생각이 든다. "내 말이 다 맞으니까 네 생각을 바꿔."라는 마음가짐으로 사람들을 납득시키려는 것이다.

한 집단 안에서 다른 사람의 생각을 바꾸려 하는 구성원은 필요 없다. 리더는 회의를 해서 나온 결과가 자신의 생각과 다르더라도 집단이 그 결정을 지지한다면 만족할 줄 알아야 한다. 그렇지 않으면 그저 자기 생각만 계속 울려 퍼지는 방 안에 평생 갇혀 있는 꼴이다. 생각이 다양해야 힘과 회복력이 생긴다.

그렇다고 생각하는가? 그러니까, 진심으로 그렇게 생각하는가? 하지만 수많은 리더들은 유독 자신이 더 특별하다고 생각한다.

이를 알게 된 계기는 다음과 같다. 내가 진행하는 워크숍에 참여하는 사람들에게 '서둘러 가는 길에 곤경에 빠진 사람을 지나쳐야 하는 상황'의 시나리오를 준다. 회의 참석을 위해 가는 길이고 이미 회의에 늦은 상태라는 것도 알려준다. 참석자들에게 "당신은 늦은 걸 알면서도 곤경에 빠진 사람을 도와줄 수 있나요?"라는 질문을 던진다. 그럴 것이라 답하는 사람은 보통 참석자의 70퍼센트 정도로 꽤 많다.

그다음에 다른 워크숍을 진행할 때는 질문을 조금 바꿔 이렇게 물어본다. "그 사람은 곤경에 빠진 사람을 도와줄까요?" 그럴 것이라 답하는 사람은 보통 참석자의 30퍼센트 정도로 굉장히 적다. 어떻게 이런 결과가 나올까? 곤경에 빠진 사람을 도울 확률이 주변 사람들보다 자기가 훨씬 더 높다고 생각하기 때문이다. 우리는 스스로를 특별하게 여긴다.

자기 자신에 대해서는 '자신의 의도'를 생각하며 평가하지만 다른 사람들에 대해서는 '그들의 행동' 자체로 평가한다. 스스로가 부족한 모습을 보일 때는 나를 이렇게 만든 외부 요인을 어떻게든 생각해낸다. 반면 다른 사람이 부족한 모습을 보일 때는 환경 요인은 크게 고려하지 않고 그 사람의 잘못으로 돌린다.

자신에 대해서는 돕고 싶었던 그 마음만으로도 충분하다고 생각하지만, 다른 사람들의 돕고 싶어 하는 마음에 대해서는 알 길이 없다. 그러니 내가 알 수 있는 건 오직 다른 사람의 행동뿐이다. 그래서 내가 본 그들의 행동으로 그들을 평가한다.

이러한 편견은 협력을 방해한다.

‖ 협력하기 위한 네 가지 방법 ‖

협력 전술의 목표는 관점을 넓히고 가변성을 수용하여 집단의 지식과 생각, 아이디어가 드러나게 만드는 것이다.

다음은 협력 전술을 펼치는 네 가지 방법이다.

1. 투표부터 한 후 논의한다

제임스 서로위키는 자신의 저서 《대중의 지혜》에서 프랜시스 골턴 Francis Galton의 일화를 소개한다. 골턴은 1800년대 영국에 살던 박식가로, 한 마을에서 열린 가축 품평회에 큰 흥미를 보였다. 이 대회에서는 황소 체중을 근사치에 가장 가깝게 맞춘 사람이 우승자로 선정된다. 대회가 끝나고 골턴은 모든 사람의 표를 확인했다. 확인 결과, 개인보다는 자유롭고 다양하게 모여 무리를 이룬 사람들이 제시한 수치가 정답에 더 가까웠다. 골턴은 이 실험을 몇 번 더 되풀이했다. 실험을 할 때마다 집단이 내놓은 공동의 평균치보다 더 정확하게 체중을 맞힌 개인은 몇 명 없었다.

다양한 생각을 존중하고 가변성을 드러내기 위해서는 중론을 모으기에 앞서 각자가 생각한 바를 자유롭게 표현할 수 있어야 한다.

다음은 위 원칙을 실천으로 옮기는 몇 가지 방법이다.

익명 전자 투표를 실시한다

익명 전자 투표는 참석자가 많은 경우나 참석자들의 심리적 안전감 psychological safety*을 알 수 없는 경우, 혹은 낮은 경우에 유용하다. 익명 전자 투표는 일치된 의견을 종용하는 사회적·위계적 압박에 시달리지

---

* 심리적 안전감이란 집단에서 평가당하는 일 없이 자신의 생각과 감정을 공유할 수 있다고 느끼는 정도를 일컫는다. 심리적으로 안전감을 느끼는 사람은 '만약에'로 시작하는 의견들과 일부만 완성된 아이디어를 좀 더 수월하게 사람들에게 전달하며 프로젝트에 대한 불안까지도 공유한다. 심리적 안전감을 느끼는 환경에서 사람들은 자신의 취약함을 편하게 드러낼 수 있다.

않고 자신이 생각하는 바를 공유할 수 있게 돕는다. 또한 누군가를 따로 지목하지 않고도 여러 사람들의 관점을 얻을 수 있다. 너무 이르게 특정 의견으로 몰리지 않도록 자신이 투표한 내용을 다른 사람들에게 공개하지 않는 것이 중요하다. 논의하는 중에 결과가 공개되면 다양한 답변이 순식간에 획일적으로 바뀔 위험이 있다. 익명으로 진행되는 투표에서도 이런 일은 일어난다. 이러한 현상은 집단과 똑같아지려는 개인의 욕구가 작용하여 나타난다.

이분법적 질문이 아닌 확률적 질문을 던진다

"안전한가?" 또는 "성공할까?"와 같이 대답이 딱 두 개만 나오는 이분법적 질문 대신에 "얼마나 안전한가?" 또는 "성공 가능성이 얼마나 되나?"와 같이 확률을 가늠해볼 수 있는 질문을 한다. 앞으로의 일을 '일어날 일' 아니면 '일어나지 않을 일'로만 나누지 말고 더 다양한 가능성으로 보자는 것이다. 이를 위해 '얼마나'란 단어를 넣어 질문을 시작해보자. 느낌이나 평가, 설명을 바라는 질문이다. 예를 들어 "영화 재밌었어?" 또는 "스페인어 할 줄 아세요?"라는 질문 대신에 "영화 얼마나 재밌었어?" 또는 "스페인어 어느 정도 할 줄 아세요?"로 질문을 던진다. 질문을 받은 상대가 단순히 "예." 또는 "아니요."로 대답하기보다 정도를 나타내는 답변을 하도록 유도한다면 좀 더 다양한 뉘앙스와 정보를 논의로 끌어올 수 있다.

이를 위해 회의에서 '확률카드'를 활용하면 유용한 도구가 되어줄 것이다. 확률카드에는 숫자 1, 5, 20, 50, 80, 95, 99가 각각 표기되어 있다. 이 확률카드를 통해 중론이 아닌 긍정적 의견이 가장 강한 팀원, 부정적 의견이 가장 강한 팀원에게 초점을 맞추고자 한다.*

소프트웨어 상품을 바로 출시할지 아니면 일자를 연기하고 추가 테스트를 진행할지 결정하는 회의에 참석하고 있다고 가정해보자. 당신은 자신이 담당하고 있는 분야는 잘 알고 있지만 프로젝트의 전반적 사항과 사업 전략에 대해서는 완전히 파악하지 못하고 있다. 당신을 포함해서 회의실에 있는 12명은 "원래 일정에 맞춰 상품을 출시해야 한다는 생각에 얼마나 동의하십니까?"라는 질문에 대한 확률카드를 선택해야 한다. 숫자 1을 택하면 '완전 반대'로 출시 일자를 늦추는 게 더 중요하다는 의미다. 숫자 99를 택하면 '완전 동의'로 상품을 출시하는 것이 아주 중요하다는 의미다.

회의 참석자 모두 동일한 확률카드 일곱 장을 가지고 있다. 각자 한 장씩 뽑아 뒷면이 위로 오도록 테이블 중앙에 올려놓는다. 모두가 카드를 올려놓으면 다 함께 앞면으로 뒤집는다. 1퍼센트를 선택한 사람과 99퍼센트를 선택한 사람에게 발언권을 주어 그들이 자신의 생각을 팀 전체와 공유할 수 있게 한다. 나라면 그들에게 "당신은 보고 있지만, 우리는 보지 못하는 게 뭔가요?" 또는 "그렇게 투표하게 된 배경은 무엇인가요?"와 같은 질문을 던져보고 싶다.

---

* 팀원들이 확신하는 상태에 빠지지 않고 개연적 사고를 할 수 있도록 0퍼센트와 100퍼센트 카드는 사용하지 않는다. 숫자를 종이에 적으라고 할 수도 있지만 미리 인쇄한 카드를 쓰면 더 빠르게 진행할 수 있다. 특히 카드를 한두 번 쓰고 나면 익숙해져서 더 빨리할 수 있다. 사람들은 보통 종이에 숫자를 적을 때 60퍼센트를 쓸지 65퍼센트를 쓸지 고민하느라 많은 시간을 보내게 되는데, 사실 그건 그렇게 중요한 문제가 아니다.

내가 참석한 한 회의에서 특정 행동 방침에 대한 지지 여부를 묻는 투표를 실시했다. 투표가 끝나고 반대표를 던진 한두 명의 사람들은 "어떻게 하면 반대표를 찬성표로 바꾸시겠어요?"라는 질문을 받았다. 의도하지는 않았지만 이 질문은 전원이 의견 일치를 보는 데 반대표가 방해가 된다는 생각을 시사하며 이들을 난처하게 만들었다. 이 질문에 담아야 할 메시지는 "우린 이 방향으로 가려고 하는데, 어떻게 해야 당신의 반대를 넘어서서 이 문제를 극복할 수 있을까요?"이다.

심리적 안전감이 보통이거나 낮은 수준의 집단에서는 대다수와 다른 의견을 지닌 사람의 입장을 합리적으로 생각해보는 게 나을 때도 있다. 의견이 다른 사람을 난처하게 만들지 않으면서 다른 관점에서 상황을 살피는 기술을 훈련할 기회가 될 것이다. 의견이 다른 사람들은 자신이 난처한 입장에 놓일 걸 알게 되는 순간 앞으로는 튀는 입장에 서지 않으려 할 것이다.

인원이 많은 경우에는 전자 투표를 실시하고, 10명이 채 되지 않는 경우에는 포스트잇이나 작은 카드를 활용해보자. 카드에 직접 답변을 적어 뒤집어서 내놓으면 된다. 이렇게 하면 누가 어디에 투표했는지 추적 분석을 하기 어려워 솔직하게 투표할 수 있다.

확률카드를 동시에 공개한다(심리적 안전감이 높아야 한다)

누구나 편하게 의견을 낼 수 있는 조직의 경우, 확률카드를 테이블에 뒤집어서 올려놓는 대신 모두가 볼 수 있게 들어 올린다. 카드를 확인한 뒤 이어지는 논의에서는 대다수의 사람들과 다른 의견을 가진 구성원에게 발언권을 주고 입장을 들어본다.

스티커 투표 또는 다중 투표를 한다(심리적 안전감이 높아야 한다)

많은 선택지 중에 하나를 골라야 하는 논의라면 확률카드는 적절치 않다. 이 경우에는 선택지 개수의 3분의 1까지 투표할 수 있도록 한다. 예를 들어 선택지가 열 개 있다면 세 개에 투표할 수 있다. 투표 이후 어떤 선택지가 표를 가장 많이 받았는지 확인한다. 공개 투표, 비밀 투표, 전자 투표 다 가능하다.

손가락 투표를 활용한다(심리적 안전감이 높아야 한다)

손을 써서 하는 투표로, 동의 정도를 손가락 개수(0개~5개)로 나타낸다. 여러 사람이 동시에 참여하는 투표에서 신속하게 진행할 수 있으며 손만 있으면 되니 간편하다. 인원이 많을 때는 손가락을 한 개 폈는지 두 개 폈는지 알아보기 힘들지만 주먹 모양은 바로 눈에 띄기 때문에 나는 주먹부터 시작하는 투표를 선호한다. 긍정이든 부정이든 강한 감정이 투표로 잘 드러날 수 있다.

손가락 투표는 결정을 내려야 하는 사안이 아주 중요한 문제가 아닐 때, 그리고 참여자들이 자신의 의견과 아이디어, 생각을 공개적으로 표현해도 괜찮다고 생각할 만큼 심리적 안전감이 높을 때 효과가 있다.

손가락 투표는 건설 현장 회의나 수술 사전 미팅 혹은 장비 가동 전에 신속한 점검을 위해 활용한다. 여기에서도 대답이 두 개만 나오는 이분법적 질문("안전합니까?", "준비되었습니까?") 대신 확률을 가늠해보는 질문("얼마나 안전합니까?", "얼마나 준비된 상태입니까?")을 해야 한다.

나는 집단 구성원들의 상태를 빠르게 파악하거나("쉴 준비가 얼마나 되었나요?") 블루워크에서 레드워크로 넘어가기 전 최종 점검용으로 손가락 투표를 활용하고는 한다. 손가락 투표를 활용할 수 있는 상황은 다음과 같다.

- 건설 현장 인부가 작업을 시작하기 직전에
- 병원 수술 팀이 수술을 시작하기 직전에
- 항공기 승무원이 비행기가 이륙하기 직전에
- 발전소 팀이 터빈을 가동하기 직전에
- 선박이 출항하기 직전에

프로젝트 상태를 업데이트하거나 프로젝트를 종료할 때도 손가락 투표를 활용한다. 스코틀랜드에 있는 한 기업은 프로젝트 상태를 요약할 때 두 손을 다 쓰는 손가락 투표를 실시한다. 한 손으로는 프로젝트의 건전성을, 다른 한 손으로는 프로젝트에 참여하는 직원의 만족도를 평가한다. 그 회사의 상무이사는 손가락 투표를 하며 나누는 대화가 다른 그 어떤 기나긴 논의보다 더 유익하다고 말했다.

지금까지 설명한 다양한 투표 방식을 회의나 대화에 활용할 때는 다음과 같은 말로 시작할 수 있다.

- "각자 생각하는 수치가 있을 겁니다. 전체 의견을 모아 결론을 내기 전에, 각자 생각하는 수치를 앞에 있는 종이에 적어주세요."
- "논의에 앞서 모두의 의견을 들어보고 싶습니다. 첫 제품 수송 일자는 언제가 좋을까요? 회의 앱에 의견을 보내주세요."
- "우리가 이 일을 지금 제대로 진행하고 있는 건지 최대한 솔직하게 말해주시기 바랍니다. 우리가 제안한 아이디어가 여러분 마음에 얼마나 드는지 1에서 99까지의 숫자로 표현해주세요. 앞에 있는 확률카드를 쓰면 됩니다."
- "일을 본격적으로 진행하기 전에 우리가 세운 가정이 참일 확률이 얼마나 될지 여러분의 생각이 궁금합니다."
- "우리가 어떻게 해야 될지에 대한 나의 생각을 말하기 전에, 만약 내가 이 자리에 없다면 여러분은 어떻게 결정하겠습니까?"

다음은 위 방법을 적용한 사례 가운데 하나다. 최근 열린 미국의 한 글로벌 기업 임원 회의에서 CEO가 새로운 비전을 발표했다. CEO는 비전에 대한 경영진의 지지도와 참여도를 판단하기 위해 손가락 투표를 실시하려 했다. 하지만 매우 중대한 사안인데다가 임원들끼리 처음 만나는 자리라 구성원들이 편하게 자신의 생각을 드러낼지 확신할 수 없었다.

CEO는 임원들에게 새 비전을 얼마나 지지하는지 1에서 99까지의 숫자 중 하나로 택해 포스트잇에 적어 내라고 한 뒤(확률카드 익명 버전) 한데 모아 분석했다. 분석 결과, 대다수는 지지 의사를 밝혔지만 아직 마음을 정하지 못한 사람도 소수 있는 것 같았다. CEO는 회의가 끝나고 그 사람들을 따로 만나기로 했다. CEO는 임원 대부분이 새 비전을 지지한다는 걸 알았기에 그냥 밀어붙일 수도 있었지만, 임원진 전체의 관점을 경청하고 수용할 필요가 있다는 사실을 알았으므로 앞으로 더 나아갈 수 있었다.

리더가 의견이 다른 사람들을 따로 만나 그들의 우려 사항을 듣는 일에는 많은 장단점이 있다. 우선 장점으로는 많은 사람 앞에서 말하는 걸 불편해하는 사람도 자신의 의견을 편하게 밝힐 수 있고, 다른 팀원들은 업무 시간을 절약할 수 있다. 반면 리더의 의사 결정 역할을 강화하며, 리더가 다른 팀원들에게 반대 의견을 전달해주지 않는 한 다른 팀원들은 다양한 의견을 들을 기회를 잃게 된다는 단점이 있다. 나는 이러한 단점이 부각된 사례를 본 적이 있다. 한 사람이 CEO를 수시로 찾아가 조언을 하고 다른 사람들 없는 데서 문제를 논의하려 했는데, 얼마 후 그저 CEO의 관심을 얻고 싶어서 한 행동이었다는 게 밝혀졌다. 리더들은 이러한 단점을 알아채고 바로잡아야 한다.

대부분의 조직에서 리더는 다양한 의견을 듣는 대신 "그럼 우리 다 같은 의견인 거죠?"와 같이 자기 확인용 질문을 던지며 회의를 진행한다. 이렇게 할 경우 리더와 팀은 잠재적으로 중요한 정보를 얻지 못할 뿐 아니라 반대 의견을 낸 사람들도 자기 의견이 받아들여지지 않았다고 느낄 것이다.

다음의 상황을 살펴보자. 한 기업이 상품을 출시할지, 아니면 연기할지 결정해야 하는 상황에 놓여 있다. 5일 후에 상품을 출시할 거란 공지는 이미 사람들에게 널리 알려졌다. 상품을 제때 출시해야 하는 이유로 몇 가지가 있다. 고객과의 약속을 지켜야 하고, 초기 테스트를 통해 시장 반응을 알아볼 수 있으며, 성취감을 느끼며 구성원들끼리 서로 축하할 수 있다. 다만, 출시를 연기해야 하는 이유도 몇 가지 있다. 주요 장치가 완벽히 결합되지 않았고, 테스트 결과 사소하지만 버그도 발생했다.

결정은 출시냐 연기냐, 딱 두 가지로 나뉘지만 결정을 위해 우리가 나눠야 하는 이야기들은 이분법적이어서는 안 된다. 이 상황에서도 확률 카드를 쓸 수 있다. 팀 전체에 출시를 얼마나 지지하는지 또는 연기를 얼마나 지지하는지 물어본다. 투표 인원은 10명이다. 10명 중 6명은 강력하게 출시를 지지하고, 4명은 강력하게 출시를 반대한다. 이 상황에서 다음 단계는 무엇일까?

대다수와 다른 의견을 지닌 구성원의 말을 수용한다

일단 득표수가 더 적은 집단부터 발언을 시작한다. 이 사례에서는 출시 반대에 투표한 4명이다. 득표수가 많은 집단이 먼저 발언하면 득표수가 적은 집단은 발언하기 더욱 힘들어진다. 심리적 안전감이 높은 환경에서는 다른 의견을 지닌 사람들에게 경청하는 일에 구성원 모두가 익숙하기 때문에 "출시에 강력히 반대하는 사람들이 있네요. 반대 이유를 물어봐도 될까요?"라고 직접적인 질문을 할 수도 있다.

투표에 참여하는 사람들은 투표 결과가 나오기 전까지는 자신의 의견이 너무 튀는 의견이 될지 아닐지 알 수 없다는 사실에 유념하자. 이들은 자신이 지니고 있는 관점과 정보를 설명하기 전에 이에 대해 찬찬히 생각할 시간이 필요할 것이다. 또한 1퍼센트 또는 99퍼센트와 같은 극단적 확률에 투표할 때마다 임원진들에게 '불려 나간다면' 결국 그렇게 투표하기를 그만둘 것이다. 매우 다른 의견을 지닌 사람들의 관점이나 정보를 '진정으로' 궁금해하고 그들이 좀 더 편하게 발언할 수 있게 한다면 조직은 지속적으로 다양한 의견을 확보할 수 있다.

만약, 소수 의견 인원이 압도적으로 적으면 그들이 아예 입을 닫아버릴까 봐 걱정될 수 있다. 그럴 때는 이런 식으로 질문할 수 있다.

- "이렇게 투표하게 된 배경이 무엇인가요?"
- "이 답변이 맞을 수도 있는 이유를 함께 떠올려보죠."
- "이 투표로 알 수 있는 건 무엇일까요?"
- "우리는 놓쳤지만 소수 의견을 낸 사람들이 발견한 건 무엇일까요?"

이렇게 질문을 던지면 집단 전체가 다른 사람의 관점에서 생각할 수 있게 된다. 또한, 내 말만 옳다는 오만한 생각에 빠지지 않을 수 있다.

2. 납득시키려 하지 말고 궁금해한다

자신과 관점이 다른 사람이 있다는 걸 회의 중에 알았다면, '난 놓치고 있지만 그 사람이 본 건 무엇인지, 어떤 생각을 하고 있는지' 궁금해하는 것이 다음 단계의 전술이다. 프로그램화된 산업화 시대의 반응은 자기 입장만을 옹호하는 것이다. 하지만 리더가 꼭 지녀야 할 태도는 호기심을 갖고 다양한 의견을 듣고 싶어 하는 것이다.

《성공하는 사람들의 7가지 습관》의 저자 스티븐 코비 Stephen Covey 는

'호기심을 갖는 태도'를 매우 중요하게 여겨 성공하는 사람들의 다섯 번째 습관으로 '먼저 이해하고 다음에 이해시켜라.'라고 말했다.

리더는 마지막에 말한다

다른 사람을 납득시키려 하지 않고 궁금해하는 태도는 마지막까지 자신의 의견을 보류하는 행동이다. 조직 내 직급이 높을수록 이런 행동의 의미가 더 중요해지는데, 구성원들은 보통 직급이 높은 사람의 의견에 맞추려 하기 때문이다. 리더라는 걸 증명하기 위해서가 아니라 모두가 자신의 의견을 자유롭게 말할 수 있도록 리더는 마지막에 말한다.

아이디어 나누기

서로 입장을 바꿔 논의하는 시간을 마련하면 좋다. 회의에 참석한 인원을 소규모 토론 그룹으로 나누고, 자신과 반대되는 입장에 선 사람과 이야기를 나누며 그 입장을 취하게 된 배경을 알아가도록 한다. 자기 의견만 주장하는 하는 대신 자기와 다른 의견에 호기심을 갖고 이해해보는 연습을 할 수 있다. 궁금한 사항들을 물어보고 정답이 없는 질문을 자유롭게 던져보는 연습을 할 수 있다. 이를 통해 편협하게 판단하지 않고 방어적 태도를 취하지 않으며 신중하게 다른 견해를 경청할 수 있는 장치를 마련할 수 있다.

이 방법을 활용하다 보면 상사가 의사결정자 역할을 할 필요도 없이 팀원들끼리 합의에 이르거나 절충안을 내놓는 경우를 곧잘 볼 수 있다. 자기 의견과 다른 아이디어를 차분하게 살펴보게끔 뇌를 훈련시켜 열린 관점으로 상황을 바라보게 하기 때문이다.

또한 소수 의견을 가진 사람들도 존중받는다는 느낌을 받을 수 있다.

이 방법의 힘을 깨닫게 된 일이 있다. 혹은 이 방법을 활용하지 않아 곤란을 겪은 일이라고도 할 수 있겠다. 2000년대 초 나는 미 육군 연락 장교로 일하며 뉴욕의 유명한 사업가들과 미 국방부 합동참모본부의 모임을 몇 번 주선했다. 모임은 대체로 화기애애했다.

당시 미국에서는 이라크를 침공할 경우 군대를 얼마나 투입할지에 대한 논쟁이 한창이었다. 조지 부시George Bush 전 대통령과 도널드 럼즈 펠드Donald Rumsfeld 전 국방장관은 이라크로 미군 15만 명 정도를 보낼 거라 말했고 장군들도 이에 공개적으로 지지 의사를 보냈다.

내가 모임에 데려간 사업가 중 한 명은 과거 공화당 출신 대통령 내각 에서 장관으로 일했는데 이라크에 투입하는 병력이 너무 적은 것 같다 며 회의적인 반응을 보였다. 그러자 한 장군이 나서서 당의 방침을 변호 했다.

장관 출신 사업가는 샐리캐슈빌리Shalikashvili 장군의 공식 발표를 언 급하며 다음과 같이 물었다. "그렇다면 샐리캐슈빌리 장군은 무슨 이유 로 많은 병력을 제안했나요? 또, 장군님의 의견과 차이가 나는 이유는 뭔가요?" 나 역시 너무 궁금해서 몸을 앞으로 기울였다.

하지만 장군은 질문에 대한 답은 하지 않고 그저 적은 병력을 투입해 야 한다는 주장만 되풀이했다. 난 방 안을 둘러봤다. 방 안에 있는 대부 분이 난처해하기 시작했다. 사업가가 다시 물었다. "그러니까 제가 궁금 한 건 장군님이 적은 병력을 제안하는 이유가 아니라 샐리캐슈빌리 장군이 투입 병력 증대를 주장하는 이유입니다."

장군은 또다시 같은 말을 되풀이했다. 나는 이 장군이 투입 병력을 증대해야 한다는 주장을 단순히 설명할 수 없었던 건지 아니면 그냥 말하고 싶지 않았던 건지 궁금했다. 하지만 결코 알아낼 수 없었다.

잘못된 질문 방법 일곱 가지

다른 사람의 생각을 궁금해하는 태도는 좋은 질문을 던질 수 있게 해주는 밑바탕이 되어준다. 나쁜 질문이란 것도 존재한다. 호기심이 부족한 질문이다. 다음은 잘못된 질문 방법 일곱 가지이다.

① **질문 쌓기**: "그래서 테스트는 얼마나 했습니까? 내 말은, 버그를 전부 찾아낸 게 확실한 거죠? 내 생각에는 그걸 파악하는 게 중요한 것 같은데 계속 진행해도 되는 거죠?"

질문 쌓기란 똑같은 내용을 여러 방식으로 되풀이해서 묻거나 자신이 문제라고 규정한 것의 로직 트리logic tree를 엄청 세세하게 살피는 것을 일컫는다. 질문을 한 번 했으면 제발 입을 다물자.

임원들은 회의를 하며 질문 쌓기를 많이 한다. 보통 이런 식으로 이루어진다. "고객이 이 서비스를 구매하지 않는 이유를 제대로 파악해야 하고, 이를 개선하기 위해 우리 팀은 뭘 하고 있는지 살펴봐야죠. 우리 커뮤니케이션이 문제인지 아니면 고객에게 필요한 기술이 없는 게 문제인지, 그것도 아니면 고객들이 이 서비스를 중요하게 생각하지 않는 건지. 그나저나 이 일을 성공시키려면 어떤 조치를 취해야 하죠? 근데 이

거 누가 담당하고 있나요?" 두세 번째 질문 즈음에는 팀원 전부가 임원의 말에 귀를 기울이지 않고, 임원은 팀원들이 제대로 대답하지 않는다는 생각에 불만을 갖게 된다.

확실하게 질문 하나만 던지자. 그리고 조용히 기다리자. 이를 위해서는 말을 시작하기 전에 질문에 대해 다시 한번 생각해봐야 하고 끼어들고 싶은 충동을 이겨내야 하므로 연습이 필요하다. 조용한 상태로 편안하게 기다려보자.

② **유도 질문: "고객 니즈는 생각해봤어요?"**

유도 질문은 상대방이 틀렸다고 생각하거나 자신이 답을 안다고 자신할 때 튀어나오기 쉽다. 소크라테스식 문답법으로 누군가를 가르치려 한다. 정말 오만하다.

유도 질문을 하는 대신 배움의 시간을 가져보자. 자신이 아닌 다른 사람의 말이 맞을 수 있다는 가정 하에 질문을 해본다. "그것에 대해 얘기 좀 해주세요."라고 말하며 가볍게 시작할 수 있다. 잠시나마 평가는 접어두고 상대방이 보고 생각하는 것에 대해 궁금증을 가져본다. 잠깐이나마 그 생각에 몰두한 후에는 상대방의 의견에 꼭 동의하거나 수용하지 않아도 된다.

또 다른 방법은 '어떻게'로 시작하는 질문을 하는 것이다. "어떻게 될까요?" 또는 "우리 목표와 어떻게 일치시키겠습니까?"라고 질문을 해보자. 여기서 '어떻게'는 '알고 싶어 하는' 마음을 담고 있다. 알고 싶어 하는 마음이 담긴 '어떻게' 질문은 "○○은 ○○에 어떠한 영향을 끼치나요?" 또는 "그것에 대해 어떻게 생각하나요?"와 같이 할 수 있다.

③ '왜' 질문: "왜 그걸 하고 싶은가요?"

'왜'로 시작하는 질문은 그 아이디어가 별로라는 생각을 반영하고 있기에 상대는 방어적인 입장을 취할 수밖에 없다. 질문에서 평가를 지우고 단순하게 "그것에 대해 더 자세하게 얘기해주세요."라고 말하는 게 좋다. "그렇게 결정하게 된 배경이 무엇인가요?" 또는 "그 이슈에 대해 어떻게 생각하나요?"라고 물을 수 있다.

④ 지저분한 질문

유도 질문과 유사하나 상대방이 틀렸다는 메시지를 공공연히 드러내지는 않는다. 하지만 편견을 미묘히 드러내면서 특정 대답을 듣고 싶어하는 자세를 취한다.

지저분한 질문의 예를 살펴보자. 당신과 친한 한 동료가 중요한 업무를 다른 사람에게 맡기는 것과 관련해 그와 말이 통하지 않는다며 투덜거린다. 그때 당신은 이렇게 묻는다. "넌 그에게 맞설 용기가 있어?" 이것이 바로 지저분한 질문이다.

이 질문이 지저분한 이유는 '협력하다'와 같은 말을 쓸 수도 있는데 '맞서다'란 말을 쓰고 있고, 동료에게 필요한 자질로 '용기'를 언급했기 때문이다. 그 사람을 일하도록 해야 하는 것이 동료의 책임이란 걸 넌지시 내비치고 있다.

깨끗하게 질문하려면 이런 선입견을 지우고 "말이 안 통한다니 무슨 뜻이야?" 또는 "넌 어떻게 하기를 바라는데?"라고 물어야 한다. 질문을 할 때는 편견과 선입견을 버려야 한다.

자신이 던지는 질문 속에 있을 지도 모르는 선입견에 관심을 기울인 다면 협조적인 태도를 기르는 데 도움이 될 것이다.

⑤ **이분법적 질문**: "출시해도 될까요?" 또는 "잘될까요?"

이분법적 질문은 답변을 "예." 또는 "아니요." 딱 두 개로 좁혀버린다. 묻는 사람은 편하지만 답하는 사람은 곤란해진다. "예."라는 대답을 끌 어냄으로써 성공적인 출시에 대한 책임을 대답하는 사람에게 떠넘긴 다. 일할 때 곧잘 하게 되는 질문이다. 또 다른 이분법적 질문으로는 "안 전한가요?"가 있다.

이분법적 질문 대신에 '무엇'이나 '얼마나'가 들어가는 질문을 해보자. 이 말을 넣으면 이분법적 질문을 아예 할 수 없게 된다. 예를 들어 "얼마 나 안전한가요?" 또는 "출시 준비는 얼마나 되어 있나요?"와 같은 질문 을 하는 것이다. '무엇'이 들어가는 질문으로는 "무엇이 잘못될 수도 있 나요?" 또는 "출시 준비 전에 우리가 해야 할 일은 무엇입니까?"가 있다.

'무엇'이나 '얼마나'가 들어가는 질문을 하면 팀원들로부터 듣는 정보 의 질이 올라가며 서로의 질문 수준도 높아진다.

여기서 '얼마나'는 '확률을 물어보는' 기능을 한다. 확률을 물어보는 '얼마나' 질문은 앞으로 일어날 일에 대해 결정론적 대답이 아닌 가능성 을 가늠해볼 수 있는 대답을 유도한다.

다음 두 대화에서 목소리 점유율을 생각해보고 어떤 차이가 있는지 알아보자.

상사 "그거 안전합니까?"
팀원 "네."

단어 수는 2:1이다.

상사 "얼마나 안전합니까?"
팀원 "5점 만점에 4점으로 봅니다."

단어 수는 2:4로 팀원이 상사보다 더 많이 말한다. 전형적인 패턴을 뒤집는 대화다. 목소리 점유율은 균형점에 더 가까워지고, 팀 언어 계수도 앞의 대화와 비교해서 0.50에서 0.20으로 낮아진다.

⑥ **자기 확인용 질문:** "출시해도 괜찮겠지요, 그렇죠?"

자기 확인용 질문은 보통 특별한 의도를 담고 있는 이분법적 질문이다. 상대 동의를 억지로 끌어내 자신의 결정에 만족감을 얻기 위함이다. 엘파로호 선장의 질문을 보면 알 수 있다.

· "내가 무슨 말 하는지 알겠지?"
· "이 둘 사이에 놓인다는 거지, 그렇지?"
· "이해가 가나?"

- "속도가 나오는 한 다 괜찮은 거지?"

질문을 통해 자신이 원하는 대답을 듣고 원하는 결과를 입증받고자 한다. 상황을 정확하게 파악하기보다는 질문하는 사람이 만족감을 느끼는 것이 목적이다.

- "그렇지?"
- "이해가 가나?"
- "필요한 거 다 있지?"
- "다 괜찮죠?"
- "오늘 저녁 음식 다 맛있으셨죠?"
- "편안하게 머무르셨어요?"

자기 확인용 질문 대신 받아들이기 쉽지 않은 정보를 들을 수 있는 질문을 던져보자. 나는 이런 질문을 '자기 학습용' 질문이라 부른다. 자기 학습용 질문은 다음과 같이 할 수 있다.

- "내가 놓치고 있는 게 뭔가?"
- "더 궁금한 거 있나?"
- "잘못될 수도 있는 게 뭔가?"
- "더 잘하려면 무엇을 해야 하는가?"

US 에어웨이즈 항공기 1549편이 양쪽 엔진을 다 잃고 허드슨강에 불시착을 시도하고 있을 때 기장이 부기장에게 던진 질문은 "괜찮은 아이디어 있나?"였다. "그러니까 우리 괜찮은 거지, 그렇지?"라고 묻지 않았다는 점에 주목하자.

⑦ **공격 질문: 다짜고짜 "뭘 해야 하나요?"**

이러한 질문은 공격적으로 느껴질 수 있다. 준비가 되기도 전에 앞으로의 일에 대해 생각하고 평가하게 만들기 때문이다. 다른 사람의 의견을 들어보고자 할 때는 상대방이 편안하게 느끼는 주제에서 시작해 점차 불확실하고 민감한 영역으로 옮겨가야 한다. 이를 위해 활용할 수 있는 방법 중 하나가 '일시 정지 → 되감기 → 빨리 감기'다.

우선 일시 정지부터 시작한다. 일시 정지는 단순히 상황을 관찰하는 것이다. "무엇이 보이나요?", "그걸 어떻게 보고 있나요?"라고 묻는다. 묘사할 때 활성화되는 뇌 영역은 감정과 연결되어 있지 않기 때문에 사람들은 불편함 없이 생각하고 말할 수 있다. 또한 '알 수 있다'는 느낌이 들게 한다.

상대방이 관찰한 사항을 이야기하고 나면 다음 단계는 되감기다. 되감기는 그곳에 다다르게 된 과정을 다시 살펴보는 것이다. "어떻게 거기에 다다르게 되었죠?" 또는 "이거 전에는 무슨 일이 있었나요?"라고 묻는다. 과거의 일이라 불확실할 수도 있지만 여전히 알 수 있는 영역에 포함된다.

마지막으로 미래로 빨리 감기를 해서 다음에 무슨 일이 일어날지 또는 앞으로 무엇을 해야 할지 파악한다. 미래는 완벽히 알 수 없기에 틀릴 가능성이 크고 그래서 가장 민감한 영역이기도 하다. 만약 "뭘 해야 하나요?"라고 바로 물으면 "잘 모르겠는데요."라는 답이 돌아올 것이다.

다짜고짜 묻는 대신 '일시 정지 → 되감기 → 빨리 감기' 방법을 활용해서 덜 민감한 영역에서 점점 더 민감한 영역으로 옮겨가야 한다.

좋은 질문을 하는 일곱 가지 방법

① 질문을 쌓지 말고 하나씩 묻는다.
② 가르치려 하지 말고 배우고자 하는 질문을 한다.
③ 지저분한 질문 말고 깨끗한 질문을 한다.
④ 이분법적 질문 말고 '무엇', '어떻게', '얼마나'를 넣어 질문을 한다.
⑤ '왜'라고 묻지 말고 "좀 더 자세히 얘기해주세요."라고 말한다.
⑥ 자기 확인용 질문 말고 자기 학습용 질문을 시도한다.
⑦ 다짜고짜 미래의 일부터 묻지 말고 현재에서 시작해 과거, 미래로 옮겨간다.

---

3. 합의를 이끌어내기보다 반대 의견을 유도한다

만약 받아들여야 할 독특한 의견이 없다면 어떻게 해야 할까? 합의를 이끌어내지 말고 반대 의견을 유도하자.

집단의 지혜는 기준점 편향과 더불어 사회적 일치를 봐야 한다는 압박으로 인해 손상될 수 있다. 2장에서 살펴봤듯이 집단 구성원들이 원하든 원하지 않았든 제일 먼저 언급된 수치는 집단의 기준점이 되어 전체가 이를 중심으로 모이게 한다.

집단과 동떨어진 경향을 지닌 사람들은 자신의 발언을 조정하거나 아예 발언을 하지 않을 수도 있어 집단은 다양한 의견을 들을 기회를 잃게 된다.

일단 중론이 형성되기 시작하면 소수 의견을 지닌 사람들은 반대 의견을 내기가 훨씬 힘들어진다. 한 기념비적 연구에서 심리학자 솔로몬 애쉬Solomon Asch는 대학생들을 초청해 시력 검사를 치르게 했다. 집단을 이룬 참석자들에게 직선이 그려진 카드 한 장을 보여줬다. 그다음에 길이가 서로 다른 직선 세 개가 그려진 카드를 보여줬다. 그리고 세 개의 직선 가운데 처음 보여준 카드에 있던 직선과 길이가 같은 것은 무엇인지 물어봤다. 참가자들은 차례로 자기가 생각한 답을 얘기했다. 여기서 반전은 모두가 섭외된 사람이고, 마지막에 대답하는 사람만 실험 대상자라는 사실이다. 다른 사람들은 동일한 오답을 선택하도록 고용된 실험 협력자였다. 애쉬는 이 실험을 통해 동조의 위력을 알아내고 싶었다. 실험 대상자는 정답이 명백한 상황에서 오류인 집단의 의견에 따를 것인가? 아니면 자기 생각대로 말할 것인가? 실험 대상자의 3분의 1이 집단 의견에 따라 오답을 택했다.

실험 대상자에게 상황을 밝히고 답을 택한 이유를 묻자 "내가 틀린 줄 알았어요.", "다른 사람들은 다 알고 나만 모르는 뭔가가 있는 줄 알았어요."라고 말했다. 비즈니스 회의를 할 때도 동일한 합리화가 발생한다.

애쉬는 흥미로운 변수를 더해 또다시 실험을 했다. 이번에는 실험 협력자들이 같은 오답을 택하고 이중 한 사람만 다른 오답을 말하게 했다. 그러자 이번에는 다수 의견에 따라 오답을 택하는 경우가 거의 없었다.

집단 구성원 하나가 다수와 다른 의견을 아무 탈 없이 냈다는 것에 편안함을 느낀 실험 대상자가 스스로 옳다고 생각하는 답을 선택한 것이다.

여기서 얻을 수 있는 교훈은 누구나 편하게 반대 의견을 낼 수 있는 환경을 만들어야 한다는 것이다. 이를 위해서 일부러라도 반대 의견을 도입해야 할 필요가 있다. 누군가에게 다른 의견을 내달라고 부탁하거나, 집단 의견이 틀릴 수도 있는 이유를 공유하고 의견이 하나로 모일 것 같으면 미리 반대를 해보는 식이다.

이를 위해 내가 속한 조직에서는 검은색 카드와 붉은색 카드를 활용한다. 붉은색 카드를 반대 카드라고 부르며 5대 1의 비율로 사용한다. 즉, 검은색 카드 다섯 장마다 붉은색 카드 한 장이다. 규칙은 이렇다. 카드를 섞은 다음 한 장씩 뽑고, 붉은색 카드를 뽑은 사람은 반대 의견을 내야 한다. 붉은색 카드를 들고 있기 때문에 누구나 안심하고 반대 의견을 낼 수 있다.

검은색 카드를 뽑은 사람은 반대 의견을 가진 사람에게 어떻게 반응해야 하는지 연습해볼 수 있다. 납득시키려 하지 말고 궁금해하는 태도를 지니는 것이다.

반대 카드는 집단 관행을 바꾸는 장치다. 심리적 안전감이 낮아 반대하기 어려운 환경에서 심리적 안전감이 높아 반대하기 쉬운 환경으로 옮겨가는 기간에 반대 카드를 쓴다. 회의에서 반대 의견이 자연스럽게 등장하고, 궁금해하는 태도가 구성원들의 습관으로 자리 잡기 시작하면 더 이상 카드를 사용하지 않아도 된다.

나는 중국에서 진행한 기업 임원진 리더십 훈련에서 반대 의견이 지닌 위력을 목격했다. 남자 임원들 40명이 10명씩 총 네 테이블에 앉아 있었다. 임원들은 짧은 영상을 보고 영상 속에 등장한 옛날식 범선의 돛 개수를 테이블별로 파악해야 했다. 주어진 시간은 2분이었다. 난 테이블을 지켜봤다. 중국어는 모르지만 보디랭귀지와 말하는 순서를 주의 깊게 살펴보며 상황을 파악했다. 테이블끼리 가까이 붙어 있었지만 테이블 간에 이야기를 주고받는 모습은 한 번도 보지 못했다.

답을 말할 시간이 되자 첫 번째 테이블에 앉아 있던 임원은 모두의 의견을 잘 들었다며 멋지게 연설하고 돛은 5개라고 대답했다.

나머지 테이블들도 비슷한 내용으로 연설하고 똑같이 돛의 개수를 5개라고 답했다. 하지만 정답은 8개였다. 모든 테이블에서 틀린 답이 나왔다.

이번에는 모든 테이블에 붉은색 카드를 두 장씩, 검은색 카드를 여덟 장씩 나누어주고 돛 개수를 답하라고 했다. 붉은색 카드를 뽑은 사람들은 자신이 앉아 있는 테이블에 반대 의견을 내야 했다. 영상을 다시 보여주지 않기 때문에 더 자세히 살펴보며 답을 고칠 기회는 없었다. 새로운 정보라고는 5가 오답이라는 사실뿐이었다.

2분이 지나고 다시 답할 시간이 되었다. 이번에는 연설을 하지 않았고 각 테이블은 7개, 8개, 7개, 8개로 답했다. 믿을 수 없었다. 반대 카드만 나눠줬을 뿐인데 진실에, 현실에 훨씬 가까워졌다.

우리가 원하는 건 '평화로운 대화'가 아니라 현실을 정확히 반영하는 대화다. 평화로운 대화나 잘못된 정보는 죽음으로 이어진다. 반대 의견 없이 평화롭기만 했던 엘파로호에서 33명이 죽었고, 우주왕복선 챌린저호에서 7명이 죽었다.

반대 의견을 적극적으로 실천하는 조직에서는 반대를 불화로 여기지 않는다. 반대 의견은 활력과 흥분을 준다. 손을 문지르며 "뭔가 새롭고 재미난 것이 시작될 수도 있겠다."라는 느낌이 들게 한다.

집단 구성원들이 반대 의견을 낸 사람을 어떻게 대하는지에 따라 그 조직의 반대 의견 관행이 결정되고 유지된다. 집단 구성원들은 반대자를 납득시키려 하기보다는 그들의 생각을 궁금해해야 한다. 반대 의견을 지닌 이와 언쟁하며 그들이 틀린 이유를 설명하기보다는 궁금증을 갖고 질문해야 한다.

궁금해하는 질문은 다음과 같이 할 수 있다.

· "그렇게 말하게 된 배경이 무엇인가요?"
· "그것에 대해 좀 더 자세히 얘기해주시겠어요?"
· "무엇 때문에 그렇게 생각하게 되었나요?"

납득시키려는 질문이 아닌, 호기심을 드러내는 질문을 하면 된다. 머지않아 이런 관행은 집단의 새로운 관습으로 굳어질 것이고 이에 따라 집단 문화도 바뀔 것이다. 집단은 더욱 탄탄해지며 의사 결정력도 훨씬 나아질 것이다. 어쩌면 누군가의 목숨을 구할 수도 있다.

리더는 회의실을 둘러보며 조용히 앉아 있는 사람에게 세심한 주의를 기울여야 한다. 이 사람들은 편하게 밝히기 어려운 새로운 의견을 가지고 있을 수 있다. 이때 리더들은 다음과 같이 말할 수 있다.

- "리즈, 한 마디도 안 하고 있는 것 같아요. 나머지 사람들과 다르게 생각하는 부분이 무엇인가요?" 리즈가 다른 사람들 앞에서 말하는 걸 불편해하면 회의가 끝나고 얘기하기로 한다.
- "폴이 사례 발표를 했네요. 누군가 폴의 입장을 반박해보면 좋겠는데요."
- "이걸 진행해야 한다는 쪽으로 의견이 모이는 것 같네요. 그래도 한 번 뒤집어서 생각해보죠. 진행하는 게 좋지 않다고 가정해보는 겁니다. 그럼 어떻게 될까요?"

회의를 제대로 진행하는 것 같은데도 다양한 의견이 나오고 있지 않다면 리더가 직접 다른 의견을 찾아봐야 한다. 반대 의견이 하나도 없다고 해서 일을 제대로 하고 있다는 뜻은 아니다.

이제 필요한 모든 정보가 있으니 결정을 내릴 수 있다. 팀이 투표로 결정하는 경우도 있고 한 사람이 결정해야 하는 경우도 있다. 중요한 점은 이 과정에서 모든 의견이 존중되어야 한다는 것이다. 논의하는 정보, 관점, 아이디어가 많을수록 더 나은 결정을 할 수 있다.

하지만 반대자의 의견 때문에 하던 일을 중단시키거나 그들이 원하는 바를 제공할 의무는 없다. 이렇게 할 경우 반대자에게 일을 저지할 권한을 너무 많이 주게 된다. 특정 결정을 마음에 들어 하지 않는 사람들은 늘 있는 법이다. 그래도 괜찮다. 사실상 좋은 일이다. 반대자들을 끝까지 설득할 필요는 없다. 팀원들은 실천과 행동으로 결정을 지지하기만 하면 된다.

4. 지시가 아닌 정보를 준다

주위를 둘러보면 '손을 씻으세요.'나 '문을 꼭 닫으세요.'와 같이 우리가 해야 할 일을 일러주는 안내문이 있다. 이러한 방식으로 사람들에게 일을 시키는 건 협력에 도움이 되지 않는다. 지금쯤이면 남에게 일을 시키는 것이 산업화 시대의 구식 전술인 '강요하기'라는 걸 알 것이다.

그렇다면 어떻게 해야 할까? 정보를 제공하자. 팀원들에게 그들의 행동에 따른 결과를 알려주고 선택할 수 있게 하자. 결과를 직접 겪어봐야 효과가 가장 좋다.

나는 토요일 아침 8시마다 자전거 모임에 참여해 사람들과 자전거를 탄다. 우리는 8시 2분도, 8시 1분도 아닌 8시 정각에 출발한다. 8시에 주차장으로 들어오는 사람을 발견해도 기다리지 않는다. 지각한 사람은 모임 사람들을 따라잡기 위해 아침부터 힘든 시간을 보낼 것이다. 너무 못된 것 같은가? 그렇지 않다. 모임 사람들은 제때 온 사람들이 기다려주지 않는다는 걸 전부 알고 있기 때문에 거의 지각하지 않는다. 늦은 사람을 기다려주는 것은 훈훈해 보이지만 시간을 지켜 도착한 사람들에게는 엄청 무례한 일이다. 늦은 사람을 기다려주는 일이 반복되면 지각하는 사람이 계속 생겨나고, 나머지 사람들은 계속 더 기다려야 한다.

지시하는 관행이 사회에 너무 만연한 탓에 남에게 일을 시키면서도 우리는 거의 알아채지 못한다.

· "저기에 주차하세요."

172

- "이대로 기획안 제출하세요."
- "수치를 다시 한번 확인하세요."
- "10시까지 돌아오세요."

마지막 문장은 내가 한 말이다. 한 워크숍을 진행하고 있을 때였는데 참가자들에게 쉬는 시간을 주면서 평소대로 "10시까지 돌아오세요."라고 지시했다. 스스로 알아채지도 못한 채 한 말이다. 그런데 다행히 한 사람이 알아챘다. 한 남자가 내게 다가오더니 "완벽한 위선자네요."라고 했다.

최대한 침착한 목소리로 그 남자에게 물었다. "왜 그렇게 말씀하세요?"

"지시가 아닌 정보를 주라고 30분 동안 이야기하더니 정작 당신은 우리에게 지시만 내리고 있잖아요. 당신의 말부터 바꾸지 그래요?"

그 이후부터 나는 "10시에 다시 시작하겠습니다."라고 말하고 있다.

그러니 지시가 아닌 정보를 주자.

- "저기에 주차하세요." 대신에 "저기 주차할 데가 있네요."라고 말해보자.
- "이대로 기획안 제출하세요." 대신에 "수정할 게 없네요."라고 말해보자.
- "수치를 다시 한번 확인하세요." 대신에 "수치가 정확해야 해요. 근데 이상해 보이는 수치가 몇 개 있네요."라고 말해보자.

일상에서 지시가 아닌 정보를 주는 말을 연습해볼 수 있는 방법은 다른 사람이 주차하는 걸 돕는 것이다. 보통 주차를 도울 때는 앞으로 움직이라고 계속 손짓을 하다가 갑자기 멈추라고 소리를 친다. 이건 지시를 내리는 행위다. 선택지가 "앞으로." 또는 "멈춰." 이 두 개밖에 없기 때문에 운전자는 로봇 신세가 되어버린다. 생각할 필요도 없고 적극적으로 참여할 필요도 없다. 그러다 보면 방심한 채 속도를 줄이지 않아 주차 구역을 벗어날 수도 있다.

이 상황에서 어떻게 정보를 줄 수 있을까? 좁혀지는 거리에 따라 두 손을 같이 움직이면 된다. 이렇게 하면서 자연스럽게 피드백 정보를 제공한다. 그러면 운전자는 자기가 원하는 곳에 정확하게 멈출 것이다. 이 방법은 비행기를 주차할 때나 군용 대형차를 주차할 때 쓰기도 한다. 이제 두 사람은 함께 일하며 협력하고 있다. 운전자도 생각하며 적극적으로 참여하고 있다.

‖ 일할 때는 가설을 세워라 ‖

우리는 몇 가지 이유로 협력한다. 첫째, 현실을 더 잘 파악하기 위해 협력한다. 비디오 일시 정지 버튼과 같다. 현 상황은 어떠한가? 현재 태풍 위치는 어디쯤인가? 윤활유 시스템의 현재 상태는 어떠한가?

둘째, 현 상황에 다다르게 된 과정을 이해하기 위해 협력한다. 이 사건보다 먼저 일어난 일들을 살펴보고 인과관계를 파악한다.

셋째, 보다 나은 결정을 하기 위해 협력한다. 진실이라고 생각하는 것을 선택하고 이에 대한 행동 방침을 세운다. 대서양 경로로 가야 하나? 구 바하마 해협으로 가야 하나?

위 세 가지도 중요하지만 무엇보다 팀이 협력하는 가장 큰 이유는 다음 레드워크 단계에 착수하기 전에 가설을 세우기 위해서다.

'레드워크-블루워크' 사이클은 조직을 파악하고 발전시키는 과정이다. 결정을 '해야 할 무언가'로 여기기보다는 '시험해야 할 무언가'로 생각하는 게 여러모로 도움이 된다. 즉, 결정은 가설이다.

레드워크의 모든 단계를 실험으로 생각해보자. 우리는 실험을 통해 배우고 나아진다. 모든 블루워크의 주요 목적은 가설 수립이다. 모든 레드워크의 주요 목적은 가설의 타당성 검증이다. 잘 설계된 실험은 다음과 같은 특징을 갖는다.

- 도출된 결과로 실험을 통해 무엇을 배웠는지 생각할 수 있다.
- 완전히 기록으로 남아서 다른 사람들도 결과를 확인하고 참고할 수 있다.
- 통제 조건에서 진행된다. 결과에 여러 사항이 영향을 끼치는 것을 피하기 위해 한 번에 변수 하나씩만 바꾼다.

과학 실험은 결과 이외에 다른 것을 내놓을 필요가 없지만, 업무 실험은 결과뿐 아니라 생산량도 달성해야 한다. 엘파로호 사례를 살펴보자. 레드워크를 실험으로 생각했다면 결과가 어떻게 바뀌었을까?

항해를 시작한 후 첫 핵심 결정은 바하마 북단에서 이루어졌다. 대서양 경로로 갈지, 구 바하마 해협으로 갈지 결정을 내려야 했다. 보통은 대서양 경로를 타야 더 빨리, 더 효율적으로 갈 수 있기 때문에 크게 고민할 사항이 아니다. 그렇지만 이번에는 대서양 경로로 갈 경우 태풍을 만나게 된다. 이 상황에서 다음과 같이 가설을 세워볼 수 있다.

대서양 경로로 간다. 우리가 세운 가설은 첫째, 태풍이 엘파로호의 항해 속도를 늦추거나 효율성을 낮추지 않을 것이고 둘째, 태풍이 선박에 위협이 될 만큼 강력하지 않을 것이다. 이것은 가설이기 때문에 앞으로 레드워크를 진행하면서 가설을 뒷받침하거나 반박하는 정보, 즉 파도 크기, 풍속, 배가 기울어지는 각도 등을 주의 깊게 살펴본 후에 럼케이 섬 갈림길 지점에서 다시 평가해보겠다.

가설은 단순한 결정 이상이다. 가설은 '근거', '종료 지점', '결정'을 세우고 이를 기초로 '결과 측정 기준'을 수립한다.

· 근거: 태풍이 그리 강력하지 않으리라 생각한다.
· 종료 지점: 럼케이 섬 갈림길
· 결정: 대서양 경로를 탄다.
· 결과 측정 기준: 파력, 선박의 상태, 다른 태풍 강도 측정 기준 등

실험하는 동안 현 조건과 예측 조건을 비교한다. 이를 위해서는 실험 시작 전에 결과 측정 기준을 분명히 세우는 것이 중요하다.
이런 식으로 가설을 세웠다면 선원들은 배움과 성장을 추구하는 개선 사고방식을 지닐 수 있었을 것이다. 대서양 경로를 타는 것 자체가

올바른 선택인지 아닌지 의문을 품었을 것이다. 앞으로 좀 더 순조롭게 결정을 내릴 수 있도록 바람과 파도, 대기압을 주시했을 것이다.

또한, 원 가설을 재평가하는 종료 지점(여기에서는 럼케이 섬 갈림길)을 미리 정해둠으로써 선장이 틀렸다는 점을 공론화하는 기회를 마련할 수 있었을 것이다. 선원들은 더욱 상황을 주시하면서 자신들의 관점과 생각을 적극적으로 나눴을 테고, 경로를 변경해야 할 때가 오면 필요한 관련 정보를 서로에게 제공했을 것이다. 선장은 이전 결정을 고수하려고 하지 않고 실험 결과를 들어본 후 최종적으로 경로를 변경할 수도 있었을 것이다.

협력하는 법

1. 투표부터 한 후 논의한다.
2. 납득시키려 하지 말고 궁금해한다.
3. 합의를 이끌어내기보다 반대 의견을 유도한다.
4. 지시가 아닌 정보를 준다.

팀원들과 협력하라

산업화 시대 조직은 결정과 행동을 각각 블루워커 집단과 레드워커 집단에게 맡겼다. 블루워커(경영진)는 자기들이 내린 결정을 레드워커(노동자)가 따르도록 만들어야 했다. 블루워커는 이를 강요하여 성취했다. 강요는 어감이 좋지 않기 때문에 흔히 '영향을 주다', '동기를 부여하다', '영감을 주다' 같은 말로 바꿔 말했다.

그러나 협력하려면 행위자도 결정자가 되어야 한다. 여전히 블루워크와 레드워크는 있지만, 블루워커와 레드워커는 없다.

협력하려면 아이디어를 공유하고, 취약한 모습을 드러내고, 타인의 의견을 존중해야 한다. 특히 질문을 하고 받는 과정에서 협력이 일어나므로 협력하려면 우리가 모든 것을 알지 못한다는 사실을 인정해야 한다.

협력할 때 우리는 '무엇'과 '얼마나'로 시작하는 질문을 던진다. 반대 의견을 유도한다. 설득하기 전에 궁금해하는 연습을 한다.

리더의 의무는 모두가 서로를 이해할 때까지 결정을 미루는 것이 아니라 반대 의견에 귀를 기울이는 것이다. 그러나 반대 의견 때문에 항상 업무가 중단된다면 반대자에게 너무 많은 권한이 가게 된다. 대담한 결정이 억제되고, 행동이 지연될 것이다.

협력할 때는 팀 구성원 모두가 균형 있게 말한다. 목소리 점유율이 균등하며 팀 언어 계수는 낮다.

CHAPTER

5

일에
전념하라

전념은 자발적으로 노력하는 태도다. 팀원들은 리더가 강요한 일을 단순히 해내는 것에서는 아무것도 배울 수 없다. 반면, 각자가 전념하여 일하는 조직은 성장할 수 있다. 리더는 팀원들이 이 일에서 무엇을 배울 수 있을지를 항상 생각해야 하며, 업무를 작게 분리하여 직원들이 짧은 기간 동안 일에 몰두해 전념할 수 있게 도와야 한다.

블루워크에 갇힌 수를 도울 시간이다. 생각에서 행동으로 옮겨갈 수 있게 장벽을 낮춰야 한다. 블루워크에서 나와 레드워크로 들어간다. 이때 리더가 효과적으로 협력하면 팀원들은 전념하게 되고, 강요하면 순종하게 된다.

전념은 마음에서 나오지만, 순종은 외부 요인이 강요한 결과다. 전념이 더 효과적인 이유는 내재적인 동기 요인이 작동하기 때문이다. 전념하면 적극적으로 참여하게 되고, 자발적으로 노력하게 된다. 하지만 순종하면 문제가 되지 않을 정도로만 임무를 수행하게 된다.

스스로에게 말할 때도 같은 효과를 얻을 수 있다. 앞으로는 절대 단것을 먹지 않겠다고 결심했는데 긴 하루 끝에 사탕이 든 그릇을 발견했다고 하자. 이때 자기 자신에게 할 수 있는 말은 두 가지다. "단것을 먹으면 안 돼." 그리고 "단것을 먹지 않을 거야."

이 중에 더 효과적인 건 "단것을 먹지 않을 거야."이다. 단것을 "먹으면 안 된다."가 아닌 "먹지 않는다."라고 말하면 더 적게 먹게 된다. "하지 않는다."라고 말해야 마음에서 동기가 우러나오기 때문이다. "하지 않는다."라는 말이 당신을 '단것을 먹지 않는 사람'으로 규정한다. 당신에게 힘을 부여하는 것이다.

"하면 안 된다."는 외부에서 강요하는 힘이다. 당신은 단것을 먹는 사람이지만, 그리고 정말로 먹고 싶지만, 외력이 먹지 못하게 막고 있다는 뜻이다. 외력에서 비롯된 논리는 마음에서 우러나온 논리보다 약하다. 특히 긴 하루를 보내 피곤하고 배가 고픈 순간에는 아무런 힘이 없다.

계속 전념하고 싶다면 "하지 않는다."라고 말하라.

· "기한을 넘기면 안 돼."가 아닌 "기한을 넘기지 않아."라고 말하자.
· "그렇게 시간을 쓰면 안 돼."가 아닌 "그렇게 시간을 쓰지 않아."라고 말하자.

행동에 전념하는 시기는 특정 목표를 이루기 위해 시간과 에너지를 바치기로 선택한 때다. 어원을 살펴봤을 때 전념은 '사명감을 가지고 앞으로 나아가는 것'을 뜻한다. 사명감이 없는 사람들은 업무 성적이 낮고, 회사 방침이나 프로젝트에 대해 일하는 시늉만 한다.

전념은 결정을 넘어 행동하는 것이다. 우리는 어떤 행동 방침이 더 나은지 결정한 후에도 행동으로 옮기지 않을 수 있다. 하지만 전념은 그 결정을 행동으로 연결한다. 전념은 블루워크를 레드워크로 바꾼다.

비즈니스에서는 일을 처리해야 한다. 나는 기업가적 문화를 창조하는 데 뜻을 두고 있는 고객들에게 많은 이야기를 듣는다. 기업가적 문화에서는 행동하는 것을 중시하고, 사려 깊지만 어느 정도 위험을 감수하는 행위를 한다. 그들은 신중하게 결정하고, 과감하게 행동하며, 실수를 피하기보다는 큰 성과를 거두는 데 중점을 두며, 결과에 대해 스스로 책임지는 문화를 추구한다. 이것이 바로 장벽을 낮추고 숙고(블루워크)에서 행동(레드워크)으로 넘어가야 하는 이유다.

여기서 핵심은 전념하기 전에는 반드시 '선택'을 해야 한다는 것이다. "네."라고 답하는 것 외에 다른 선택지가 없다면 팀원들은 순종할 수밖에 없다. 리더들은 '영감'과 '권한'을 주면 팀원들이 목표를 달성하기 위해 일에 전념하리라 착각하지만, 그 과정에 본인들의 선택이 없다면 순종하는 모습만 보일 뿐이다.

순종이 필요할 때도 있다. 예를 들어, 뉴욕의 고층건물 건설 현장에서 비극적인 사고가 발생했다고 하자. 한 기술자가 안전장치를 하지 않은 채 엘리베이터 통로 근처에서 일하다가 바닥재 조각이 부서지는 바람에 통로로 떨어져 숨졌다. 감독관은 그날 일찍, 기술자가 안전 규정을 위반한 것을 목격했지만 벨트를 매라고 지시하지 않았다. 때로는 누군가에게 무엇을 하라고 강요하는 것이 좋지 않게 느껴진다. 하지만 이 사건은 순종이 생명을 구할 수도 있었던 사례다.

‖ 리더에게 순종하는 조직은 발전이 없다 ‖

전통적인 산업화 시대 조직 구조에서는 행위자가 무슨 일을, 언제, 어뗳게 할 것인지에 대한 선택권을 가질 수 없다. 매년 갤럽Gallup은 미국 노동자들을 대상으로 업무 '참여' 수준을 측정하는 여론 조사를 실시한다. 갤럽은 '참여하는 노동자'를 일과 직장에 몰두하고, 열성적이고, 전념하는 사람으로 정의한다. 2000년에 조사를 시작한 이래로, 2018년 노동자들의 '참여' 수준은 34퍼센트로 가장 높았다. 하지만 퍼센트로만 보면 여전히 낮은 수치다. 노동자의 66퍼센트는 참여할 수 없었거나 일부러 참여하지 않았음을 의미하는데, 이렇게 노동자의 참여 수준이 낮은 원인은 무엇일까? 바로 순종하는 문화 때문이다.

순종은 생각을 면제해준다. 다른 누군가가 결정한 규칙, 지시, 행동에 따르기만 하면 된다. 순종하면 생각과 의사 결정이라는 골치 아픈 과정을 생략할 수 있기 때문에 아주 간편하다. 더 심하게는 책임을 떠넘길 수 있다. 사람들이 조직에서 실수하고 나서 가장 흔하게 하는 변명은 "나는 하라는 대로 했어."이다. 이런 말이 하고 싶은 것이다. "내 책임이 아니야. 다른 사람이 결정한 거야." 그것이 순종이다.

순종은 일의 맥락을 알아야 할 필요도 없다.

상사 "이거 하세요."

팀원 "왜요?"

상사 "내가 하라고 하니까요."

팀원 "음, 알겠어요."

리더는 귀찮게 시간을 들여 전후 사정을 설명하지 않아도 된다. 하지만 맥락을 모르는 상태에서 일하면 일을 그르치기 쉽다.

　미 해군 전함 산타페호에서 일할 때 나도 그런 일을 겪었다. 함장으로서 나는 야간근무 조원들에게 잠수함이 아침까지 어디로 이동해야 하는지 전달했다. 그곳에 있어야 하는 이유나 그곳에 도착하지 못하면 어떤 대가를 치러야 하는지에 대해서는 설명하지 않았다. 다른 말로 하면 그들에게 그저 순종하기를 요구했다.

　다음 날 아침, 나는 예상과 완전히 다른 위치에 와 있어서 깜짝 놀랐다. 이야기를 들어보니 그럴 만한 상황이 있었다. 낚싯배가 진로를 방해했고 그다음에는 상선이 나타났다. 문제가 또 다른 문제로 이어졌던 것이다. 당직 사관은 내 지시에 따르기 위해 최선을 다했지만, 전후 사정은 몰랐기에 전념하지는 않았다.

　'순종'은 절차를 따르는 것을 지침으로 삼지만 '전념'은 절차의 목표를 달성하는 것을 지침으로 삼는다.

　순종을 나타내는 말은 다음과 같다.

· 엘파로호의 2등 항해사가 하급 선원에게 말한다. "여기에 나와 있는 우리만 멍청한 거지."
· 엘파로호의 3등 항해사가 하급 선원에게 말한다. "시속 185킬로미터 태풍이 불과 30킬로미터 거리에 있다고. 이건 말도 안 돼."

그밖에 순종하는 사람에게서 흔히 들을 수 있는 말이다.

- "그렇게 하라고 했어요."

- "그렇게 적혀 있었습니다."

- "그들이 하라는 대로 했을 뿐이에요."

- "제가 판단할 문제는 아니죠."

‖ 일에 전념하기 위한 세 가지 방법 ‖

산업화 시대에 사람들을 결정자와 행위자로 구분한 것의 자연스러운 결과가 순종이라면, 전념은 우리가 지금 원하는 것이다. 순종은 단순하고, 육체적이고, 반복적인 개별 과업에는 유용했지만, 복잡하고, 인지적이고, 특수한 팀 과업에는 도움이 되지 않는다. 전념은 자발적인 노력을 이끌어내지만 순종은 요구사항을 최소한으로 이행하게 할 뿐이다.

다음은 전념 전술을 펼치는 세 가지 방법이다.

1. 실행이 아닌 학습에 전념한다

4장에서는 결정을 내리는 대신 '검증할 가설을 세워야 한다'는 이야기로 설명을 끝마쳤다. 가설을 세우려면 무엇을 할지와 더불어 무엇을 배울지도 결정해야 한다. 가설을 세우면 '배우고 개선하는' 사고방식을 갖게 된다. 다가오는 레드워크 기간을 준비할 때 레드워크를 처리하는 것에만 관심을 둘 것이 아니라 그 과정에서 무언가를 알게 된다는 사실에 중점을 둬야 한다.

블루워크에서 레드워크로 옮겨가는 시점에 '배울 수 있는' 환경을 조성하는 것은 여러 면에서 도움이 된다. 첫째, 레드워크 자체에 더 많은 관심을 쏟을 것이다. 엘파로호 사례에서 항해사들은 자신들에게 경로에 대한 결정 권한이 거의 없다고 느꼈기 때문에 바람과 파도를 감시하는 데 별 관심을 보이지 않았다. 배의 위치를 조정하고 있었지만, 미래 결정에 영향을 주려고 하지는 않았다. 자신에게 통제 권한이 있다고 느껴야만 무언가를 감지해야겠다는 자각이 생겨 레드워크를 하는 내내 업무에 몰입할 수 있다.

둘째, 레드워크에서 벗어나 블루워크로 돌아갔을 때 배우고 개선하는 사고방식이 처음보다 강화되어 있을 것이다. 이제는 입증 전술이 아닌 개선 전술을 펼치려고 할 것이기 때문이다. 입증은 전통적인 산업화 시대의 전술이다. 일에 대해 잘 알고 있다는 것을 입증하고, 제품이 효과가 있다는 것을 입증한다. 민첩하고, 적응력이 좋고, 회복력이 탁월한 조직을 만들고 싶다면 개선 전술이 필요한데, 이는 입증 전술과 충돌한다. 학습을 목표로 '레드워크-블루워크'를 시작한다면 개선 전술을 더 효과적으로 펼칠 수 있을 것이다.

또한, 학습에 전념하면 실패하더라도 좌절하지 않을 수 있다.

배움에 초점을 맞추면 블루워크에서 레드워크로 넘어가는 장벽을 낮출 수 있다. 역설적이지만 목표 실적을 정하는 순간 생산 작업에 들어가는 것이 더 어려워진다. 블루에 갇힌 수를 기억하라. 수는 깊이 생각하고 논의하는 것에만 집중하느라 결정을 내리거나 행동하기를 주저했다. 수가 두려워했던 이유 중 하나는 다가오는 레드워크 기간에 무언가를 입증해내야 한다고 생각했기 때문이다. 그녀가 옳은 결정을 내렸음을 입증하고, 팀이 임무를 완수할 수 있음을 입증해야 한다고 여긴 것이다. 이 생각은 수를 두렵게 했고, 앞으로 나아갈 수 없게 했다.

그녀가 만약 레드워크 자체를 학습 과정(예측한다 → 무슨 일이 일어나는지 관찰함으로써 예측이 맞는지 확인한다 → 예측에 대한 관찰 결과를 숙고한다)으로 여겼다면 깊은 생각과 계획에서 벗어나 행동으로 옮겨가기가 더 쉬웠을 것이다.

학습 모드에 있을 때 더 전념하기 쉽고 좌절해도 빨리 회복하는 이유는 우리의 뇌가 그렇게 연결되어 있기 때문이다. 인간, 그리고 대부분의 포유동물은 새로운 것을 탐구하고, 발견하고, 배우기를 좋아한다. 우리 뇌는 길모퉁이를 돌거나 산을 오를 때 눈에 들어오는 새로운 장면에 긍정적으로 반응하도록 구조화되어 있다. 심리학자들은 이 현상을 추구 seeking 시스템이라 부른다. 행동하고 있을 때 무슨 일이 일어날지 유쾌한 호기심을 가지면 이 시스템이 활성화되어 삶이 더 재미있고 흥미로워진다.

선풍적 인기를 누렸던 미국의 TV 시리즈 〈스타 트렉〉의 오프닝은 우리의 이 욕구를 건드린다.

우주, 최후의 개척지. 이것은 우주선 엔터프라이즈호의 항해 기록이다. 이들의 임무는 낯설고 새로운 세계를 탐험하며 새로운 생명과 문명을 발견하고 그 누구도 가보지 못한 곳으로 대담하게 나아가는 것이다.

따라서 우리는 블루워크 회의를 마치기 전에 "무엇을 할까요?"라고 묻는 것에 그치지 않고 "무엇을 배울까요?"라고 물어야 한다.

2. 믿음이 아닌 행동에 전념한다

우리가 전념할 때 혹은 전념할 팀원을 구할 때 흔히 하는 실수는 '같은 배에 탈' 사람을 구하려고 애쓰는 것이다. 다시 말해 팀원과 행동, 행동 방식은 물론이고 사고방식까지 맞추려고 한다. 하지만 그저 행동에 전념하는 것이 더 현명한 방법이다. 어떤 선택을 하더라도 당신과 다른 길을 선택하는 사람은 항시 있기 마련이다. 생각까지 일치시키려고 하면 앞으로 나아가는 것이 지연될 수밖에 없고, 사람들에게 당신은 틀렸다는 걸 인정하라고 요구하는 것과 같다.

당신이 직원의 제안을 받아들여야 한다고 상상해보라. 그 직원은 당신에게 광고 캠페인을 특정 방식으로 바꾸려 한다고 말한다. 하지만 당신은 그 제안을 듣는 순간 부정적인 생각부터 든다. 매출이 감소하거나 자원이 낭비될 것 같다. 윤리적으로 문제가 되거나 이 일로 누가 죽는 건 아니지만 조직을 위한 선택은 아닌 것 같다. 하지만 다른 모든 결정과 마찬가지로 100퍼센트 확신할 수 없다.

당신이 리더로서 노력할 수 있는 건 결정을 뒷받침하는 행동을 한 뒤에 무슨 일이 일어나는지 지켜보는 것이다. 굳이 좋은 생각이라고 믿지 않아도 된다. 동료와 조직이 얻을 학습 효과를 기대해보자. 그것만으로도 회사에 충분히 도움이 될 것이다.

반대 상황에서도 같은 원칙을 적용할 수 있다. 당신이 팀원들에게 결정을 이행하라고 요구한 상황에서 그 결정에 부정적으로 반응하는 팀원이 있을 수 있다. 하지만 그들을 꼭 설득할 필요는 없다. 그들이 그렇게 생각하도록 그냥 두어야 한다. 그들이 결정에 따르는 행동을 하기만 하면 조직의 목표는 달성된다.

일단 결정이 난 후에는, 반대자나 열외자에게 그들의 생각이 틀렸음을 설득하려고 애쓰지 마라. 아무도 그 결정이 옳은지 알 수 없다. 적어도 가설을 시험하는 레드워크 주기가 끝날 때까지는 말이다.

엘라스 키친Ella's Kitchen은 런던 외곽에 있는 유기농 유아식 회사다. 이곳의 경영진들은 직원들이 자유롭게 의견을 말할 수 있는 협력의 문화를 만들기 위해 노력한다. 이에 대한 사례로, 제품 팀에서 아이디어를 낸 잇몸으로도 먹을 수 있는 멜티 스틱melty sticks을 들 수 있다. 멜티 스틱은 7개월 아기도 먹을 수 있는 과자로, 입에 넣으면 사르르 녹는 게 특징이다. 하지만 공정 방법이 까다로운 탓에 만들기가 쉽지 않았다. 너무 딱딱하게 만들면 모양이 날카로워졌고 너무 부드럽게 만들면 빨리 녹아버렸다. 또한 과자가 부서지지 않게 도와주는 특수 포장재의 포장 및 운송 비용도 만만치 않았다.

이러한 이유로 경영진들은 멜티 스틱이 성공할 가능성은 거의 없다고 판단했다. 하지만 협력하는 문화를 조성하기 위해 그간 애써온 회사인 만큼 제품 팀에게 아이디어를 실현할 기회를 줬다. 직원들의 의견을 존중하며, 그들이 배울 수 있는 기회라 여기고 제품 생산을 승인했다.

그리고 1년 후 멜티 스틱은 이 회사에서 가장 큰 수익을 올리는 상품이 되었다.

3. 조금씩 나누어 완수한다

당신 앞에 일곱 가지 음식을 그릇 하나에 층층이 담은 요리가 있다고 상상해보라. 어떻게 먹어야 할까?

우선, 한입씩 먹어나간다. 하지만 그것에도 두 가지 방법이 있다. 가장 위에 있는 올리브를 모두 먹고, 다음에는 치즈를 먹고, 다음에는 살사 소스를 먹고… 순차적으로 해치워나가는 방법이다. 하지만 이렇게 먹게 되면 7층짜리 음식을 한 번에 먹는 것이 아니라 일곱 가지 음식을 각각 먹는 것으로 방법이 바뀐다. 반면, 각 층을 얇게 해서 7층을 한 번에 깊이 뜨면 모든 층을 한입에 먹을 수 있으므로 제대로 된 맛을 느낄 수 있다.

이것이 '조금씩 나누어 완수한다'를 이해하는 방법이다.

엘파로호에 이것을 적용하면 어떻게 달라지는지 생각해보자.

알다시피 선장은 잭슨빌을 떠나기 전부터 태풍에 취약한 대서양 경로를 이용해 푸에르토리코까지 가기로 결정을 내렸다. 그는 블루워크가 필요한 결정 지점을 기준으로 전체 항해를 작게 나눌 생각은 하지 못했다.

대서양 경로로 계속 항해하겠다는 초기 답안은 모든 결정 지점에 영향을 주었다. 경로를 변경하겠다고 결정하는 일은 선장에게 추가 명분이 필요한 대대적인 계획 변경으로 느껴졌을 것이다.

중대한 결정을 내릴 때는 단순히 기대하는 상황이 아니라, 상반된 두 가지 계획을 동등하게 놓고 논의하는 것이 더 낫다. 그래야 그때그때 상황을 객관적으로 살피며 몰입의 상승에 빠지지 않을 수 있다.

항해와 다르게, 제품 디자인, 제조 공정 개선 등의 업무에서는 블루워크를 해야 할 지점이 눈에 확 드러나지 않을 수 있다. 이런 경우에는 일부러라도 별개의 작은 조각으로 나눠야 한다.

'레드워크-블루워크' 사이클 길이에는 다음과 같은 규칙이 있다. 레드워크 기간이 짧을수록 학습은 늘어나지만 생산량은 줄어들고, 레드워크 기간이 길수록 생산량은 늘어나지만 학습은 줄어든다. 따라서 불확실성이 높은 환경에서는 레드워크 기간을 줄여야 한다. 제품이나 외부 조건이 분명하면 레드워크 기간을 더 늘려도 좋다.

작게 분리한 일에 전념하면 짧은 기간 동안 일에 완전히 몰입할 수 있다. 일이 제대로 진행되고 있는지 감시하기 위해 뇌의 일부분을 남겨두지 않아도 된다. 미리 계획한 중단 시간을 곧 가질 것이기 때문이다.

우리는 무언가를 배우려는 목적으로, 짧지만 강렬한 레드워크에 전념하고자 한다. 일을 조금씩 나누어 전념하면서 완수하고자 한다.

나는 때때로 이를 만기일처럼 생각한다. 레드워크 기간에는 전념하지만, 만기일이 되면 일이 잘 진행되고 있는지 확인해야 한다.

‖ 전념을 위한 리더의 언어법 ‖

· "프로젝트의 다음 단계를 시작하겠습니다. 블루워크를 위한 다음 중단 시간은 10일 후입니다."

- "옵션 1로 진행할 계획입니다. 15일에 잠시 중단하고 재검토하는 시간을 갖겠습니다."
- "다음 생산 공정을 시작하겠습니다. 1만 개를 생산한 후에 데이터 검토를 위한 회의를 열겠습니다."

전념을 표현하는 말에는 이번 레드워크에 임하는 결심과 블루워크로 돌아가려는 계획을 포함한다. 다음 블루워크 기간은 어떤 조건이 충족되는 시점이나, 특정 날짜로 지정할 수 있다.

팀원에게 전념의 말을 끌어내기 위해서 다음과 같이 말할 수 있다.

- "실행 계획이 어떻게 되죠?"
- "언제 레드워크를 시작합니까?"
- "레드워크 기간을 얼마나 가질 겁니까?"
- "언제 프로젝트 다음 단계로 넘어갑니까?"
- "가설 검증이 끝난 걸 어떻게 알 수 있습니까?"
- "이 업무는 언제까지 하는 거죠?"

협력 전술에서 '무엇', '얼마나', '어떻게'로 시작하는 질문의 힘에 대해 이야기했다. '얼마나'는 확률을 물어보고 '어떻게'는 알고 싶어 하는 마음을 표현한다. 확률을 물어보는 '얼마나'는 "얼마나 확신합니까?" 또는 "그 추측이 얼마나 확실하죠?"와 같이 쓰인다. 알고 싶어 하는 '어떻게'는 "○○가 ○○에 어떤 영향을 주죠?" 또는 "어떻게 생각하세요?"와 같이 쓰인다.

다음으로 배워볼 건 포부를 담은 '어떻게'다. 여기에서는 '어떻게'나 '무엇'을 레드워크에 완전히 전념하기 위한 결심의 표현으로 쓴다. 다음과 같이 말할 수 있다.

· "어떻게 해야 시작할 수 있을까요?"
· "어떻게 하면 빠르고 저렴하게 시험할 수 있을까요?"

'어떻게'는 장애물과 장벽을 걱정하며 머뭇거리는 대신 우리가 가진 시간과 자원으로 무엇을 할 수 있을지 고민하도록 사람들의 생각을 변화시킨다. 할 수 없는 것에서 할 수 있는 것으로 초점을 이동시킨다.

'무엇'으로 시작하는 질문 역시 같은 효과가 있다.

· "당장 시도해볼 수 있는 가장 작은 일은 무엇일까요?"
· "우리가 할 수 있는 건 무엇일까요?"
· "첫 단계는 무엇일까요?"

‖ '할 수 있다'에서 '해야 한다'로 ‖

팀원 또는 팀이 블루워크에서 벗어나 레드워크로 들어가게 하는 방법을 하나 더 이야기하려고 한다. 계획, 회의, 논의를 충분히 한 후 전념할 때가 되었다면 유용하게 쓰일 수 있는 방법이다.

전념에 대해 대화할 때는 '할 수 있다 → 할 것이다 → 해야 한다'의 순서로 이야기가 자연스럽게 흘러가야 한다.

예를 들어보자. 팀원들이 새 상품에 관해 이야기하고 있다. 가설은 '신제품이 우리 브랜드와 잘 어울린다고 고객들이 받아들이며, 이를 판매할 시장이 있다.'이다. 팀원들은 무엇을 해야 할지 다투고 있고, 당신은 팀원들이 행동에 전념할 수 있도록 돕고 싶다.

당신 "우리가 지금 **먼저 할 수 있는 일**이 뭘까요?"

팀원 "음, 웹페이지를 만들어 신제품 사진을 몇 장 올린 후에 주문이 들어오는지 보면 되지 않을까요? 아니면 얼마나 많은 사람들이 이런 상품에 관심을 보이는지 여론 조사를 할 수도 있습니다."

당신 "당신이 저라면 **무엇을 선택할 것** 같나요?"

팀원 "웹페이지를 만들겠습니다. 그래야 실제 주문량을 알 수 있고, 오늘 내로 끝낼 수 있습니다."

당신 "좋습니다. 그러고 나서 **뭘 해야 할까요?**"

이제 팀원들은 행동에 나선다.

팀원들이 블루워크에 갇혀 있는 것 같다면 그들이 '할 수 있다, 할 것이다, 해야 한다'의 길에서 어디쯤에 있는지 그들의 말에 귀를 기울여 확인한 후 다음 단계로 넘어갈 수 있도록 인도하라.

‖ 조직이 망가지는 지름길, 몰입의 상승 ‖

레드워크를 일련의 작은 조각으로 나누려는 또 다른 이유는 전념이 자기 강화되는 경향이 있기 때문이다. 엘파로호 선장 역시 자기 강화로 인해 이전의 결정을 번복하기가 점점 더 어려웠을 것이다. 그들은 블루워크 기간에 다음 레드워크를 위한 평가 시간을 갖지 않았다. 그 대신 이전에 내린 결정을 뒷받침하는 입맛에 맞는 정보만 받아들였다. 그 이유는 무엇일까?

'몰입의 상승'이라고 부르는 심리적 현상에 그 답이 있다. 몰입의 상승이란, 행동 방침을 한 번 선택하고 나면 설사 그것이 잘못되었다는 증거를 발견하더라도 이를 무시한 채 완강하게 이전 방침을 고수하는 것을 의미한다. 몰입의 상승은 투자자가 돈을 잃으면서도 손절매하지 못하는 이유다. 또한, 회사가 망한 상품에 계속 투자하는 이유고 실패한 정책을 정부가 계속 밀고 나가는 이유다.

몰입의 상승은 다음과 같이 작용한다. 결정을 해야 하는 상황을 맞닥뜨리면 결정을 내린다. 하지만 상황은 우리가 바라던 대로 흘러가지 않는다. 결정이 잘못됐다는 증거가 쌓인다.

이 경우 할 수 있는 가장 합리적인 행동은 '잠시 멈춰서 고민하고 방침을 바꾸는 것'이지만 많은 사람들이 그렇게 하지 않는다. 대신에 '잘못된 결정'을 '잘된 결정'으로 바꾸기 위해 계속 노력한다. 이 노력이 때로는 통할 수 있지만, 통제할 수 없는 요소의 경우에는 효과적이지 않다. 자신의 상황 통제력을 과대평가하면 몰입의 상승에 빠질 수 있으므로 주의해야 한다. 리더가 몰입의 상승에 빠지면, 팀원들은 자신이 의견을 말해봤자 소용없다고 생각할 것이며 자율성과 통제 권한 역시 잃을 수 있다.

1974년 배리 스토Barry Staw 교수는 사람들이 손실을 본 결정에 더 투자하는 현상과 그 이유를 연구하기 위한 실험을 했다. 그는 미국을 점점 더 깊은 수렁으로 빠뜨리는 베트남 전쟁에 대한 미국의 의사 결정 과정 때문에 괴로워하고 있었다. 그는 그 잘못된 의사 결정의 심리학 근거가 무엇인지 알고 싶었다.

베트남 전쟁은 18년째 이어지고 있었고, 미국은 그 직전 해에야 직접적인 군사 개입을 끝냈다. 전쟁은 미국 사회와 정치를 크게 분열시켰고, 1960년대에 이루어진 확전은 이미 돈을 많이 낭비한 곳에 돈을 더 쓴 대표적인 사례였다.

1965년, 조지 볼George Ball 전 국무차관은 린든 존슨Lyndon Johnson 전 대통령에게 건넨 메모에서 이 사례를 몰입의 상승으로 설명했다.

미군은 완전히 적대적인 시골 지역에서 장비도 갖추지 못한 채 싸우게 될 것이므로 다수의 사상자가 나올 것입니다.

많은 사상자가 나온 후에는 되돌릴 수 없습니다. 군사 개입이 너무 커지므로 목표를 완전히 달성하거나 국가적 굴욕을 겪어야만 멈출 수 있습니다. 굴욕을 당하는 것과 목표를 이루는 것 중 굴욕을 당하는 쪽이 가능성이 더 커 보입니다.

볼의 메모는 1971년 국방부 비밀 보고서와 함께 유출됐다.

스토 박사는 이 가설을 시험하기 위해 기발한 실험을 고안했다. 그는 MBA 학생들을 투자 결정을 내려야 하는 모의실험에 투입시켰다. 학생들은 매출량과 수익이 감소하고 있는 제조회사의 경영진 역할을 맡았다. 2,000만 달러의 연구개발비를 소비자 제품과 공업 제품 두 부문에 분산 투자해야 했다. 학생들에게 5년 전에 비슷한 결정이 있었음을 보여주며 그 결정의 결과에서 나온 데이터를 공유했다. 학생 중 절반에게는 이전의 결정이 성공적이었음을 보여주었고, 절반에게는 성공적이지 못했음을 보여주었다.

하지만 이 실험에는 주목해야 할 부분이 한 가지 더 있다. 스토 박사는 반으로 나눈 집단을 다시 반으로 나눴는데 단순히 이전 결정을 읽기만 한 학생들이 반, 나머지 반은 초기 연구에서 실제로 이전 결정을 내린 학생들이었다.

본인이 내린 결정이 잘못되었다는 증거를 받아든 MBA 학생들은 평균 1,300만 달러, 즉 투자 자금의 3분의 2를 적자가 났던 부문에 또 쏟아부었다. 단순히 이전 결정을 읽기만 한 학생들은 자금을 더 고르게 나누어 수익이 나는 부문에 조금 더 많이 투자했다.

이 이야기가 널리 알려졌음에도 불구하고, 테리사 메이Theresa May 영국 총리도 브렉시트 절차를 이끌어나가는 동안 몰입의 상승에 사로잡혀 있었다는 증거가 있다. 그녀는 브렉시트를 향한 비판에 대응하며 "브렉시트는 브렉시트다.", "영국은 2019년 3월 29일에 유럽연합에서 탈퇴할 것이다."라고 거듭 말하며 어떠한 변화의 여지도 없음을 보여주었다. 자신의 접근법이 통하지 않았다는 강력한 증거(의회 역사상 가장 큰 패배였다.)를 마주했을 때에도 그저 더 전념하는 것으로 대응했다.

레드워크의 세계에서 몰입의 상승을 나타내는 말은 다음과 같다.

- "일을 시작했으니 끝을 내야지요."
- "이미 결정 내렸어요."
- "지금 이미 하고 있잖아요. 버텨봐야 소용없어요."
- "왜 그러는 거죠? 얼른 해야죠."
- "시간 낭비하지 말고 어서 합시다."
- "반드시 성공할 겁니다."

엘파로호에서 몰입의 상승을 나타내는 말은 다음과 같다.

- "그러니 이번에는 그저 굳세게 견뎌야 할 걸세."
- "모든 악천후를 다 피할 수는 없어."
- "괜찮아야 할 텐데. 아니 괜찮아야 하는 게 아니고 괜찮을 거야. 아무 일 없을
  거라고."

엘파로호가 태풍 속으로 들어가고 있다는 의견에 대한 대답이다.

- "다른 방도가 없어."
- "다 잘 풀려야지."

· "이 배는 견딜 수 있어."

· "아, 안 돼. 안 돼. 배를 돌리지 않을 거야. 배를 돌리지 않을 거라고."

· "음, 평범한 겨울날이네. 별로 특별할 것도 없어."

선장은 '돌아갈 때는 구 바하마 해협 경로로 가겠다고 운용 감독관에게 이메일을 보낸 사실'을 선원들에게 몇 번이나 이야기한다. 구 바하마 해협으로 돌아오는 것은 그렇게나 쉬운 반면, 왜 기존 경로를 바꾸는 것은 유독 어려웠을까? 몰입의 상승이 작용한 결과다.

또 다른 예는 코닥Kodak이 디지털카메라를 발명한 1975년으로 거슬러 올라간다. 1990년대에 폴라로이드Polaroid도 디지털카메라 기술을 개발했다. 하지만 두 회사 모두 디지털카메라가 회사의 주요 수입원인 필름 판매를 위협한다고 생각해, 필름에 전념하는 것으로 결정의 무게를 두었다. 결국 두 회사는 변화에 실패했고, 모두 파산하고 말았다.

몰입의 상승을 방지하기 위해서는 레드워크 기간을 실행과 더불어 학습의 기회로 생각해야 한다. 그렇게 생각해야 잘못되었거나 잘못되었을 가능성이 있다고 밝혀졌을 때 최대한 쉽고 빠르게 레드워크에서 벗어날 수 있다.

‖ 리더가 결정해서는 안 된다 ‖

자아 협박ego threat(자기 자신을 스스로, 혹은 타인이 무능하게 볼 것이라는 생각)은 몰입의 상승을 일으키는 가장 큰 원인이다. 《기브 앤 테이크》의 저자 애덤 그랜트Adam Grant는 몰입의 상승을 피하기 위해서는 결정자와 결정 평가자를 분리해야 한다고 말한다. 그렇게 해야 결정하며 쏟은 감정적 투자에 영향을 받지 않고 결정을 객관적으로 판단할 수 있다.

경영진이 회사에서 순환 근무를 하면 몰입의 상승을 피할 수 있다. 새로운 임원은 이전 임원이 내린 결정에 어떠한 애착도 없으므로 성공하기 어려운 프로젝트를 과감히 버릴 수 있다. 부실 채권을 관리하는 은행원에 관한 한 연구 결과에 따르면, 관리자들이 자주 순환 근무를 하자 능력 없는 사람에게 계속 돈을 빌려주는 경향이 줄었다고 한다.

조직 내에서 결정자와 결정 평가자를 분리하는 실질적인 방법은 상급자가 결정 평가자 역할을 맡고, 하급자 중 하나가 결정자의 역할을 맡는 것이다. 하지만 대부분의 조직에서는 상급자가 결정도 내리고 평가도 한다.

엘파로호의 경우에도 선장이 결정자이자 결정 평가자였다. 그는 대서양 경로로 가겠다고 결정했다. 하지만 위치, 항로, 태풍 강도가 결정을 내리기 전에 추측한 것과 매우 달라지고 있었다. 거센 파도와 강풍, 무섭게 흔들리는 배가 결정이 잘못되었음을 보여주었다. 이 상황에서 선장은 배의 상급자이자 결정 평가자로서 자신의 역할을 해내야 했다. 그는 자신의 결정이 잘못되었음을 인정해야 했다. 그러나 자기가 한 결정을 스스로 평가하는 구조가 이를 방해했다. 선장은 이전의 결정이 잘못된 행동 방침임을 알면서도 경로를 바꿀 수 없었다.

더 나아가 선장의 권위, 그리고 '시간을 준수하며 일하는 문화' 때문에 승조원들이 선장의 결정에 반기를 드는 일이 더 어려웠을 것이다.

그렇다면 조직에서 대안을 제시할 때는 어떻게 말해야 할까?

대안에 '의도'를 포함시켜 말해야 한다. 팀원은 리더에게 가서 자신의 의도를 전해야 한다. 동료들에게는 적극적으로 피드백을 요청하고, 상급자가 자신의 대안을 거부하더라도 받아들여야 하며, 승인이 나면 계획대로 진행해야 한다.

'출시일을 지키는 것'과 '기능(특히 리더가 원하는 기능)을 추가하기 위해 출시일을 미루는 것' 사이에서 고민 중인 담당자는 리더에게 이렇게 보고할 수 있다. "제품 출시일을 지키려고 합니다." 그러고 나서 근거를 덧붙인다.

신제품 샘플에서 예상치 못한 결함을 발견한 생산 관리자는 리더에게 이렇게 보고할 수 있다. "재검사를 위해 배송을 지연시키려고 합니다." 그러고 나서 이유를 설명한다.

공급업체의 제품에 실망한 제조회사 구매 담당자는 리더에게 이렇게 말할 수 있다. "이 부품의 공급업체를 바꾸려고 합니다." 그러고 나서 다른 공급업체들을 조사한 결과를 설명한다.

새로운 시장에 진출할 기회를 발견한 영업사원은 이렇게 말할 수 있다. "이 타깃에게 이전에는 없던 큰 할인 혜택을 제공하려고 합니다." 그러고 나서 이유를 설명한다.

의도를 나타내는 문장은 대화의 시작일 뿐이다. 중요한 건 바로 이어서 결정의 근거가 따라와야 한다는 점이다. 이러한 방식으로 일하면 결정을 내린 팀원은 주인 의식을 강하게 느낄 수 있다. 또한, 사소한 결정들이 지체 없이 행동으로 쉽게 연결되기 때문에 일의 효율도 높아진다.

전념하는 법

1. 실행이 아닌 학습에 전념한다.
2. 믿음이 아닌 행동에 전념한다.
3. 조금씩 나누어 완수한다.

일에 전념하라

협력은 전념하게 하고, 강요는 순종하게 한다. 전념은 자발적으로 노력하게 하며, 이러한 업무 태도는 복잡하고 인지적이며 특수한 공동 작업을 하는 데 큰 도움이 된다.

레드워크 중인 팀은 레드워크를 지속하려는 경향이 있듯이 블루워크 중인 팀은 블루워크를 지속하려는 경향이 있다. 블루워크를 하던 팀이 레드워크로 전환하기 위해서는 전념 전술을 펼쳐야 한다.

이때는 몰입의 상승에 주의해야 한다. 몰입의 상승에 빠지면 과거의 결정에 집착하게 되어 손실을 입히는 행동 방침에 계속 투자하게 된다.

전념 전술을 펼치는 세 가지 방법은 학습에 전념하고, 행동에 전념하고, 조금씩 나누어 완수하는 것이다. 이를 통해 우리는 생각에서 행동으로 쉽게 넘어갈 수 있고, 조직을 몰입의 상승으로부터 지킬 수 있다.

전념은 마음에서 비롯되지만, 순종은 외부에서 강요한 결과다. 전념은 내적 동기부여와 연관되어 있고 순종은 외적 동기부여와 연관되어 있다.

전념을 통해 우리는 레드워크 기간 내내 완벽하게 몰두할 수 있다.

리더십 리부트 전술 4

일을 완료하라

끝없이 일해서는 보람도, 배움도 없다. 일은 수시로 완료되어야만 팀원들이 '뭔가를 해냈다'는 성취감을 느낄 수 있다. 변수가 많은 프로젝트 초기에는 좀 더 자주 완료하고, 프로젝트가 어느 정도 정리되어가는 후기에는 이전보다 덜 완료하는 게 좋다. 리더는 팀원들이 완료했을 때 '결과'가 아닌, '노력'을 축하함으로써 긍정적인 행동이 계속될 수 있게 도와야 한다.

1908년, 헨리 포드는 T형 자동차를 도입해 이동성에 혁신을 일으켰다. T형 자동차는 출시된 지 며칠 만에 1만 5,000대의 주문을 받았고, 이후 20년 동안 1,500만 대가 팔렸다.

포드는 생산 팀을 구성하는 방안에 있어서 2장에서 언급한 테일러의 영향을 많이 받았다. 자동차를 생산할 단 하나의 방법을 리더가 제시하는 것이다. 그 후에는 가능한 한 오래 그 생산 과정을 유지했다. 이 접근법은 재설계, 재구축, 재교육 비용을 감소시켰다. 이로 인해 헨리 포드는 효율적으로 차를 생산할 수 있게 되었고, 차를 만들던 사람들까지도 차를 살 수 있게 되었다. 당시에는 획기적인 아이디어였다.

포드의 접근법 덕분에 T형 자동차는 처음 가격인 825달러에서 1925년에는 260달러로 굉장히 저렴해졌다. 처음에는 T형 자동차 한 대를 생산하는 데 90분이 걸렸지만, 몇 년 동안 포드는 다른 제조사들의 자동차 수를 합친 것보다 더 많은 자동차를 생산해냈다.

포드의 디자이너와 엔지니어가 자동차의 일부분을 개선하기 위해서는 시간도 오래 걸리고 비용도 많이 들었다. 그러므로 한 번 정리한 설계를 가능한 한 오래 활용하면서 제조 공정 중단을 최소화시키는 게 유리했다. 포드의 입장에서는 레드워커들이 일에 집중할 수 있도록 방해하지 않으며, 어떠한 중단도 계획하지 않는 것이 중요했다.

그러나 세상은 변하고 있었다. 미국 대공황이 덮치기 전이었던 광란의 1920년대, 소비자의 구매력은 풍선처럼 부풀었고 현대적 설비를 갖춘 화려한 디자인의 자동차들이 사람들의 눈을 사로잡고 있었다. 이 시기에 제너럴모터스General Motors Corporation의 회장은 알프레드 슬론Alfred Sloan이었다. 슬론은 조립 라인 공정을 개선하고, 매년 자동차를 업그레이드하겠다는 방침을 도입했다. 마침 소비자들은 T형 자동차에 싫증을 느끼고 있었기 때문에 제너럴모터스의 최신 모델에 대한 선호도가 높을 수밖에 없었다.

1923년, T형 자동차는 200만 대가 팔리며 판매에 정점을 찍었다. 그러고 나서 1924년과 1925년, 자동차 판매량은 계속 증가하고 있음에도 불구하고 T형 자동차의 판매량은 급감했다. 시장이 변했다. 문제를 인식한 포드는 6개월 동안 조립 라인을 폐쇄(레드워크 중단)한 뒤 다시 구축했다. 하지만 너무 소박하며, 늦은 변화였다. 제너럴모터스는 포드가 생산을 중단하자, 포드를 따라잡는 것은 물론 추월할 수 있는 기회까지 얻었다. 난공불락이던 포드는 제너럴모터스에게 선두 자리를 빼앗기고 말았다.

세상은 급속도로 변화하며, 설계비도 계속 낮아지고 있기에 이제는 생산보다도 학습이 더 중요하다. 레드워크에는 입증 사고방식이 도움이 되지만, '레드워크-블루워크' 리듬을 이끄는 전반적인 사고방식은 개선 사고방식이다. 배움과 성장을 추구하는 개선 사고방식으로 레드워크를 준비하는 조직이 차후에 혁신을 불러올 유용한 정보를 많이 얻을 수 있다.

여기에서 포드의 전술은 다음과 같았다.

· 시간을 통제하는 것이 아닌 시간을 준수한다.
· 조직을 행위자(노동자)와 결정자(관리자)로 나눈다.
· 노동자는 생각이 아닌 행동에 집중한다.
· 레드워크에 들어가면 레드워크를 지속한다. 완료와 숙고 없이 속행한다.

오늘날 대부분의 자동차는 4년에서 6년마다 근본적인 재설계 과정을 거친다.

쉴 틈 없이 바쁘던 불쌍한 프레드를 떠올려보자. 그는 포드의 전형적인 전술 교본을 따른다. 포드처럼 시간을 지키기 위해 뛰어다닌다. 직원들에게 일을 시키는 데 초점을 두고, 입증과 성과 사고방식으로 모든 것을 속행하기 위해 일한다. 하지만 더 이상 산업화 시대의 전술은 통하지 않는다. 혁신과 변화가 그 어느 때보다 빠르게 일어나고 있다. 프레드가 관리하는 사람들은 포드 노동자들보다 훨씬 더 높은 수준의 교육을 받았다. 그리고 포드 노동자들이 했던 단순하고 육체적이며 반복적인 개별 과업은 프레드 회사에 필요한 복잡하고 유동적이며 인지적인 공동 작업과 크게 다르다.

프레드에게는 지금부터 설명할 '완료 전술'이 필요하다.

완료는 레드워크 기간의 종료를 나타낸다. 완료 전술을 펼친다는 것
은 레드워크와 블루워크를 나눠서 생각한다는 의미다. 이미 여러 번 말
해서 다 알겠지만, 레드워크는 여러 개로 작게 분리된 생산 작업을 뜻하
며, 블루워크는 숙고하고, 협력하고, 개선하며, 가설을 세우는 빈번한 휴
식 시간을 의미한다.

완료란 다음과 같다.

· 실험에서 데이터를 모두 추출했다. 이제 그것을 분석한다.

· 작업을 끝냈다. 지금까지 어떻게 했는지 되돌아본다.

· 생산 작업을 끝마쳤다. 이제 생산 공정을 개선한다.

· 소프트웨어를 출시했다. 이에 대한 피드백을 요청한다.

· 결정의 만기일이 되었다. 다시 논의한다.

· 프로젝트의 한 단계를 완수했다. 축하하는 시간을 갖는다.

· 되풀이하는 일의 한 파트가 끝났다(예를 들어 한 분기 동안 반복되는 과정을 매주
  수행했고, 그 분기가 끝났을 때). 축하하며 개선한다.

일을 완료해야 하는 세 가지 이유

산업화 시대의 전술 교본은 레드워크에 투입하는 시간과 인력을 최

대한 늘리라고 지시한다. 조립 라인이 중단 없이 돌아가는 모습을 상상해보라. 그것이 오늘날의 관리 전술들이 모두 같은 패턴을 따르는 이유다. 시간을 준수하고, 사람들에게 일하도록 강요하고, 순종을 요구하고, 레드워크를 가능한 한 오랫동안 지속한다. 단위 시간당 생산 개수를 늘리는 게 가장 중요한 목표다. 어떤 이유에서든 레드워크가 중단되는 것은 시간이 허비되고 자원이 낭비되는 것을 의미했다.

우리는 멈추지 않도록 프로그램화되어 있다. 계속 일하며 다음 과업을 계속해서 수행한다. 다음은 속행의 사례다.

- 생산 라인에서는 제품 100개가 완성되어도 일이 계속된다. 끝없이 일이 반복된다. 완료되는 느낌이 없다.
- 한 서비스 조직에서 팀원 하나가 새로 제작한 마케팅 팸플릿 샘플을 리더에게 보여준다. 리더는 이렇게 말한다. "좋은데, 이 부분만 수정합시다."
- 소매업체에서 팀원들이 웹사이트의 프로토타입 특성을 개발하기 위해 열심히 일한다. 일부 고객에게 웹사이트 일부분을 공개한 뒤 상사가 묻는다. "다음 버전은 언제 나옵니까?"
- 한 직원이 오래 묵은 고객 문제를 해결하기 위한 혁신적인 계획을 세운다. 그 노력 덕분에 고객은 행복해졌고 회사는 상당히 좋은 평판을 얻을 수 있었다. 하지만 경영진은 묵묵부답이다.

속행이 왜 문제인가? 속행을 끝내고 왜 완료를 해야 하는가? 세 가지 이유가 있다.

첫째, 일을 처리하는 과정에서 의도적으로 일을 완료하지 않으면 각각의 일을 별개 요소로 다룰 수 없다. 이것은 여러 이유로 위험하다. 우선, 몰입의 상승에 빠질 위험이 있다. 생산 가동이 길어진다는 것은 처음에 내린 결정이 유지된다는 것을 의미한다. 이렇게 되면 조직은 필요할 때조차도 방침을 변경하지 못할 가능성이 크다. 헨리 포드가 그랬던 것처럼 계속 같은 자동차를 생산하고, 나사가 그랬던 것처럼 발사를 강행한다. 또 비티와 더너웨이가 그랬던 것처럼 대본을 계속 읽고, 엘파로호의 선원들이 그랬듯이 대서양 경로로 계속 항해한다. 이것은 완료하지 못하는 데서 비롯된 실수들이다. 일을 계속되는 하나의 행위로 여기면, 중간 결정 지점에서의 정당한 선택권이 제약을 받는다. 변경하는 결정은 이전에 내린 결정과 동등한 위치에서 경쟁하지 못한다.

세상은 계속 변하기 때문에 레드워크가 계속될수록 최적의 상태에서 점점 벗어날 수밖에 없다. 포드가 겪은 일이 그렇다. 고객의 취향이 변하고, 기술이 변하고, 날씨가 변한다. 완료할 기회 없이 계속되는 사이 시간과 에너지, 그리고 자원이 낭비될 위험이 있다.

둘째, 완료하지 않으면 구성원들이 피해를 본다. 완료하는 순간이 없으면 축하하는 순간도 없다. 한 시간은 다음 한 시간과 합쳐지고 하루는 그다음 날과 합쳐진다. 완료가 없으면 얼마나 완수하고 배웠는지 알기 어렵다. 이에 대한 이야기를 나눌 기회가 없으니 성공으로 이끈 행동을 강화할 수도 없다. 직원들은 사기가 떨어지고 흥미를 잃는다. 조직을 긍정적으로 뒷받침하던 행동들이 점차 사라질 것이다.

셋째, 완료는 레드워크에서 나와 블루워크를 시작하게 하며, 시간을 주도적으로 통제할 수 있게 해준다. 우리는 시간을 통제함으로써 잠시 멈춰 서서 이전 작업을 되돌아보며 개선하는 기회를 가질 수 있다. 또 축하를 받고 성취감을 느끼며 이전 활동과 심리적 안녕을 함으로써 성공적으로 개선 전술을 펼칠 수 있다. 과거의 활동에서 벗어나는 것을 안전하게 느껴야만, 어떻게 해야 앞으로 더 좋아질 수 있을지 깊이 탐구하는 단계로 넘어갈 수 있다.

우리는 포드에게서 속행하기 전술을 봤다. 엘파로호에서도 속행하기 전술을 봤다. 엘파로호 선장은 산후안으로 가는 여정을 연속된 하나의 행동으로 봤다. 그들이 오랜 시간 이어온 문화적 전술 교본이 한 번 행동을 시작하면 중단할 수 없도록 단단한 장벽을 세웠다. 엘파로호의 문화에 완료 전술이 포함되어 있었다면 그들은 항해 계획을 다수의 결정 지점에서 신중하게 재평가할 수 있었을 것이다. 그들이 '레드워크-블루워크' 리듬으로 일했다면 각 과정은 다음과 같이 달라졌을 것이다.

1. 블루워크: 출항 여부와 시기를 결정한다.

2. 레드워크: 항구를 떠나 바하마 북단으로 이동한다.

3. 블루워크: 바하마 북단에 도착해서 구 바하마 해협으로 갈지 대서양 경로로 갈지 결정한다. 기상 상태를 고려했을 때 대서양 경로로 가도 괜찮다는 가설을 세운다.

4. 레드워크: 바하마 북단에서 대서양 경로를 따라 럼케이 섬으로 가면서 다음 결정(블루워크)을 뒷받침할 정보를 모은다.

5. 블루워크: 럼케이 섬 갈림길에서 대서양 경로로 갈지 구 바하마 해협으로 갈

지 팀원들이 협력해 결정한다.

6. 레드워크: 결정된 항로를 따라 럼케이 섬에서 산후안으로 항해한다.

나는 위 설명을 하며 럼케이 섬 갈림길에서 결정할 수 있는 두 가지 선택지를 같은 무게로 다루기 위해 신중히 표현을 선택했다. 내가 속행하기 전술을 썼다면 아마 이렇게 표현했을 것이다. "계속 대서양 경로로 갈지 아니면 구 바하마 해협으로 방향을 돌릴지 결정한다." 이러한 표현은 미세하게나마 기존 계획대로 속행하는 결정을 내리도록 유도한다.

엘파로호 선장은 대서양 경로로 가는 것이 '기존 결정'이라고 표현했다. 마치 구 바하마 해협으로 선로를 돌리면 원래 계획에서 벗어나는 것처럼 느껴진다. 극복해야 할 큰 장벽을 만든 셈이다. 하지만 다수의 결정 지점을 기준으로 여정을 작게 나누어 생각하면 5장에서 이야기한 몰입의 상승을 피할 수 있다.

일하는 도중에 결정을 내리기는 어렵다. 계획을 변경하려면 명분이 있어야 하지만, 하던 일을 계속하는 것에는 이유가 필요하지 않다.

당신의 딸이 차를 타고 대학으로 떠난다고 생각해보자. 딸은 원래 살던 플로리다주 탬파에서 약 1,800킬로미터 떨어진 텍사스주 오스틴으로 가야 한다. 당신은 딸에게 어떻게 갈 계획인지 묻는다. 이때 딸이 답할 수 있는 방식은 두 가지다. 하나는 "운전해서요."이고, 다른 하나는 이동구간을 짧게 잘라서 설명하는 것이다. "우선 펜사콜라로 운전해서 갈 거예요. 그리고 배턴 루지, 휴스턴을 거쳐서 오스틴으로 갈 거예요. 각 도시에 도착해서 얼마나 피곤한지 상태를 보고 쉬었다 갈지 말지 결정하려고요."

두 번째 계획에서 운전은 레드워크고, 멈춰서 피곤한 정도를 판단하는 것은 블루워크다. 블루워크 기간을 어느 지점에서 가질지 계획에 포함시킨 두 번째 대답이 더 현명하다. 딸은 피곤할 때마다 더 쉽게 쉬어갈 수 있을 것이다.

다음은 지금까지 우리가 본 산업화 시대의 속행하기 전술이다.

· 비티와 더너웨이는 시상식을 계속 진행한다.
· 코닥과 폴라로이드는 필름을 계속 생산한다.
· 포드는 T형 자동차를 계속 생산한다.
· 엘파로호의 선원들은 대서양 경로로 계속 항해한다.

하던 일을 계속하려는 이 욕구는 과거의 일터에만 국한되지 않는다. 나는 세계적인 기업과 일하며 그곳의 관리자들과 많은 이야기를 나눴다. 그들은 모두 시장이 다른 체제로 바뀌었음을 알고 있었지만, 더는 팔리지 않을 기술제품을 계속 생산했다. 결국 그들은 한물간 제품을 처리해야 하는 문제에 직면했고, 생산비, 운송비, 보관비, 나중에는 처분비까지 지불해야 했다.

직장인으로 사는 하루하루가 똑같은 날처럼 느껴진다면, 어제 하던 일을 오늘도 계속하는 것처럼 느껴진다면 당신은 속행 모드에 갇힌 것이다.

‖ 일을 완료하는 네 가지 방법 ‖

완료 전술은 레드워크에서 나와 블루워크로 돌아가는 시기에 적용되며, 시간을 통제하는 것과 밀접한 관련이 있다. 완료 전술을 미리 계획해 프로그램화하면 시간을 통제하는 데 훨씬 유리한다. '레드워크 기간의 길이'와 '블루워크 중단의 빈도'를 계획하는 건 조직의 핵심 작업 설계 요소다. 학습과 성장을 중시하려면 더 많이 완료하도록 레드워크 기간을 짧게 계획하라. 생산을 중시하려면 더 적게 완료하도록 레드워크 기간을 더 길게 계획하라.

완료는 과거의 결정을 초기화하는 데 정신적으로 도움을 준다. 완료 전술의 핵심은 '축하'다. 축하는 이전의 행동이 끝났음을 인식하게 하고 우리가 한 일에 대한 좋은 느낌을 주며 다음 단계로 넘어가게 한다. 이를 통해 우리는 몰입의 상승에 빠지지 않을 수 있고 자기 성찰과 개선의 장을 마련할 수 있다.

여기 완료 전술을 펼치는 네 가지 방법이 있다.

1. 초기에는 자주 완료하고 후기에는 적게 완료한다

프로젝트 초기 단계라 의사 결정 선택지가 많다면 '레드워크-블루워크' 리듬에서 블루워크에 치우쳐야 하며 학습을 중시해야 한다. 즉, 레드워크 사이사이에 블루워크를 위한 중단 시간을 자주 가져야 하고 성장, 학습, 개선에 중점을 두어야 한다. 프로젝트가 계속될수록 결정해야 할 여지가 줄어들면 이제 행동에 방점을 찍어야 한다. 레드워크 기간을 길게 갖고 블루워크를 위한 중단 시간을 적게 갖는다.

당신이 하는 일을 무빙워크가 아닌, 긴 계단이라고 생각하라. 계단의 평평한 부분은 디딤판이자 레드워크다. 전진하며 임무를 완수한다.

계단의 직각 부분은 수직면이다. 수직면은 블루워크다. 개선하며 임무를 더 잘 완수하기 위한 단계다. 블루워크를 할 때는 레드워크를 방해하지 않고, 레드워크를 하려는 마음에 블루워크에 소홀하지 않는다. 블루워크와 레드워크는 완벽하게 평평한 디딤판과 완벽하게 직각인 수직면이다.

'레드워크-블루워크' 리듬이 블루워크에서 레드워크 중심으로 바뀔수록 디딤판은 길어지고 수직면은 빈도가 줄어든다. 아치형 다리처럼 초기에는 가파르다가 갈수록 평평해진다.

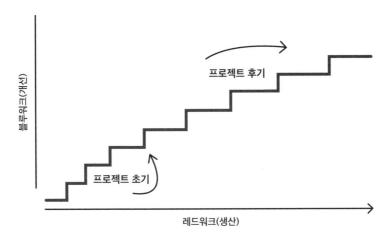

프로젝트 초기에는 블루워크를 더 자주 하며 학습과 개선에 중점을 둔다. 프로젝트 종료에 가까워질수록 블루워크 사이를 늘리고 레드워크를 더 길게 가지며 생산을 더 많이 한다.

프로젝트가 끝나면 프로젝트를 전체적으로 개선하기 위해 더 긴 블루워크 기간을 갖는다.

리더의 역할은 초기에는 블루워크를, 후기에는 레드워크를 더 강조하는 방향으로 리듬을 적절하게 조율하는 것이다.

완료한 뒤에는 꼭 축하하자

완료는 우리가 축하받을 수 있게 한다. 완료 없이 단계, 사건, 프로젝트, 분기가 계속된다면 축하할 기회가 없다.

나는 "왜 축하해야 하죠?"라는 질문을 자주 받았다. 그들은 덧붙여 이렇게 말했다. "어차피 그들은 자기 일을 하는 거예요. 월급을 주는 게 축하죠." 이들은 산업화 시대의 구조와 언어에 영향을 받고 있다. 산업화 시대 리더들의 생각이다. 돈 주고 시키는 일이니까 팀원이 일을 끝내도 축하할 필요가 없을까?

축하를 올바르게 하면 여러 효과를 얻을 수 있다. 팀원은 성취감을 느낄 수 있고, 과거의 일에서 벗어나 다음 단계로 넘어갈 수 있으며, 성공으로 이어지는 행동을 강화할 수 있다.

요즘은 단순 노동 업무보다 생각, 창의력, 혁신, 의사 결정 등 눈에 보이지 않는 요소들이 더 중요한 관계로 팀원들이 최선을 다했는지 여부를 리더인 당신이 알아낼 방도가 없다. 팀원들이 완전히 몰입하기를 원한다면 그들이 몰입했을 때 적절한 보상을 해주어야 한다. 축하가 바로 그 보상이다.

리더십 훈련 워크숍에서 4명의 임원이 가상현실 헤드셋을 끼고 '리더십 모의실험'에 참여한다. 그들은 잠수함에서 구조 임무를 맡고 있는 임원들로, 모의실험에서도 서로 협력해 침몰하는 배의 승객을 구해내는 역할을 맡았다. 그들이 실험을 성공적으로 끝냈을 때 그 누구도 그들의 노력을 알아주는 응원이나 박수, 축하를 해주지 않는다. 임무를 완수하자마자 다음 임무가 계속될 뿐이다.

경영진 회의에서 기술 관련 대기업 CEO는 회사가 이번에 큰 상을 받았다고 발표한다. 발표 후 정적이 흐른다. CEO는 잠시 말을 멈췄다가 다른 문제에 관해 이야기하기 시작한다.

작은 컨설팅회사에서 직원이 리더에게 신제품 아이디어를 문자로 보낸다. 리더는 빠르게 답장한다. "아주 좋아, 하지만 이렇게 하는 건 어때?" 그러고 나서 제품에 대한 세 가지 개선점을 제시한다. 대화는 증발하고 만다.

회사를 위해 자신의 평생을 바친 베테랑 직원이 은퇴한다. 인사 팀은 정년 퇴임하는 직원들을 축하하기 위한 명단을 작성하다가 실수로 그의 이름을 빠뜨려버렸다. 그 탓에 회사는 그에게 감사를 표하는 상이나 증서를 나누어주지 않는다. 그의 동료들도 이 문제를 해결하기 위한 어떠한 말도 하지 않는다.

우리가 일상에서 접하는 성과를 축하하는 데 실패한 사례들이다. 당신은 아마 이외에도 여러 실패 사례들을 목격해왔을 것이다.

우리가 평상시에 축하를 하지 못하는 세 가지 이유가 있다.

첫째, 축하하기 위해 멈추면 생산하는 시간이 줄어들고, 효율이 떨어진다. 즉, 낭비가 발생한다. 둘째, 팀이 다음 단계를 지속할 의욕을 잃고 그대로 안주할까 봐 걱정된다. 셋째, 일을 하나로 길게 이어진 컨베이어 벨트로 본다. 그래서 '아직 다 못 끝냈기' 때문에 축하할 것이 없다.

축하하기 위해 잠시 멈추면 레드워크는 중단된다. 멈춰 있는 동안 노동자들이 다음 레드워크에 대한 아이디어를 떠올린다면 어떨까? 하지만 정해진 시간을 준수하고, 강요하고, 순종하는 옛날 사고방식에 사로잡혀 있는 조직에서는 팀원이 의사 결정에 참여하는 것을 리더의 권위를 손상시키는 행위로 본다. 그래서 리더는 팀원들이 항상 시간에 쫓기도록 몰아붙인다. 생각하거나 성찰할 시간을 주지 않고 오로지 행동에만 몰두하게 한다. 산업화 시대에서 레드워커에게 필요한 것은 쉬지 않고 일만 하라는 리더의 훈계다.

산업화 시대, 즉 결정자와 행위자를 확실히 구분하던 때에는 이 방식이 이치에 맞았다. 하지만 노동자들을 기준과 목표, 마감기한으로 관리하면, 그들은 최소한의 요구사항만 충족시키며 일을 하려 한다. 일에 대한 개인의 만족감이 없기 때문이다. 그들에게 일은 해치워야 하는 어떤 것. 혹은 하기 싫은 과업의 연속으로 느껴질 뿐이다. 무엇 때문에 조직의 요구사항보다 더 오래, 더 많이 일하겠는가? 레드워커들은 최소한의 일만 하기 위해서는 어느 정도의 속도로 일해야 하는지 예측하는 데 온 관심을 쏟게 된다. 할당량을 채우는 방법을 익힌다.

축하하기 위해 잠시 멈춘 순간, 팀은 레드워크를 수행할 시간을 그 즉시 빼앗긴다. 축하의 이점은 불분명하며 한참 후에야 서서히 드러난다. 바쁠 때는 즉각적이고 분명한 무언가가 미래지향적이며 불분명한 이득을 대체한다. 그럼에도 축하하기 위해 잠시 멈춰야만 우리는 우리가 한 일을 인정할 수 있고, 존중받는다는 느낌을 받으며 일을 지속해나갈 수 있다. 팀원들은 일을 긍정적으로 받아들이며, 더 적극적으로 업무에 임할 것이다. 존중받는다고 느끼는 사람들은 팀에 공헌하게 되므로 긍정적인 미래를 맞을 가능성이 높다. 축하는 건전한 직장의 필수 요소다.

축하가 행동에 미치는 영향

《당신의 직원은 최고인가》의 저자 오브리 대니엘스Aubrey Daniels는 행동 변화를 일으키는 구조를 분석해 ABC로 설명했다.

A: 행동 전에 일어난 일

B: 행동 그 자체

C: 행동의 결과

대니엘스는 오직 행동의 결과만이 장기적 행동 변화에 영향을 준다는 사실을 발견했다. 그러나 불행하게도 많은 사람들이 선행 사건에 더 공을 들인다. 예를 들어 어질러진 방을 자녀가 청소하기를 원할 때 부모는 회유하거나, 협박하거나, 속이거나, 보상을 약속한다. 하지만 중요한 건 아이들이 방을 청소한 뒤에 어떤 일이 벌어지는가이다. 그저 형식적으로 "잘했어, 드디어 청소했구나."라고 말하면 아무 효과가 없다. 좋은 행동은 시간이 지나면서 점차 빈도가 줄어들다가 결국 사라지고 말 것이다. 같은 일이 직장에서도 일어난다. 리더가 팀원들의 좋은 행동을 인식하지 않으면 그 좋은 행동들은 결국 사라질 것이다.

대니엘스는 행동의 결과를 세 가지 차원으로 분류했다.

· 즉각적인가, 지연되는가

· 긍정적인가, 부정적인가

· 확실한가, 불확실한가

즉각적이고 긍정적이며 확실한 보상이 행동을 확립하고 유지하는 데 가장 강력한 것으로 나타났다. 이것은 흡연의 중독성이 강한 이유를 설명한다. 담배를 폈을 때 느낄 수 있는 니코틴 황홀경은 즉각적이고, 긍정적이며, 확실하다. 흡연자들은 흡연으로 인해 암에 걸릴 수도 있다는 사실을 알지만, 그 결과는 나중에 나타나며, 부정적이고, 불확실하다.

리더들은 팀원들에게서 사업에 유용한 행동을 관찰하여, 즉각적이고, 긍정적이고, 확실한 정신적 보상을 주는 데 집중해야 한다.

나는 이것을 직접 경험했다. 산타페호 함장으로 취임해 사관들을 처음 만났을 때, 그들은 전체 함대에서 가장 형편없어 보이는 모습이었다. 제복을 아무렇게나 입고 있었고, 명찰도 달지 않고 있었다. 이는 복장 규정에 어긋나는 행동이었지만, 그들은 서로의 이름을 알았기 때문에 명찰을 불필요하게 느꼈을 것이다. 나는 첫날 조회에서 명찰을 달고 있는 한 사관을 지목해 감사를 표했다. 그러자 다음 날에는 사관 여러 명이 명찰을 달았다. 나는 그들에게 감사를 전했다. 며칠이 지나자 사관들 모두가 명찰을 달았을 뿐만 아니라, 제복도 깨끗이 세탁하여 다림질해

입고 있었다. 그러자 거짓말처럼 나의 바로 아래 계급인 1등 항해사가 사관들을 따라하기 시작했다. 한 달쯤 지나자 모든 선원이 프로 같아 보였다. 그 후에도 나는 사관들에게 인정해줄 무언가를 찾아내고는 했고 그것이 우리를 변화시켰다.

축하는 긍정적인 결과이고, 축하를 받은 팀원들은 좋은 행동을 유지할 것이다. 하지만 단순히 "잘했어."가 아닌, 그 이상을 표현해야 한다.

2. 축하해주는 게 아닌 축하를 나눈다

보통 우리가 받는 축하는 형식적이거나 바로 비판이 따라붙는다. 분명 당신은 이런 말을 들어본 경험이 있을 것이다. "잘했어! 그런데 이 부분은 좀 바꾸는 게 어떨까…" 이러한 전형적인 축하에는 여러 문제점이 있다. 이건 성과를 충분히 인정해주지 않는 축하다. 그 사람이 어떠한 노력을 했는지 이야기를 이끌어내지 않는 축하다. 관찰을 통해 유용한 것을 찾아내지 않는 축하다. 협력보다는 권위에서 비롯된 축하다. 결국, 축하를 나누는 게 아니라 축하해주는 것이다.

전통적인 축하는 사실상 통제하고, 조종하고, 생색내는 것이라 조직에 도움이 되지 않는다.

- "잘했어."
- "당신이 정말 자랑스러워!"
- "○○씨는 자기 자신의 한계를 뛰어넘은 거예요."

이 말들은 '축하해주는' 것을 나타내는 예시다. 이러한 축하는 말하는 사람이 심판이 되어 좋은 기분을 독차지한다. "나는 네가 참 자랑스럽다."라고 말하면 상대방의 정신적 보상이 나의 것이 된다. 자랑스럽게 느끼는 사람이 상대가 아닌 '나 자신'이기 때문이다. 좋은 것은 내 기분이다. 축하받는 사람에게 이 말은 내적 동기가 아닌, 외적 동기가 된다. 성취 그 자체로 기쁨을 느끼는 것이 아니라 남을 기쁘게 하는 것에서 만족을 느낀다.

게다가 이런 표현들은 칭찬받을 행동을 더 많이 해야겠다는 목표를 갖도록 한다. 조종이며, 타인을 기쁘게 하려는 사고방식을 장려한다.

축하를 나누려면 평가하지 말고 인식하라. 판단하지 말고 관찰하라. 칭찬하지 말고 소중하게 여겨라.

관찰한 것을 묘사하고, 행동에 대한 감상을 표현하며 축하하자. 그 표현은 다음과 같다.

· "세 부문으로 나눠서 발표해준 덕분에 무슨 이야기를 하고 있는지 이해가 잘 됐어요."

· "상품을 제때 출시할 수 있을 것 같아요. 다른 부서와 협력해서 일정을 잘 맞췄네요."

· "제안서가 나온 것을 봤습니다. 감사합니다. 덕분에 고객이 주말 전에 제안서를 볼 수 있겠군요."

묘사하는 표현은 "알아요.", "알게 됐어요.", "그럴 것 같아요."이다.

당신은 지금 바로 이를 실행에 옮길 수 있다. 책을 내려놓고 사무실이나 집을 둘러보라. 누군가 해놓은 무언가를 발견한 후 그들에게 당신이 뭘 알게 됐는지 이야기하라. 예를 들어 "고객한테 보낸 이메일 봤어요. 프로젝트 향후 계획을 아주 명확하게 제시했더라고요." 또는 "차에 가스 충전했더라. 당신 덕분에 내일 아침에 충전소 안 가도 되겠다."와 같이 구체적으로 말하되 판단이나 평가는 생략하라. 그저 행동과 그 행동으로 상황이 얼마나 나아졌는지를 묘사하라.

"자네는 자네 팀이 제시간에 납품할 수 있도록 훌륭한 리더십을 보여줬네."라고 말하는 대신 "내가 보니 제시간에 납품할 수 있도록 자네 팀이 수시로 일정을 조정하더군. 납품 과정이 잘 통제되는 것처럼 보였네."라고 말하라. 첫 번째 표현은 상대의 행동을 '훌륭한 리더십'으로 나타낸다. 당신이 내린 평가다. 그 말은 상대가 더 많은 칭찬을 받기 위해 같은 행동을 같은 방식으로 반복하도록 장려한다. 두 번째 표현은 상대에게 권한을 주고, 배우는 행동을 하도록 격려한다. 또한 그들 스스로 노력하여 통제할 수 있는 행동을 칭찬하고 있기에 더 좋은 결과로 이어질 가능성이 높다.

3. 특성이 아닌 행동에 초점을 둔다

심리학자 캐롤 드웩Carol Dweck은 사람이 자신의 특성에 관한 칭찬을 들으면 그 특성을 자신과 동일시하려 한다는 사실을 발견했다. 그 특성이 동일시를 넘어 정체성이 되고 나면, 이를 거스르는 행동은 회피하려는 경향이 생긴다.

드웩은 5세 아이들에게 누구나 쉽게 할 수 있는 퍼즐을 풀어보라고 요구했다. 아이들이 성공했을 때 절반의 아이들에게는 "너는 퍼즐을 잘 맞추는 아이구나."라며 퍼즐을 푼 고유의 능력에 대해 칭찬했고, 나머지 아이들에게는 "퍼즐을 정말 열심히 풀었구나!"라며 행동에 대해 칭찬했다. 그러고 나서 아이들에게 이제 퍼즐을 하나 더 풀 건데, 방금처럼 쉬운 퍼즐을 풀고 싶은지 아니면 더 어려운 퍼즐을 풀고 싶은지 물었다. 그러자 고유의 능력을 칭찬받은 아이들은 절반도 안 되는 인원이 더 어려운 퍼즐을 선택한 반면, 행동에 대해 칭찬받은 아이들은 90퍼센트가 어려운 퍼즐을 선택했다.

어른도 다르지 않다. 요컨대 자신이 '똑똑한 사람'으로 여겨져야 하는 상황에서는 지능과 한계를 시험받는 도전을 피할 것이다. 잘못된 칭찬은 성장하려는 열의를 헛되게 만들고 무너뜨린다.

리더들은 긍정적인 피드백도 부정적인 결과를 초래할 수 있음을 알고 주의해야 한다. "생각이 깊네요."라거나 "타고난 리더네요."라는 식으로 고유의 특성이나 능력에 대해 칭찬하는 대신, 통제 가능한 행동을 인정하라. 예를 들어 난관에 부딪혔을 때 보여준 헌신, 행동하기 전에 신중히 검토한 태도, 아이디어에 대한 다른 이들의 피드백을 빠르게 이끌어낸 행동 등이 될 수 있다.

성과를 개선하려면 사람들이 통제할 수 없는 것 대신에 통제할 수 있는 것을 축하하라. 결과 대신 노력을 축하하는 것이다. 예를 들어 소프트웨어 개발 팀이 레드워크 기간을 마쳤다고 하자. 이때에는 "이 일을 끝내다니 여러분이 정말 자랑스러워요."라고 말하는 대신 "제품을 개발하는 과정에서 부서 간 협조를 이끌어내는 일이 쉽지 않았을 것 같습니다."와 같이 말하려고 노력하라.

자재 결함 때문에 제품에 불량이 생겨 생산 팀이 생산 라인을 멈출 때는 "생산을 중단시키다니 잘했군, 정말.", "이번엔 또 무슨 일이야?"라고 말하는 대신 "고맙습니다. 불량을 감지하고 생산을 중단시킨 덕분에 문제를 완벽히 해결할 수 있게 되었어요."라고 말하라.

4. 목적지가 아닌 여정에 초점을 둔다

관찰한 것을 말하기 위해서는 결과가 나오기까지의 노력을 충분히 봐야 한다.

보통 부모는 아이를 직접 관찰할 수 있으므로 결과가 아닌 구체적 행동에 대한 의견을 말할 수 있다. 하지만 직장에서는 개인이 레드워크 기간 동안 무엇을 했는지 리더가 직접 들여다보지 못할 수도 있다. 그렇다면 어떻게 알아낼 수 있을까? 적극적으로 질문하는 것을 추천한다.

축하하기 위해 잠시 멈춰 있는 동안 팀원들의 이야기를 이끌어낼 수 있다. 그들이 자신의 행동을 묘사할 때 단순히 관심을 기울이는 것만으로도 강력한 메시지를 전달할 수 있다.

누군가에게 그들 자신의 이야기를 하도록 유도하는 구체적인 질문은 다음과 같다.

· "당신이 내려야 했던 중요한 결정은 무엇이었나요?"
· "당신 팀이 극복해야 했던 장애물은 무엇이었나요?"

- "어떻게 그런 생각을 떠올렸나요?"

- "이 프로젝트에서 가장 어려운 부분은 무엇이었나요?"

- "이 프로젝트가 재미있거나 보람 있었던 이유가 무엇이었나요?"

- "이 프로젝트를 할 때 어떤 영감이 도움이 되었나요?"

- "좀 더 자세히 이야기해주세요."

- "그걸 어떻게 극복했나요?"

사람들이 자기 이야기를 할 때, 그 경험에서 터닝 포인트가 무엇이었는지 알아내라. 다음과 같은 핵심 문구에 귀를 기울이면 된다. "그래서 우리는 결정했어요."라거나 "우리는 갈림길에 서게 됐어요."라거나 "우리는 난관에 봉착했어요. 그 시제품은 효과가 없었죠. 그래서 우리는…." 그때가 더 깊게 파고들어 다음과 같은 추가 질문을 던져야 할 시점이다.

- "어떤 난관이었나요?"

- "무엇 때문에 그런 행동을 했나요?"

- "그래서 어떻게 됐나요?"

- "무엇을 걱정했나요?"

다시 말하지만 '무엇'과 '어떻게'로 질문을 시작하라. 또 짧게 질문하라. 질문한 뒤에는 완전하게 답변할 수 있도록 여지를 줘야 한다.

끝이 아닌, 여정으로 생각하라

〈도전! FAT 제로〉는 30주 동안 16명의 참가자 중 누가 체중을 가장 많이 감량하는지 보여주는 미국의 쇼 프로그램이다. 시청자들은 참가자들이 새로운 몸을 만들기 위해 땀 흘리며 노력하는 모습을 지켜본다.

이 프로그램에서는 모든 초점이 결과, 즉 체중을 가장 많이 감량하는 사람이 되는 것에 맞추어져 있다. 시청자들은 체중을 감량하기 위한 참가자들의 행동을 지켜보지만, 결국 주의를 기울이게 되는 건 다른 무엇보다도 체중 측정이다. 이는 전적으로 입증 사고방식과 결합한 레드워크다.

프로그램 끝에는 엄청난 축하 자리가 준비되어 있다. 우승자 위로 색종이 조각이 흩날리고, 사람들은 환호성을 지른다.

하지만 안타깝게도 참가자 대다수는 다시 살이 찐다. 저널 〈비만〉에 실린 한 연구에서 〈도전! FAT 제로 시즌 8〉 참가자 16명 중 14명을 분석했다. 시즌 8은 2009년에 끝났고, 연구 결과는 2016년에 발표되었는데 아주 놀라운 결과가 나왔다. 14명의 참가자 중에서 무려 13명이 다시 살이 쪘다. 그리고 그들 중 4명은 프로그램 참가 전보다 더 많이 살이 쪘다.

목표를 달성한 사람들에게 대체 어떠한 일이 일어나는 걸까? 우리는 목표를 성공적으로 달성하게끔 도운 행동을 계속 유지하기를 바라지만, 보통은 그렇게 되지 않는다.

목표에 도달하는 과정을 하나의 여정으로 생각하고, 여기에 도움이 되는 행동이 무엇인지를 생각하면 목표를 달성한 후에도 그 행동을 유지해나갈 가능성이 높다. 하지만 쇼 프로그램이 우리에게 일러줬듯이 목표가 끝나는 시점이 분명한 경우에는 체중 그 자체에 초점이 맞추어지기 때문에 긍정적인 행동을 이후까지 유지할 가능성이 높지 않다. 결국 다시 살이 찔 것이다.

스즈치 후앙Szu-Chi Huang 교수와 제니퍼 아커Jennifer Aaker 교수는 스탠포드 경영 대학원에서 수행한 연구에서 경영자 교육 프로그램을 마친 졸업생 106명을 추적했다. 참가자들은 연구를 위해 졸업식 직후 '졸업생 인터뷰'에 참여했다. 졸업생 중 일부에게는 자신의 성취를 여행에 비유해 이야기하라고 요청했고, 나머지에게는 목적지에 비유해 이야기하라고 요청했다. 특별히 비유 요청을 하지 않은 통제 집단도 있었다.

6개월 후 연구자들은 '달성한 목표를 여행으로 묘사하면 목표를 이끈 행동을 지속할 가능성이 높다.'라는 결론을 내렸다. 성취를 여행에 비유한 이들은 교육 과정에서 배운 것을 성공적인 글로벌 비즈니스에 활용할 가능성 역시 높을 것으로 기대됐다.

《전진의 법칙》에서 테레사 아마빌레Teresa Amabile 교수와 스티븐 크레이머Steven Kramer 교수는 작은 성공을 축하할 때 얻을 수 있는 효과를 설명한다. 그들은 무엇이 일에 만족하게 돕는지 밝혀내기 위해 1만 2,000개의 데이터를 분석했다. 분석 결과, 주요 요인 중 하나는 일을 마치고 성과를 축하하는 보상이었다. 리더가 일의 완료를 인정하고 축하할 의지가 없거나, 성과에 대한 반응이 "잘했는데, 여기에서 세 가지만 수정하면 좋을 것 같아."와 같을 때는 사람들이 일에 만족감을 느끼지 못했다.

다음 단계를 결정하거나 어떤 개선이 필요할지 생각해보는 건 나중 일이고, 일단 멈춰서 고맙다고 감사를 표현하는 것이 훨씬 더 중요하다.

스탠포드 교수 후앙과 아커가 실시한 또 다른 연구에서는 386명의 사람들을 14일 걷기 프로그램에 참가시킨 뒤 3일간의 활동을 관찰했다. 목표는 14일 동안 총 10만 걸음을 걷는 것이었다. 참가자들은 여행 비유와 목적지 비유 중 하나를 선택해 프로그램 설문조사에 응했는데, 앞서 이야기한 것처럼 목표를 여행의 일부로 생각한 사람들이 그 행동을 지속해나갔다. 여행 비유에 영향을 받은 사람들은 그렇지 않은 사람들보다 이후 3일 동안 50퍼센트 더 많은 걸음 수를 기록했다.

완료는 우리에게 성취감만 주는 것이 아니라 이전의 행동에서 심리적으로 분리될 수 있게 한다. 또 이전 프로젝트에 할당되었던 인지적 자원을 완전히 새로운 프로젝트에 쏠 수 있게 한다. 컴퓨터를 깨끗하게 리셋 하여 원치 않는 메모리를 지우고 새롭게 시작하는 것으로 생각하라. 성취 축하하기, 우리를 성공하게 한 행동 떠올리기, 완료를 통한 자아 분리. 이 모두가 다음 레드워크를 더 좋게 해주는 핵심 전제 조건이다.

완료하는 법

1. 초기에는 자주 완료하고 후기에는 적게 완료한다.
2. 축하해주는 게 아닌 축하를 나눈다.
3. 특성이 아닌 행동에 초점을 둔다.
4. 목적지가 아닌 여정에 초점을 둔다.

일을 완료하라

완료는 레드워크를 끝내고 블루워크로 돌아간다는 신호다. 하지만 블루워크로 가기 전에 반드시 멈춰서 축하해야 한다.

완료는 앞으로 나아가는 느낌과 성취감에 관한 것이다. 전진은 전진을 부른다. 또한, 완료는 우리가 이제까지 만든 가설과 결정이 맞는지 확인할 수 있게 한다.

축하할 때 상대를 조종해서는 안 되며, 축하의 목적이 칭찬이 되어서는 안 된다. 성취감은 일 자체를 완료하는 데서 비롯되어야 한다.

축하할 때 "잘했습니다. 그런데 말이죠⋯."와 같은 표현은 피하라. 그 대신에 우리는 상대에게서 성취 이면의 이야기를 들어야 한다. 그러면 그 행동에 대한 통찰력을 얻을 수 있다. 우리는 행동을 이해하지 못한 채 칭찬하려 한다. 손쉽게 관찰할 수 있는 특성만 칭찬하려 한다. 특성, 즉 지능이나 리더십 능력을 칭찬하면 사람들은 점차 위험을 회피하게 된다. 따라서 우리는 바람직한 결과로 이어진 행동, 노력, 행동 방식을 관찰하여 본 그대로를 전달해야 한다.

따라서 축하할 때 우리는 특성이 아닌 행동에 초점을 두고, 목적지가 아닌 여정에 초점을 두어야 한다.

또한, 완료 전술을 펼치면 이전의 행동에서 심리적으로 분리될 수 있다. '다음으로 넘어가는' 그리고 '이전 단계를 놓아주는' 느낌은 더 나아지려는 시각에서 과거의 행동과 결정을 바라볼 수 있게 한다.

CHAPTER
7

일을 완료한 후
꼭 개선하라

개선은 '지금까지 한 일' 자체와 '이를 나아지게 하는 방법'에 대해 깊이 생각하는 것이다. 이를 위해서는 자기 자신과 자기 자신이 한 일의 부족한 점을 인정하고 받아들여야 한다. 리더는 개선을 통해 혁신을 이룰 수 있도록 '아이디어를 내고 일을 결정할 권한'을 팀원에게 주어야 한다.

〈겨울왕국〉 제작진은 곤경에 처해 있었다. 그들은 영화 초기 버전 시사회를 이제 막 끝낸 참이었고 피드백은 냉혹할 만큼 부정적이었다. 이 버전에서 엘사는 사악하며 이해 타산적인 악당으로, 용감한 여자 주인공 안나와 대결한다. 이 이야기에는 감동이 전혀 없었다. 하지만 제작진에게는 영화를 분석하고 수정할 시간이 많지 않았다. 개봉일까지는 18개월도 남지 않았다.

모든 피드백을 신중히 검토한 디즈니Disney의 최고 콘텐츠 책임자는 창작 팀의 시간을 멈췄다. "여러분은 답을 찾기 위한 시간을 충분히 가져야 합니다." 그는 마감기한의 중요성을 무시하지 않으면서도 시간을 통제하는 전술을 썼다. 책임자는 팀이 레드워크에서 블루워크로 옮겨갈 수 있게 도왔고, 팀원들은 시간 압박에서 벗어날 수 있었다.

일정과 이해관계를 생각하면, 팀원들은 산업화 시대의 입증 전술을 사용하고 싶었을 것이다. 그렇게 할 수밖에 없었던 이유를 논리적으로 정당화시키고, 과거에서 앞으로 나아가지 못한 채 시간만 낭비했을 것이다. 하지만 그러한 노력으로는 어딘가 부족한 영화를 좋은 영화로 바꿀 수 없다.

다음 날 아침 〈겨울왕국〉 제작자가 팀원들에게 말했다. "잘못된 것에 초점을 맞추는 대신 무엇이 옳을지에 대해 생각하길 바랍니다. 가장 큰 희망 사항이 무엇인가요? 우리가 무엇이든 할 수 있다면 스크린에서 뭘 보고 싶지요?" 그는 입증 전술로 시간을 낭비하지 않았다. 대신 개선 전술을 썼다.

- "엘사가 꼭 악당이어야 하나요?"
- "엘사와 안나가 자매면 어떨까요?"
- "엘사가 자신이 누군지를 두려워하면 어떨까요? 그리고 자신의 힘 때문에 사랑하는 누군가를 다치게 할까 봐 두려워하는 건 어떨까요?"

새로운 의견을 자유롭게 나누는 분위기가 조성되자 창작자들은 누군가의 감정을 상하게 하거나 일이 늘어나는 것에 대한 걱정 없이 점점 더 편안하게 새로운 아이디어를 제시했다. 엘사와 안나가 자매라는 설정을 검토하면서, 엘사를 사악한 악당보다는 자신의 힘에 압도된 혹은 확신이 없는 입체적 캐릭터로 설정하는 것이 더 좋겠다는 아이디어가 나왔다. 또한, 결말을 다시 생각했고 왕자가 공주에게 키스하는 뻔한 수사법을 피했다. '무조건 완료하라'는 압력에서 벗어나자 팀원 모두가 신선하고 놀라운 접근 방식을 상상할 수 있게 됐다.

〈겨울왕국〉 새 버전에서 엘사는 동생 안나를 짓밟을 수 있는 자신의 힘을 두려워하며 동생을 보호하기 위한 길을 떠나고 활기차고 순진한 안나가 언니와의 유대감을 회복하려 하면서 주된 갈등이 형성된다. 새로운 대본이 만들어졌고 주제가 모아졌다. 엘사의 여정은 모두 두려움에 관한 것이고 안나의 여정은 모두 사랑에 관한 것임이 분명해졌다.

이러한 스토리가 완성된 덕분에 OST 작곡가들은 엘사를 위한 명곡 〈Let It Go〉를 쓸 수 있었다. '두려움에 떨면서도 자신의 재능을 통제하고 받아들이기 위해 분투하는 소녀'에 대한 노래였다.

〈겨울왕국〉은 디즈니에서 역대 최고 수익을 거뒀다. 〈Let It Go〉는 돌풍을 일으키며 빌보드 차트를 강타했고, 앨범 수천만 장이 팔렸으며, 온라인에서 10억 번 이상 재생됐다.

〈겨울왕국〉을 살린 건 우리가 지금부터 배울 개선 전략이다. '개선'은 과거의 행동을 객관적으로 검토하여 무엇이 더 나을지 숙고하는 데서 비롯되며 블루워크의 핵심 목표이자 레드워크의 의미 있는 변화를 뜻한다. 개선을 통해 레드워크를 더 효율적이고 더 유의미하며 더 회복력 있게 바꿔야 한다. 개선 전략을 펼치기 위해서는 팀원 모두가 탐구 정신과 호기심을 발휘해야 한다.

숙고와 자기반성은 배움, 창의력, 혁신의 핵심 요소다. 하지만 숙고 그 자체로는 충분하지 않다. 블루워크 모드에 너무 오래 머물던 수의 이야기를 기억하라. 그녀는 데이터 분석을 반복하며 끝없는 회의에 붙잡혀 있었고, 가능하지 않은 것을 확실히 보장하라고 요구하면서 앞으로 나아가지 못하고 있었다. 그러나 개선은 앞으로 나아가게 한다. 블루워크 기간에 하는 정신적 활동은 레드워크를 개선하여 바람직한 결과로 이어지게 한다.

‖ 언제 개선하는가 ‖

개선 전술을 펼치기 위해서는 마음을 편안히 먹고 시간의 압박을 없애야 한다. 그렇기 때문에 시간을 통제하여 잠깐 멈췄을 때만 개선 전술을 펼칠 수 있다. 생산 모드에서는 마감기한의 압박으로 인해 개선에 필요한 폭넓고, 발산적이고, 다양하고, 자기 도전적인 생각에 몰두하기가 어렵다.

우리는 언제 개선 전술을 쓰는가? 우선 쓰지 않을 때는 다음과 같다.

팀이 제품 개발이나 프로젝트에 매진하는 레드워크 모드에 있다. 리더로서 당신은 개선해야 할 잠재 요소들을 발견한다. 당신은 팀원 사이에 끼어들어서 그들을 당장 '돕고 싶다'는 유혹에 사로잡힌다. 다른 방향으로 그들의 초점을 돌리고 제안이나 아이디어를 추가하는 식이다. 하지만 유혹을 뿌리쳐라.

당신의 이러한 행동은 일의 방향을 바꾸고, 낭비하고, 과잉 통제하고, 불안정하게 만든다. 그 대신 '좋은 아이디어'를 기록해두었다가 계획된 다음 블루워크 기간에 잠시 멈춰서 그 기록을 재검토하라. 이렇게 하기 위해서는 훈련과 자기 통제가 필요하다. 팀이 잘못된 방향으로 일하는 것 같다고 생각하면서도 그냥 지켜봐야 하기 때문이다.

전에 논의했던 전사적 품질 리더십(TQL) 프로그램의 창시자 에드워즈 데밍은 경영진이 일에 개입할 때의 폐해를 입증하기 위한 실험을 고안했다. 탁자 위에 X라고 표시한 후 그 위로 스탠드를 이용해 큰 깔때기를 고정시켰다. 실험의 목표는 구슬이 깔때기의 아래쪽 구멍으로 떨어질 때 X에 가깝게 분포할 수 있도록 구슬 한 묶음을 이용해 깔때기의 위치를 잡는 것이었다. 조정 가능한 유일한 것은 깔때기의 위치다. 모든 구슬은 반드시 깔때기 끝에서 같은 방식으로 떨어져야 한다. (산업화 시대 설계의 목표는 가변성을 줄이는 것이다.)

첫 번째 구슬을 굴리기 시작한다. 구슬은 데구루루 돌면서 내려가 X의 살짝 오른쪽에 떨어진다. 그렇다면 당신은 깔때기를 아주 조금 왼쪽으로 이동함으로써 처리 과정을 개선하겠는가?

그러나 깔때기를 옮긴다 하더라도 이후에 떨어지는 구슬들은 X 위로 떨어지지 않을 것이다. 이 불규칙한 변동성에 맞춰서 깔때기의 위치를 계속 조정하면, 실제로는 구슬이 떨어지는 위치의 분포 범위만 넓어질 것이다. 다시 말해 개입은 더 큰 분산을 유발하며 처리 과정의 품질을 떨어뜨린다.

당신은 깔때기를 움직이지 않고 구슬 한 묶음을 떨어뜨려야 한다. 구슬 한 묶음을 레드워크 한 묶음으로 생각하라. 떨어지는 위치는 X와 가장 밀집해질 것이고 품질 역시 가장 높아질 것이다.

이 실험은 리더가 일의 처리 과정에 개입할 때의 영향을 분명히 보여준다. 팀의 레드워크 과정에 간섭하고 싶을 때는 이 실험을 떠올려라. 이제 중요하게 결정해야 할 건 조정하기 전에 몇 개의 구슬을 떨어뜨려야 하는가이다. 너무 적으면 처리 과정에 자주 개입하는 것이고 너무 많으면 시스템 오류를 오래 가져가는 것이다.

이것은 다시 한번 완료 전술의 중요성을 상기시킨다. 레드워크의 끝을 계획하지 않았다면, 당신은 방금 떠올린 좋은 아이디어가 잊혀질까 안달이 날 것이다. 하지만 레드워크 완료를 계획하면, 이후에 개선 전술을 펼치며 아이디어를 반영할 수 있을 거라는 확신과 함께 안심할 수 있고, 팀이 레드워크에 있을 때 개입하고 싶은 욕구를 참을 수 있다.

나는 개선에 대한 열정으로 우리 팀을 방해해왔다. 여러분도 그랬을지 모른다. 우리는 이러한 방식으로 행동하는 사람을 '아이디어 요정'이라고 부른다. 깊이 생각하지 않은 채 느닷없이 나타나서 어떠한 개선이 이루어져야 하는지 제안을 내놓기 때문이다. 우리 팀이 한 프로젝트에 대한 레드워크를 시작했을 때 내가 아이디어 요정처럼 행동하고 있다는 사실을 불현듯이 깨달았다. 새로운 아이디어가 강렬하게 떠올랐고 나는 우리 팀이 당장 이 아이디어를 들어야 한다고 생각했다. 이 엄청난 아이디어를 단숨에 정리해 팀원들에게 돌렸다. 한 번만 그런 것이 아니다. 나는 팀이 합의한 행동 방침에 따라 일을 하는 중에도 유용한 아이디어와 제안이 떠올랐다는 이유로 그들을 방해했다.

하지만 나는 내 모든 생각을 다음 블루워크 기간까지 미뤄둬야 했다. 완료한 부분을 충분히 축하한 후에, 레드워크를 끝낸 팀원들의 생각과 성찰을 들어보며 모든 아이디어를 재검토하고, 어떤 것을 실행할지는 팀원들이 최종 결정하도록 해야 했다.

레드워크를 시작하기 전에 다음 블루워크 기간을 정하는 것은 아이디어를 뒤로 미뤘다가 적절한 때에 꺼내도록 훈련하기 위함이다.

‖ 발전하는 조직이 되기 위해서 ‖

산업화 시대 구조에서는 계층에 따라 일을 분리했으며 개선에 대한 책임은 블루워커에게 있었다. 블루워커가 레드워커를 관찰하고 판단했으며 이것이 테일러 방식의 본질이었다. 레드워커는 스스로를 평가하지 않아도 되었고 자기반성이라는 내적으로 힘든 과정 역시 아무렇지 않게 회피할 수 있었다.

데밍은 TQL을 할 때 레드워커들에게 그들이 보고 생각하는 것을 말해보라고 제안했다. 이전보다 좀 더 나아지기는 했지만, 여전히 블루워커 계층이 개선에 관한 결정을 내렸으므로 충분하지는 않았다.

이제 우리는 레드워크와 블루워크를 모두 하는 사람이 필요하다. 우리는 모두 레드워커이자 블루워커다. 그러기 위해서는 생산자 역할에서 벗어나 개선자의 냉정한 눈으로 생산을 되돌아봐야 한다. 레드워커와 블루워커가 사라지고, 한 사람이 레드워크와 블루워크를 함께 하는 구조가 되면서, 오래된 리더십과 조직 설계 모델은 무의미해졌다.

이전의 일에 집착하는 것에서 벗어나야 한다. 일을 더 잘 수행할 수 있게 돕는 새로운 전술이 있다는 사실을 받아들여야 한다. 입증 사고방식에서 벗어나 개선 사고방식으로 변화해야 한다.

사람들에게 무턱대고 개선 전술에 참여하라고 하면 갈등이 생긴다.

개선 전술을 펼칠 때는 어떤 점을 바꿔야 할지 논의해야 하기 때문에 어쩔 수 없이 누군가 더 능숙했다면 일을 다르게 수행할 수 있었을 거라는 의미를 함축한다. 개선 사고방식은 '잘하는' 나와 '나아지는' 나를 대결하게 한다.

'잘하는' 나는 자신을 능숙하고 유능하고 믿을 만한 훌륭한 직원이라고 느끼고 싶어 한다. 집단에서도 그렇고 개인적인 측면에서도 자부심을 지키기를 원한다. 우리는 모두 '잘하는' 나를 일부 가지고 있다.

우리는 '잘하는' 나를 위협하는 것을 심각하게 받아들이며 방어적으로 행동한다. 사람들은 '잘하는' 나 관점에서 다음과 같이 말한다.

· "나는 잘못한 거 없어."
· "우리는 할 만큼 했어요."
· "다시 한다고 해도 그렇게 할 거야."
· "그렇게 하라는 건 줄 알았어."
· "우리는 항상 그렇게 해왔어."
· "내가 이 일을 얼마나 오래 했는데."
· "네가 이 일을 얼마나 했다고 그래?"
· "너는 여기 처음이잖아. 우리가 왜 이렇게 하는지 너도 곧 알게 될 거야."

'잘하는' 나는 누군가 의문을 제기하거나 자신과 다른 관점이 들리기만 해도 즉각 방어 모드로 들어간다. 〈겨울왕국〉 제작진이 '잘하는' 나에 의지했다면 기존에 하던 작업을 계속 고수했을 것이다.

하지만 우리에게는 '나아지는' 나도 있다. '나아지는' 나는 배우고 성장하기를 추구하는 우리의 일부다. 도전에 강한 흥미를 느끼고, 다른 사람이 무엇을 보고 무슨 생각을 하는지를 궁금해하며, 배우고 개선하기를 열망한다. 새로운 탐험과 발견을 할 때, 새로운 레스토랑을 찾는 것이 즐거울 때, 오늘의 결과를 어제의 결과와 비교할 때 '나아지는' 나는 충족될 수 있다.

'잘하는' 나와 '나아지는' 나는 친구가 아니다. 배우고 성장하며 일을 더 효과적으로 하기 위해서는 이전의 결정, 믿음, 지식에서 멀어져야 한다. 〈겨울왕국〉 제작진은 '나아지는' 나를 불러냈기 때문에 그들이 영화를 만든 당사자였음에도 영화를 개선하는 방법을 새롭게 떠올릴 수 있었다.

사람들은 '나아지는' 나 관점에서 다음과 같이 말한다.

· "더 자세하게 말해주세요."

· "그걸 어떻게 알았어요?"

· "이 일이 있기 전에 무슨 일이 일어났다고 생각하세요?"

· "어떻게 하면 다르게 볼 수 있을까요?"

· "당신 관점에서는 어떻게 보이나요?"

· "우리가 할 수 있는 다른 일이 뭐가 있을까요?"

· "어떻게 하면 더 잘할 수 있었을까요?"

'잘하는' 나의 '방어 행동'은 '나아지는' 나의 '탐색 행동'을 적극적으로 방해하고 밀어낸다.

서서히 발전하기 위해 우리는 '나아지는' 나의 행동 양식과 언어를 활성화해야 한다. 그러려면 '잘하는' 나가 느끼는 위협을 진정시켜야 한다. 그리고 다른 팀원들도 '나아지는' 나로서 일할 수 있게 도와야 한다.

하버드 경영 대학원의 에이미 에드먼슨Amy Edmondson 교수는 연구를 통해 지지하는 문화가 아닌 조직에서는 '나아지는' 나를 활성화하는 것이 어렵다는 것을 밝혀냈다. 2002년 보고서에서 그녀는 이렇게 말한다. "행동한다는 것은 질문하고, 도움을 구하고, 입증되지 않은 행동을 시험하고, 피드백을 구하는 등의 학습 행동을 수반한다. 이 활동들을 통해 조직과 개인은 바라던 결과를 낼 수 있음에도 불구하고, 그 활동에 참여하는 개인은 조직 안에서 무지하고, 무능하고, 어쩌면 그저 방해하는 사람으로 비쳐질 위험이 있다."

팀에 속한 사람들은 자신이 쓸모 있는 사람이라는 인상을 주기 위해 '잘하는' 나로서 방어적인 행동을 선택할 수도 있고, 무지하고 무능하다고 여겨질 위험이 있더라도 '나아지는' 나로서 개방적인 행동을 선택할 수도 있다. 팀 전체가 나아지는 행동을 격려하거나 보상하지 않으면, 팀원들은 새로운 해결책을 배우거나 발전해나갈 수 없다.

에드먼슨은 배우기 위해서는 '반복적인 시도와 반성'이 필요하다고 강조한다. 그리고 배움은 레드워크나 블루워크 하나만 해서는 이루어지지 않는다. 두 가지 모드가 협력해서 일할 때 성장은 촉진된다. 다가오는 레드워크 기간을 성취하는 기간이 아니라 배우는 기간으로 생각해야 장애물을 맞닥뜨려도 더 오래 버틸 수 있다.

숙고하는 동안 생각을 자유롭게 공유하려면 다른 사람들의 생각과 행동을 의심해야 한다. '나아지는' 나를 포용하는 조직에서는 피드백을 모두 고마워하기 때문에 이러한 생각과 행동이 어떠한 긴장도 조성하지 않는다. 하지만 유감스럽게도 이러한 경우는 매우 드물고, 우리는 모두 '잘하는' 것에 사로잡혀 있다. 다른 사람들도 그러할 것임을 안다. 이 때문에 다른 사람들에게 의문을 제기하는 것은 사회적으로 금기시된다. 의문을 제기하려면 집단에서 소외될 것을 무릅써야 한다. 다시 말하자면, '잘하는' 상태는 나아지려는 것에 방해가 된다.

개선이 활발히 이루어지면 어떤 경우에는 자율성을 위협받는 결과로 이어질 수 있다. 사람들은 자기가 한 일에서 어떠한 결함이라도 인정하는 순간, 상사가 그 일에 대한 통제권을 가져가고 앞으로 자유를 누릴 수 없게 될까 봐 우려한다. 그래서 다른 팀원들이 나의 업무를 다 들여다볼 수 있게 투명성을 유지하는 대신, 일이 잘 돌아가고 있다고 사람들을 안심시킬 수 있는 정도로만 선택적으로 공개한다.

팀원들의 일을 리더가 들여다볼 수 있으면 리더는 팀원의 일을 방해한다. 그래서 팀원들은 자율성을 지키기 위해 정보를 숨긴다. 리더는 자기가 전체 그림을 다 보지 못한다고 느끼면 업데이트와 보고를 계속 요구하면서 팀원이 전보다 더 불투명해지도록 만든다.

'레드워크-블루워크' 리듬은 이 악순환을 자연스럽게 저지한다. 블루워크 기간이 다가온다는 사실을 알면 팀은 합의한 레드워크 기간이 끝날 때까지 변화를 연기할 수 있다. 그리고 지금까지 생각한 '좋은 아이디어'를 다음 블루워크 기간에 테이블에 올려놓고 함께 평가하고 순위를 매기며 더 나은 방향으로 결정할 수 있다.

그렇다면 어떻게 해야 팀원들에게 나아지는 사고방식을 받아들이도록 동기를 부여할 수 있을까?

1. 내재적 동기를 이해하자

산업화 시대에서는 결정자와 행위자가 분리되어 있었기 때문에 관리자는 노동자가 스스로 결정하지 않은 일을 하도록 외적 동기 요인을 사용해 강요해야 했다.

외적 동기부여 방식은 당근과 채찍이다. 잘못된 행동을 했을 때는 처벌을, 좋은 행동을 했을 때는 보상을 한다. 외적 동기부여는 관리자가 노동자를 판단할 권한이 있다는 전제를 내포하고 있다.

외적 동기부여 방식은 '우리를 다치게 하는 사람들에게는 해를 끼치고, 우리를 돕는 사람들에게는 보상하라.'는 논리로 요즘 직장에서는 효과적이지 않다. 외적 동기부여는 '나아지는' 나로 관점을 바꾸기 어렵게 만들고, 이는 사람이 성장하는 데 걸림돌이 된다.

사람들은 내재적 동기가 있을 때 일을 더 잘한다. 심리학자 에드워드 데시Edward Deci와 리처드 라이언Richard Ryan은 건전한 인간 행동을 이끄는 데 있어 내재적 동기의 중요성을 연구했다. 연구 결과, 그들은 내재적 동기의 세 가지 핵심 요소가 능숙함, 관계성, 자율성이라고 밝혔다. 추가 연구에 따르면 이것은 사실상 거의 모든 인간이 느끼는 기본적인 욕구다.

· 능숙함: 통달했다는 느낌이다.

· 관계성: 다른 사람과 연결되어 있다는 느낌이다.

· 자율성: 자신의 삶에서 중요한 것들을 스스로 통제한다는 느낌이다.

어떻게 해야 더 나을 수 있었을지 팀원들과 열린 마음으로 되돌아보는 것은 내재적 동기의 밑바탕인 인간의 기본 욕구를 정면으로 위협한다. 어떤 일을 더 잘할 수도 있었음을 인정하는 것은 '능숙함'을 위협한다. 다른 사람들의 잘못을 지적하는 것은 그들과의 '관계성'을 위협한다. 무엇을 왜 했는지에 대해 투명해지는 것은 '자율성'을 위협한다.

'잘하는' 나에 몰두해서 이러한 기본 욕구를 충족시키려 애쓰는 사람들은 개선 전술을 펼 때 어떻게 말할까?

· "그거 아직 안 배웠어." 능숙함이 부족한 책임을 외부로 돌린다.

· "음, 왜 그렇게 했는지 설명해줄게." 자신의 행동을 부정적 결과와 분리하려는 시도다. 자신은 능숙하여 이미 그 대상에 대해 통달하고 있음을 주장한다.

· "당연하지, 나도 시간이 충분했다면 그렇게 했겠지만…" 결과에 대한 책임을 한정된 자원으로 돌려서 자신의 능숙함이 의심받지 않도록 한다.

· "조가 최선을 다했다는 건 알지만…." 관계성을 지키기 위해 조의 능숙함을 방어한다.

· "나는 모두가 최선을 다했다고 생각해." 관계성을 보호하기 위해 다른 사람들을 비난하지 않으려는 시도다.

· "신경 쓰지 마. 우리가 알아서 잘하고 있으니까." 자율성을 보호하기 위해 막

연하게 설명한다.

· "고객님들은 그저 저희를 믿고 맡겨 주십시오." 자율성을 방어하기 위해 막연하게 설명하려는 시도다.

2. 팀원에게 결정권을 주자

학습과 혁신의 목적은 궁극적으로 행동 변화다. 미래에 뭔가를 다르게 하겠다는 목적이 없으면 새로운 것을 배울 때 겪어야 하는 정신적 고통을 피하려 할 것이다.

하버드 경영 대학원의 테레사 아마빌레 교수는 조직의 혁신을 연구하며, 창의성을 억제하거나 촉진하는 개인적·문화적 요인을 살펴봤다.

아마빌레의 연구에 따르면 혁신을 일으키는 최고의 조직 요인은 '무엇을 할지 또는 그 일을 어떻게 해낼지 결정할 수 있는 자유'와 '자신의 아이디어를 실현할 통제 권한'이다. 바꾸어 말하면 어떻게 문제를 해결하고 어떻게 목표를 달성할지 스스로 결정할 수 있는 직원이 혁신을 이뤄낸다는 뜻이다. 리더가 지시하는 대로만 움직이는 사람들은 혁신할 수 없다.

자유와 혁신이 밀접한 관련이 있는 건 이치에 맞다. 첫째, 무언가를 바꿀 힘이 없으면 개선하려는 의지도 사라진다. 둘째, 무엇을 하고 어떻게 그것을 할지 시시콜콜 지시받아야 하는 환경에서는 그 누구도 도전하지 않으며 다른 이의 창의적 사고도 격려하지 않는다.

〈겨울왕국〉 제작진은 새로운 스토리가 받아들여질 거라 믿었기 때문에 열심히 일했다. 경영진이 그들이 생각해낸 것과 상관없는 결정을 내릴 거라고 예상했다면 개선에 자발적 노력을 기울이지 않았을 것이다.

아스다Asda는 영국에서 두 번째로 큰 슈퍼마켓 체인이다. 2000년대 초반, 아스다 경영진은 생산직 노동자의 결근율을 이해하기 위해 노력하고 있었다. 결근은 예측할 수 없는 데다 팀과 제품 생산에 지장을 줬다. 직원들과 대화하며 밝혀진 것은 그들이 결근하는 대부분의 이유가 아이나 친척이 아파서라는 것이었다.

기존의 교대근무 계획은 감독관이 철저하게 통제했다. 감독관들은 누가 어떤 근무를 언제 할지 결정했고 이 결정권으로 교대 근무자에게 권력을 행사할 수 있었다. 감독관들은 교대 근무자가 스스로 일정을 정하게 하자고 경영진이 제안했을 때 강력하게 반대했다. 그것은 곧 권력의 상실을 의미했기 때문이다.

아스다는 실험을 고집했고 이는 효과가 있었다. 결근은 줄어들었고 유연한 업무 관행은 아스다의 문화가 되었다. 그들은 그것을 '교대근무 바꾸기'라고 이름 붙였다. 교대근무로 실적은 향상되었고, 노동자들은 더 행복해졌으며, 감독관들은 다른 일에 더 집중할 수 있었다.

3. 학습된 무기력을 극복하자

리더들에게 가장 자주 듣는 불평이 있다. 직원들에게 통제권을 주려고 했지만, 직원들이 통제권을 원치 않았다는 것이다.

이 문제에는 문화적 안정성, 변화의 규모, 이전 의사 결정 경험을 포함해 많은 이유가 있을 수 있다. 하지만 나는 이 문제가 '명령하고 통제하는' 리더십 역사와 연관성이 있다고 생각한다. 이 역사는 많은 사람들로 하여금 저항해봤자 소용없음을 믿게 만들었다. 좋은 아이디어를 제안하려는 그들의 앞선 노력은 꾸준히 무시되어왔다. 그들은 직장에서 자신이 무력하다는 사실을 학습했다.

이것이 '학습된 무기력'이라 부르는 심리적 현상이다. 심리학자 마틴 셀리그먼Martin Seligman과 스티븐 마이어Steven Maier는 여러 조건에서 개에게 연속적인 전기충격을 줬다. 개가 A 행동을 했을 때 어떤 경우에는 충격에서 벗어날 수 있었고, 어떤 경우에는 A 행동을 하더라도 충격에서 벗어날 수 없었다. 충격에서 벗어날 수 없었던 개는 결국 체념하고 누워서 낑낑거렸다. 이 연구에서 가장 끔찍한 부분은, 시간이 지나 충격에서 벗어날 방법이 생기더라도 개들이 꿈쩍도 하지 않았다는 사실이다. 스스로가 무력하다는 사실을 학습한 것이다.

인간도 똑같다. 우리도 개선 능력을 마음대로 발휘할 수 없을 때, 개선하기 위한 어떠한 노력도 소용없으며 시간 낭비라는 사실을 학습한다. 통제 권한이 없다고 느낄 때는 개선하라는 격려에도 저항한다. 그것이 단지 립 서비스에 불과하다는 사실을 알기 때문이다.

학습된 무기력을 '잊도록' 사람들을 가르칠 수 있을까? 사람들을 덫에서 구하기 위해 리더로서 당신은 무엇을 할 수 있을까?

‖ 개선할 때 집중해야 하는 네 가지 ‖

다음은 개선 전술을 펼칠 때 집중해야 하는 네 가지 요소다.

1. 과거가 아닌 미래에

성장할 수 있다고 믿는 것과 행동에 대한 지배력을 갖는 것 사이에는 아주 밀접한 상관관계가 있다. 성장할 수 있다는 믿음은 '나아지는' 나를 불러내는 비결이다. 또 개선 전술을 펴는 동안 미래에 초점을 맞추는 이유이기도 하다.

우리는 다음과 같은 질문으로 미래에 대한 생각을 활성화할 수 있다.

- "다음번에는 뭘 바꾸고 싶은가?"
- "다음 레드워크 기간에는 절차를 어떻게 바꿔야 할까?"
- "바꾸지 않고 유지하기를 원하는 잘된 일은 무엇인가?"
- "다음 시기를 위해 이 일에서 기억하고 싶은 것은 무엇인가?"

2. 내부가 아닌 외부에

자신이 아닌 다른 사람에게 집중하면 '잘하는 나'를 차단할 수 있다. 다음과 같이 말함으로써 다른 사람에게 초점을 맞출 수 있다.

- "다른 사람이 이 프로젝트를 이어받아 훨씬 더 성공하기 위해서는 어떻게 해야 할까요?"
- "이사회가 우리에게 어떤 변화를 원하겠습니까?"
- "고객에게 더 좋은 서비스를 제공하기 위해 무엇을 할 수 있을까요?"

올바른 언어는 팀의 관점을 실수를 피하는 것에서 탁월해지는 것으로 전환하고, 지속적으로 개선 의식을 북돋울 수 있다.

3. 사람이 아닌 과정에

사람 자체에서 그 사람의 결정이나 행동으로 관심을 돌린다. 과정에 초점을 맞추는 말은 다음과 같다.

- "일 자체를 생각했을 때 무엇이 개선될 수 있었을까요?"
- "어떻게 이 일이 더 잘될 수 있었죠?"
- "과정을 어떻게 개선할 수 있었을까요?"

4. 실수를 피하는 것이 아닌 탁월해지는 것에

조직 내에서 실수를 피하려고 하면 활동하지 않는 편을 선택하게 되고 '잘하는' 나에 뿌리를 내리게 된다. 실수를 피하는 가장 좋은 방법은 행동하지 않고 결정하지 않는 것이다. 행동이 없으면 실수도 없다. 더 나아가 실수를 피하려고 하면 동기부여에도 도움이 되지 않는다.

사람들은 아주 좋은 무언가, 탁월한 무언가를 성취할 가능성이 있을 때 고무되고, 행동으로 옮겨나간다.

단순히 전처럼 나쁘지 않게 하겠다는 약한 동기부여는 '잘하는' 나의 영향력을 극복할 만큼 강력하지 않다. 우리에게 필요한 것은 정말 특별한 무언가를 이뤄낼 가능성에 힘입은 강력한 동기다. 〈겨울왕국〉 제작진의 동기를 생각해보라.

‖ 개선을 위한 타임라인을 만들어라 ‖

개선 전술의 기본은 무슨 일이 일어났는지를 생각하는 것이다. 조직은 운영상의 중대한 오류가 있을 때 개선 전술을 통해 공식적으로 학습하는 기회를 얻을 수 있다.

있었던 일을 제대로 파악하기 위해서는 타임라인을 만들어라. 가장 기본은 레드워크 타임라인이다. 엘파로호에 타임라인이 있었다면 아마 다음과 같았을 것이다.

- 날짜/시간: 잭슨빌을 떠났다.
- 날짜/시간: 열대성 태풍 호아킨이 1급 태풍으로 격상되었다.
- 날짜/시간: 120도 방향으로 곧장 왔다. 푸에르토리코를 향해 대서양 경로로 이동했다.
- 날짜/시간: 6미터 높이의 파도를 만났다.
- 날짜/시간: 배가 항로를 계속 이탈하는 탓에 조타수가 어려움을 겪고 있다. 조타 경보장치가 고장 났다.
- 날짜/시간: 윤활유 시스템이 멈췄다.

레드워크 타임라인을 쓸 때는 사람들의 이름을 쓰는 대신 그들이 맡았던 역할로 지칭한다. 레드워크 타임라인은 주변의 물리적 상태도 포함한다.

다음 단계는 블루워크 타임라인이다. 블루워크 타임라인은 주요한 의사 결정 내용과 누가 그 결정을 내렸는지를 밝힌다. 블루워크 결과 내려진 결정 혹은 성립된 가설을 적은 타임라인이다.

- 날짜/시간: 열대성 태풍에 관한 기상 정보를 받았다. 선장은 잭슨빌에서 푸에르토리코까지 대서양 직선 경로로 가겠다고 결정했다.
- 날짜/시간: 기관장은 추진 설비의 노후 상태를 보고하며 항해를 시작하자고 말했다. "윤활유 레벨이 낮지만 견딜 수 있어."
- 날짜/시간: 열대성 태풍 호아킨이 1급 태풍으로 격상되었다. 선장은 계속 대서양 경로로 가기로 결정했다.
- 날짜/시간: 럼케이 섬 갈림길을 지났다. 선장은 대서양 경로로 계속 항해하기로 했다.
- 날짜/시간: 선장은 배를 포기하고 떠나라는 명령을 내렸다.

많은 팀들이 의사결정자를 밝히느라 힘든 시간을 보낸다. 누가 어떤 결정을 내렸는지 밝힐 수 없다면 그건 보통 관리자의 역할이 불분명하거나 의사 결정이 뒤죽박죽으로 이루어진다는 의미다.

누가 어떤 결정을 내렸는지 분명하지 않다는 건 구성원들이 낮은 심리적 안전감을 느끼며, 조직이 구성원의 실수나 잘못에 제대로 대처하지 못하고 있다는 걸 나타내는 징후다. 책임을 전가하는 조직에서는 사람들이 의사결정자로 밝혀지는 것을 꺼려한다. 더 심각한 경우에는 결정을 내리는 것 자체를 회피한다. 결정을 주어진 동기에 따른 자연스러운 결과로 보는 조직에서는 의사결정자로 밝혀지는 것이 덜 위협적이다. 그리고 개인이 아닌, 조직 내 직위로 의사결정자를 지칭할 것이다.

결정은 팀이 아닌 개인이 내린다. 사업은 신속하게 움직여야 한다. 그러기 위해서는 과감하게 결정하고, 결정한 가설을 시험할 수 있는 환경이 조성되어야 한다.

모든 사람이 결정에 찬성하지 않는 건 당연하다. 오히려 반대자를 설득하기 위해 노력하는 것은 그들에게 멈출 수 있는 권한을 너무 많이 주는 것이다. 그로 인한 권한과 관심은 지속적으로 조직에 방해가 된다. 하지만 개인이 자유롭게 의견을 말할 수 있는지 여부와 그 의견이 회의 내에서 존중받았다는 느낌은 대단히 중요하다.

마지막 단계는 내부용 블루워크 타임라인으로, 결정이 어떻게 내려졌는지를 설명한다. 다음은 엘파로호 타임라인에 들어갔으면 좋았을 내용이다.

- 날짜/시간: 열대성 태풍 호아킨이 1급 태풍으로 격상되었다는 기상 정보를 받았다. 대서양 경로와 구 바하마 해협 중 어떤 경로로 항해할지 결정하기 위해 사관들이 모였다. 기관장과 2등 항해사가 구 바하마 해협 경로에 찬성하면서 대서양 경로로 가겠다고 결정한 선장과 의견이 갈렸다. 두 번째 결정 지점은 럼케이 섬 갈림길로 정했다. 자정쯤 그 위치에 도달할 것으로 예상된다.

‖ 조직의 강점이 발휘되기 위해서는 ‖

팀 차원에서 개선 전술을 펼치려는 노력은 정말 그만큼의 가치가 있을까? 정말로 집단이 개인보다 현명할 수 있을까? 제대로 된 환경에서는 그렇다.

다른 사람들과 함께 블루워크를 하기 위해서는 각자가 아는 것을 모두가 알아야 하고 각자가 보는 것을 모두가 보아야 한다. 4장에서 황소 체중을 추측하는 대회에 관한 프랜시스 골턴의 실험을 이야기했다. 자신의 저서에서 이 실험을 소개한 서로위키는 집단 내에서 잘 생각하기 위해서는 생각의 다양성과 독립적 판단이 보장되어야 한다고 말한다. 이러한 환경을 조성하는 데 도움을 주는 언어를 사용한다면 팀은 개인보다 대부분 더 현명한 결정을 내릴 수 있다. 그래서 먼저 투표하고 그다음에 논의하는 블루워크 방식이 중요한 것이다.

이런 측면에서 엘파로호를 살펴보자. 3등 항해사가 자정 전에 선장에게 연락한 것을 기억하는가? 그의 언어는 멈칫거렸고, 망설였으며, 자기 부정적이었다. 럼케이 섬 갈림길에서 항로를 변경하는 것이 '무언가를 학습할 기회'로 규정되지 않았기 때문에 무언가 잘못되었다는 생각이 들어도 그는 어쩔 도리가 없었다. 그는 자유롭게 말할 수 없도록 방해하는 조직의 모든 사회적 통념과 맞서고 있었다. 이를 무시한 채 3등 항해사가 자신의 주장을 펼쳤다면 아마 선장과의 관계성이 위협받았을 것이다.

자정 이후에 2등 항해사가 선장에게 연락했을 때 그녀도 같은 두려움을 느끼고 있었다.

만약 사관 중 일부만 선장에게 공손한 태도를 보였다면 우리는 이를 3등 항해사와 2등 항해사의 개인 특성으로 이해했을 것이다. 하지만 선장을 대하는 사관들의 모습이 대부분 일관적이었기 때문에 선장에 의해 특정 환경이 조성되었다고 이해하고, 이에 초점을 맞추어 살펴봐야 한다.

‖ 팀원들이 목소리를 내지 않는 이유 ‖

취리히 연방 공과 대학교 연구원들은 조종실 1,751곳과 그곳의 조종사들을 연구했다. 연구원들은 조종사들에게 안전 문제를 드러내놓고 말하지 않는 이유에 대해 생각해보라고 요청했다. 팀원의 잘못을 바로잡지 않겠다고 답한 한 기장은 이렇게 말했다.

"언제 동료처럼 대하고 언제 상사처럼 대해야 하는지 잘 모르겠습니다. 저는 1등 항해사들과 서로 신뢰하는 열린 관계를 유지하고 싶습니다. '내가 다 옳다.'라고 거드름피우는 기장은 되고 싶지 않습니다."

기장의 말은 전부 관계성을 옹호하고 있다. 기장들이 목소리를 내지 않는 가장 흔한 이유다. 실제로 기장이 더 나은 판단을 했음에도 관계성 때문에 침묵을 지킨 사례가 77퍼센트나 되었다.

한편 1등 항해사는 기장이 실수해도 침묵하는 이유를 이렇게 설명했다. "맞아요. 기장들도 우리가 목소리를 높여야 한다고 말해요. 하지만 동시에 그 목소리를 진짜 듣고 싶은 건 아니라는 신호를 보냅니다."

하급 사관 중 11퍼센트는 권력 기울기로 인해 필요할 때 목소리를 높이지 않았다. 신참일수록 권력 기울기가 더 커졌다. 비행기 승무원의 40퍼센트도 목소리를 내지 않는 원인으로 권력 기울기를 언급했다.

반면 기장은 어떠한 사례에서도 권력 기울기를 이유로 침묵하지 않았다.

또한 처벌이 두려워서 침묵한 적도 없었다. 반면에 승무원의 81퍼센트는 처벌에 대한 두려움 때문에 침묵했다. 처벌은 위에서 아래 방향으로 가해지기 때문이다.

연구자들은 '허무함'도 목소리를 내지 않는 이유로 봤다. 목소리를 내지 않는 이유로 허무함을 언급한 기장은 한 명도 없었던 반면, 1등 항해사는 33퍼센트의 사례에서, 승무원은 51퍼센트의 사례에서 허무함을 언급했다. 허무함은 자율성과 지배력을 반영한다.

쉽게 말하면 이렇다. "목소리를 높이는 게 뭐가 중요해요? 달라지는 것도 없는데."

한 승무원은 이렇게 말했다. "흔히들 승무원은 얼굴만 반반하지 그다지 똑똑하지 않다고 생각하잖아요. 나에게 권한이 없는 상황에서 목소리를 내기란 쉽지 않아요. 저는 이제 시도조차 하지 않아요." 다른 승무원도 말했다. "당연히 저도 무언가를 말해야 한다는 사실은 알아요. 교육이나 브리핑할 때 기장님들도 언제나 말하라고 강조하시죠. 하지만 실제 상황에서는 그렇지 않아요. 그들은 듣고 싶어 하지도 않고 우리를 '새가슴'이라고 비웃죠. 전 진작 포기했어요." 여전히 권력 기울기가 우리 앞을 가로막고 있다.

‖ 결국, 리더와 팀원의 목적은 같다 ‖

2장에서 소개한 것처럼 애자일 관리 방식은 '레드워크-블루워크' 리듬을 내재화한 구조다. 각 사이클의 끝에서 팀은 어떻게 해야 더 잘 협력할 수 있었을지 논의한다. 즉, 개선 시간이다. 애자일에서는 행위자가 곧 결정자며, 회고를 통해 '나아지는' 나와 '잘하는' 나를 대결시킨다. '잘하는' 나를 다스리기 위한 애자일 방식 중 하나는 회고를 시작할 때 다음의 기본 원칙을 읽는 것이다.

우리가 무엇을 발견하든 다음의 사실을 진정으로 믿는다. '당시의 지식, 기술, 능력, 자원, 상황을 고려했을 때 모든 사람은 최선을 다했다.'

- 놈 커스 Norm Kerth, 《프로젝트 회고 Project Retrospectives》 중에서

기본 원칙의 목적은 '나아지는' 나를 '잘하는' 나보다 우위에 두는 것이다. 그래야 업무의 개선안을 찾을 수 있고, 배움에도 효과적이다.

팀은 기본 원칙을 낭송하기도 하고, 읽기도 하고, 벽에 붙여두기도 해야 한다.

모든 사람이 당시 최선을 다했다는 사실과 함께 우리에게는 개선의 여지가 있으며 개선이 공동의 목표라는 점을 인식하라. 모두 좋은 의도

였다고 가정할 때 우리는 진정으로 개선할 수 있다.

개선하기 위해 집중해야 할 것

1. 과거가 아닌 미래에 집중하라.
2. 내부가 아닌 외부에 집중하라.
3. 사람이 아닌 과정에 집중하라.
4. 실수를 피하는 것이 아니라 탁월해지는 것에 집중하라.

일을 완료한 후 꼭 개선하라

　개선은 전술인 동시에 '레드워크-블루워크' 운영 체제의 목표다.

　개선은 우리가 끝낸 일 자체와 이를 나아지게 하는 방법에 대해 깊이 생각하는 것이다.

　개선하기 위해서는 시간을 통제해 잠시 멈춰야 한다. 시간의 압박이 없어 마음이 편안할 때 우리는 개선할 수 있다.

　개선은 '나아지는' 나와 '잘하는' 나를 대결하게 한다. '잘하는' 나는 자신을 능숙하고 유능한 사람이라고 생각하고 싶어 한다. '나아지는' 나는 배우고 성장하는 데 관심이 많다. '잘하는' 나는 자기방어의 욕구가 강하기 때문에 더 나아지려는 나의 노력을 방해한다. 열린 마음으로 개선하기 위해서는 '잘하는' 나의 두려움을 다스려야 한다.

　개선 전술을 펼치기 위해서는 과거가 아닌 미래에, 내부가 아닌 외부에, 사람이 아닌 과정에, 실수를 피하는 것이 아닌 탁월해지는 것에 초점을 맞추어야 한다. 이를 통해 우리는 '나아지는' 나를 불러올 수 있다.

　개선하기 위해서는 무슨 일이 일어났는지 아는 것이 먼저다. 레드워크 타임라인을 만들고, 블루워크 타임라인을 만들어라. 그리고 블루워크에서 내린 결정이 어떻게 이루어졌는가를 설명하는 타임라인을 만들어라. 타임라인을 활용해 우리는 학습의 기회를 얻을 수 있다.

연결로
리부트의 속도를
올려라

연결은 앞의 모든 전술이 더 큰 효과를 발휘하기 위한 활성화 전술이다. 리더는 팀원들이 무슨 생각을 하는지, 어떻게 느끼는지, 그들의 개인적 목표는 무엇인지 세심히 보살펴야 한다. 연결에서 핵심은 '권력 기울기'이다. 권력 기울기가 낮고 원만해야 리더십을 진정으로 리부트할 수 있다.

석유를 채취할 수 있는 해저 깊은 곳은 압력이 어마어마하게 높다. 또 석유를 추출하기 위해서는 상당한 공학 기술이 필요하다. 힘들고, 까다롭고, 위험한 일이다.

멕시코만 석유시추선 딥워터 호라이즌Deepwater Horizon호의 노동자들은 석유를 퍼 올리기 위한 준비를 하고 있었다. 모든 과정은 제때 진행되지 않을 시 심각한 문제가 발생한다. 특히 석유를 누르는 압력이 낮아지면 유정의 꼭대기로 석유와 가스가 분출되며 치명적인 결과를 초래한다. 석유 노동자라면 누구나 이를 해결하기 위한 방안을 알고 있다. 예방책은 해저 바닥에 가스 분출 방지기를 설치하는 것이다. 가스 분출 방지기는 공기주입식 튜브를 이용해 유정을 임시 봉인하며, 튜브가 제대로 작동하지 않을 시에는 마지막 수단으로 유정 파이프를 절단하는 역할을 한다. 이 비상 분리 스위치를 EDS Emergency Disconnect Switch라고 하며, 가스 분출 방지기를 작동시키는 것을 'EDS 한다.'라고 표현한다.

2010년 4월 20일 딥워터 호라이즌호 시추장에서 일하던 노동자들은 작업을 하던 중 시추관에서 이상 징후를 감지했다. 석유와 가스가 감당하기 어려운 수준으로 무섭게 올라오고 있었다. 경보가 울리기 시작했다. 당장 EDS를 해야 했다. 하지만 그 누구도 EDS를 작동시키지 않았다.

석유와 가스 혼합물이 석유 굴착 플랫폼까지 올라 찼고 유정 꼭대기에서 분출했다. 9분 동안 가연성 탄화수소가 시추시설 위로 맹렬히 타올랐다. 마침내 가스 농도가 폭발할 만큼 높아졌고, 석유 굴착 플랫폼은 곧장 화염으로 뒤덮였다.

미 정부 보고서를 보면, 딥워터 호라이즌호 선원들이 이 다음 순간에 어떻게 대처했는지 알 수 있다.

시추 업체 임원은 왜 아직까지도 유정 꼭대기로 불길이 치솟는지 궁금해하기 시작했다. 왜 가스 분출 방지기를 작동시키지 않는 것인가? 그는 함교로 갔고, **선장**이 말했다. "우리는 권한이 없습니다."

함교 위에 있던 **기관장**은 기사가 비상 분리 스위치 옆에 서 있는 것을 봤다. **기관장**은 기사에게 외쳤다. "EDS 했나?" **기사**는 승인이 필요하다고 대답했다. **기관장**은 **시추 업체 임원**에게 EDS를 해도 되냐고 물었고 임원은 그렇다고 답했다.

그때 함교에 있던 누군가가 외쳤다. "**연안 설비 관리자**의 승인 없이는 EDS를 할 수 없습니다."

연안 설비 관리자인 **선임 기사**는 앞도 안보이고 귀도 안 들리는 듯한 어리둥절한 상태로 함교로 달려와 있었다. **기관장**이 소리쳤다. "EDS 할 수 있나?" 그러자 선임 기사가 외쳤다. "네. EDS, EDS."

그러자 드디어 **기사**가 버튼을 눌렀다. **기관장**이 말했다. "EDS 했는지 말해주게." **기사**는 "네. EDS 했습니다."라고 답했다. 그러자 **기관장**은 "다시 한번 확인하겠네. EDS 했나?"라고 물었고, **기사**는 다시 "네."라고 답했다.

그들은 가스 분출 방지기를 너무 늦게 작동시켰고, 유정을 봉인하는 데 실패했다. 이어진 조사에서 배터리 방전, 잘못 연결된 코일 등 장치 조립과 유지보수에서 여러 문제점이 드러났다. 유정 봉인이 지연된 것도 재난 발생의 한 원인이었을 것이다.

이 사고로 11명이 죽었다. 이후 400일 동안 석유 500만 배럴이 멕시코만으로 흘러 들어갔고 딥워터 호라이즌호의 기름 유출 사건은 역사상 최악의 재난 중 하나로 기록되었다.

다음은 이 장의 핵심 질문이다. 사람들은 왜 화염 폭발로 죽는 것보다 승인 없이 버튼 누르는 걸 더 두려워했을까?

‖   **모든 전술의 해결책, 연결**   ‖

수많은 조직이 '안전' 우선을 외치지만, 딥워터 호라이즌호의 사례를 봤을 때 실제 상황에서는 전부 '계층'이 우선임을 알 수 있다.

통제와 순종의 힘이 강력한 환경에서는 두려움이 상식을 뒤엎는다. 계층에 대한 두려움을 과소평가해서는 안 되는 이유다. 사람들은 숨 막

히는 두려움 때문에 적극적으로 행동하지 못한다.

- · 불타는 석유 시추시설에서 기사는 행동을 머뭇거린다.
- · 아카데미에서 비티는 잠시 멈추자고 외치지 않는다.
- · 엘파로호에서 사관들은 태풍 속으로 계속 항해한다.

여기에서 핵심은 이들이 문제가 있다는 것을 알고 있었음에도 계층의 힘 때문에 필요한 조치를 억눌렀다는 점이다.

엘파로호 사관들은 배가 허리케인 속으로 들어가고 있음을 알고 있었다. 그들의 목숨은 위태로웠고, 그들에게는 조타수에게 방향을 바꾸라고 지시해 진로를 바꿀 능력이 있었다. 하지만 그들은 그렇게 하지 않았다. 대신 잔뜩 긴장하고, 자조적이며, 분명치 않은 태도로 선장에게 방향을 바꾸자고 제안했다. 상황은 대단히 심각했고 따라서 긴급하게 계획을 바꿔야 했다. 그런데 왜 선장과 나눈 대화는 그렇게 불분명하고 설득력이 없었을까? 심지어 선장이 자기를 부르거나 행동하는 데 "주저하지 말라."고 말한 뒤에 이루어진 대화였다.

엘파로호 문화의 어떤 점이 솔직한 대화를 방해했을까? 다시 말하지만 두려움, 급격한 권력 기울기, 심리적 안전감의 결핍 때문이다.

연결 전술은 두려움에 대한 해결책이 되어준다. '연결'은 우리가 같은 방식으로 보고 생각하지 않아도, 우리가 옳다고 99퍼센트 확신하지 못해도, 우리가 보고 생각하는 것을 안전하게 말할 수 있게 한다. '연결'은 생각의 다양성과 의견의 가변성을 격려하는 문화를 만든다. '연결'은 우리를 무기력에서 행동으로 옮겨가게 한다. 또 '연결'은 효과적인 블루워크, 즉 의사 결정의 비결이다. 다른 한편으로는 생각에서 행동으로 옮겨가게 하므로 레드워크를 완료하는 능력이 되어주기도 한다.

하지만 연결은 산업화 시대 전술 교본에는 없는 내용이다. 순응이 산업화 시대의 전술이다. 우리는 역할에 순응한다. 나는 경영자이고, 너는 종업원이다. 당신은 선장이고, 나는 선원이다. 나는 부모고, 너는 자식이다. 당신은 선생님이고, 나는 학생이다. 우리는 관계 끊기를 두려워하기에, 애초에 관계 시작을 회피한다. 블루워크와 레드워크, 상사와 노동자가 있는 환경에서 '연결'은 불필요해 보일 뿐만 아니라 그 누구도 원하지 않는다. 대신에 무엇보다도 계층 속 자신의 위치에 순응한다. 하급자의 위치에 있다면 훌륭한 팀 플레이어가 되어 조용히 지낸다. 골치 아픈 문제를 짚고 넘어가려 하지 않고, 상사가 내린 결정에 이의를 제기하지 않는다. 상급자의 위치에 있다면 감정적으로 거리를 두고, 분리된 관계를 유지하며, 강요하기 위해 권력과 지위를 이용한다.

산업화 시대의 상사는 감정이 없는 메마른 직장 분위기를 원한다. 관리자의 유일한 업무는 노동자가 해야 한다고 경영진이 결정한 일을 노동자가 하도록 만드는 것이다. 즉 사람을 강압하고 통제해서 순응하게 만드는 일이다. 물론 오늘날 우리는 좀 더 곱상한 표현을 써서 '동기를 부여한다.' 혹은 '격려한다.'와 같이 말한다. 하지만 그 말이 의미하는 것은 조종과 강요다.

이는 레드워크에 갇혀 있던 프레드의 또 다른 문제였고, 일이 무의미하며 불만족스럽게 느껴지는 이유다. 프레드는 레드워커와 분리된 장소에서 일한다. 리더, 블루워커로서 프레드가 하는 일은 자기가 결정한 일을 레드워커에게 시키는 것이다. 이러한 행위는 프레드를 강요 전술로 이끈다. 그는 그 일을 성실하게 수행할 것이므로 노동자와 거리를 두는 편이 분명 더 나은 선택이다. 이처럼 프레드가 회사에서 온종일 하는 일은 역할에 충실하기 위해 인간성을 부정하며 노동자들과 거리를 두는 것이다. 그가 완전히 지쳐서 집으로 돌아오는 이유다.

반면 연결 전술은 보살핌과 관련이 있다. 사람들이 무슨 생각을 하는지 보살피고, 어떻게 느끼는지 보살피며, 그들의 개인적 목표를 보살핀다. 힘 있는 위치에서 판단하는 대신 격려하는 위치에서 나란히 걷는다. 그들이 무엇을 생각하고 무엇을 하든 그대로 받아들이라는 의미가 아니다. 누군가가 한 행동의 결과를 그저 감싸주라는 의미도 아니다. 구성원들이 안전하다고 느낄 수 있도록 불필요하고 인위적인 직장 내 억제 요소를 제거하라는 의미다. 사람들은 안전하다고 느끼지 않으면 도전적인 목표를 이루려고 노력하거나 자유롭게 자신의 생각을 말할 수도 없을 것이다.

조직이 '안전 우선'이라고 이야기할 때는 일반적으로 노동자와 장비의 물리적 안전을 의미하지만, 보다 더 안전한 직장을 만들기 위해서는 모든 사람이 반대 의견을 자유롭게 말할 수 있는 환경이 필요하다. 조직 내에 심리적 안전감을 형성하기 위해서는 이의 제기, 다양한 의견, 불편한 관점을 억눌러서는 안 되며, 여러 논의가 오갈 수 있는 환경을 의도적으로 만들어야 한다. 안전감은 구성원들의 다양한 의견을 소중하고 가치 있게 여기는 문화에서 나온다.

연결 전술은 '레드워크-블루워크' 리듬에 들어가지 않는다는 점에서 특별하다. 연결은 다른 모든 전술을 가능하게 하는 근본적인 기본 구성 요소다. 새로운 전술을 뒷받침하는 행동, 즉 관찰하고, 축하하고, 동료가 자신의 이야기를 하도록 권하는 것 등이 연결을 돕는다. 안전감이 형성되면 모든 사람이 자신의 목소리를 내고, '잘하는' 나에서 벗어날 수 있는 것처럼, 연결은 다른 모든 전술들을 강력히 활성화시킨다.

연결은 더 효과적으로 시간을 통제하고, 협력하고, 전념하고, 완료하고, 개선하게 한다. 결과적으로 모든 전술이 연결되는 문화가 확립될 수 있게 돕는다.

‖ 연결 전술을 펼치는 네 가지 방법 ‖

다음은 연결 전술을 펼치는 네 가지 방법이다.

1. 권력 기울기를 평평하게 하라

연결에 대해 알아보는 간단한 방법은 권력 기울기를 통해서다. 앞서 소개한 연구에서 비행기 승무원 40퍼센트와 하급 사관 11퍼센트가 권력 기울기 때문에 목소리를 내지 않았던 것을 기억하라. 권력 기울기가 가파를수록 상사에게 다른 의견을 내는 일이 더 어려워진다.

권력 기울기는 측정하기 어렵지만 항상 느낄 수 있다.

권력 기울기의 가파른 정도를 측정하는 지표는 다음과 같다. 급여(보수), 사무실 크기, 따로 마련된 주차 공간이나 전용 식당과 같은 물리적 분리, 특정 인물을 접촉할 수 있는 기회, 특정 회의 참여 여부, 계급을 나타내는 옷, 자리의 위치(최고 권위자와의 거리), 보조하는 사람의 수, 할당된 대화 시간의 양, 바보 같은 농담에 사람들이 웃는지 여부 등.

가파른 권력 기울기는 회의에서 가장 많이 드러난다. 가장 높은 사람이 나타날 때까지 회의를 시작하지 않는 것부터 누가 회의에서 의장을 맡는지, 누가 논의를 요약하는지, 심지어 회의 내내 구성원들이 누구를 보고 있는지 등. 이러한 것들이 권력 기울기의 지표라고 할 수 있다.

의사 대 간호사, 동업자 대 비동업자, 조종사 대 승무원, 사장 대 종업원의 관계는 특히 권력 기울기가 가파르다. 상사가 당신보다 돈을 훨씬 많이 번다면, 상사가 당신과 비슷하게 돈을 벌 때보다 더 가파른 권력 기울기를 느낀다.

다음은 권력 기울기의 규칙에 대해 알아보자.

정보 검열은 권력 기울기와 정비례한다. 권력 기울기가 가파르면 종업원은 상사와 의사소통하며 말을 신중하게 검열한다. 나쁜 소식은 걸러내고, 이메일을 쓰며 여러 번 수정하고, 상사의 아이디어가 그다지 좋지 않을 때도 조용히 듣는다.

가파른 권력 기울기에서는 '한 번에 한 단계씩'만 올라가는 의사소통 방식 때문에 많은 제한을 받기도 한다. 이러한 환경에서는 지휘 계통을 건너뛰는 것이 엄격한 금기 사항이 된다.

1986년 챌린저호 사고*에 대한 반성으로 개방적인 문화가 확립되었다고 자신했지만 2003년 우주왕복선 컬럼비아Columbia호 사고** 당시에도 리더들은 구성원들의 목소리에 귀 기울이지 않았다. 당시 잔해평가팀을 이끈 담당자는 컬럼비아호 발사를 강행하여 입은 피해에 대해 조사하지 말라는 리더의 결정에 이의 이메일을 써놓고도 왜 보내지 않았냐는 질문을 받았다. 그때 그는 지휘 계통을 건너뛰고 싶지 않았다고 답했다.

조직에서 일어나는 이 흔한 실수는 의사소통, 지시, 정보를 모두 같은 방식으로 다루는 데에서 비롯된다. 이상적으로 말하면, 지시는 지휘 계통을 따라야 하지만 정보는 조직 전반에 자유롭게 흘러야 한다.

권력 기울기가 평평하면 안전감을 느끼기 때문에 검열을 덜하게 된다. 평평한 계층제에서는 종업원이 권력자에게 사실을 말하고, 있는 그대로를 이야기하고, 실수를 인정하며, 좋지 않은 소식도 전할 것이다. 그들은 '나아지는' 나를 받아들이기 위해 '잘하는' 나를 억누를 수 있을 것이다. 힘을 가진 사람이 당신을 존중하고 비교적 평등하게 대할 때 구성원들은 진정으로 목소리를 높일 수 있다. 리더로서 우리는 권력 기울기에 민감해야 하며, 기울기를 평평하게 하기 위해 노력해야 한다.

내가 평등을 '비교적'이라 표현한 것에 주목하라. 나는 완벽하게 평평

---

* 챌린저호는 1986년, 발사할 때 보조 로켓 중 하나가 고무 패킹 불량으로 타버리는 바람에 산산조각이 났다.

** 컬럼비아호는 2003년, 발사할 때 떨어진 단열재 파편이 날개를 손상시켜 대기권에 재진입하며 공중분해되었다.

한 권력 기울기를 주장하는 것이 아니다. 그게 가능하다고 할지라도, 완전히 평평한 권력 기울기는 여러 애매모호한 상황을 초래한다. 사람들은 누가 어떤 결정권을 가졌는지 확신하지 못해 혼란스러워 할 것이고, 분명한 가드레일이 없는 상황에서는 한계를 뛰어넘는 것보다 평범하게 행동하는 것이 더 안전하게 느껴질 수 있다.

권력 기울기를 강으로 표현하자면, 나는 카누를 타고 왔다 갔다 하고 싶은 강 정도가 적합하다고 생각한다. 강이 너무 가파르면 급류가 심해 카누가 뒤집히고 위쪽으로 올라가지 못한다. 반면 너무 평평하면 고인 물에 방향 감각을 잃기 쉽고, 냄새도 아주 고약하다. 우리가 바라는 것은 잔잔하게 흐르는 물이다. 물이 어느 방향으로 흐르는지 확실히 볼 수 있고, 상류로 노 저어 갈 수 있게 적당한 속도로 흐르는 물.

평평한 권력 기울기에도 나름의 문제가 있지만, 회사에서 훨씬 더 자주 맞닥뜨리게 되는 건 가파른 권력 기울기다. 당신이 더 많은 권한과 권력을 손에 쥔 지위에 있다면 연결 전술을 펼쳐야 아랫사람이 권력 기울기를 더 평평하게 느낄 것이다.

테일러의 세계에서는 행위자와 결정자의 분리가 의도적 목표였으며, 이에 따라 권력 기울기가 다양한 방법으로 강화되었다. 임원 식당과 주차 공간을 따로 두어 물리적으로 분리했으며, 서로 다른 복장을 입고 안전모 색깔을 달리 했다. 이러한 과시적인 요소를 없애는 것이 권력 기울기를 평평하게 하는 바람직한 첫 번째 조치다.

2005년 스코틀랜드 왕립은행RBS; Royal Bank of Scotland은 새 본부를 차리며 고급 스위트룸을 표방했다. RBS에서 오래 일한 사람들조차 새 본부에 있던 고급 부속건물에 들어가기가 쉽지 않았다. 출입구에는 고위 간부만 들여보내라는 엄명을 받은 보안 요원이 지키고 서 있었다. 꼭대기 층에 있던 CEO의 사무실은 마치 펜트하우스처럼 꾸며져 그 높이가 무려 20미터에 이르렀다. 여기서 우리는 물리적 분리와 서로 다른 사무실 크기를 확인할 수 있다.

RBS는 3년도 안 되어 붕괴 위기를 맞았다가 영국 정부의 긴급 구제 덕분에 가까스로 살아났다. 그 시기에 새 본부에서 일한 중간관리자들은 은행이 너무 과도하게 확장 정책을 펼치고 있다는 사실을 알고 있었다. 하지만 가파른 권력 기울기 때문에 경영진은 그들의 말에 귀를 기울이지 않았을 것이다.

다행히 RBS의 고급 스위트룸은 이제 사업 착수를 위한 허브로 탈바꿈했다.

목소리 점유율 또한 권력 기울기를 판단하는 지표다. 엘파로호 대화 기록에서 보았듯이 선장은 모든 대화에서 다른 사람보다 더 많이 말했다. 그리고 지위가 내려갈수록 목소리 점유율은 급격하게 하락했다. 선장과 고급 선원이 함교에서 이야기하는 2시간 동안 일등 수병은 단 세 마디를 했다.

진행자나 리더가 "이제 직급은 상관하지 않겠습니다."라고 선언하며 시작하는 브레인스토밍 워크숍에 참석해본 적이 있을 것이다. 워크숍을 하는 동안은 누구나 이름으로 상대를 부르고 아이디어는 출처가 아닌 가치로 평가된다. 이 훈련은 가파른 권력 기울기가 조직에 해가 된다는 사실을 인식하게 한다.

하지만 이것은 임시 처방이다. 그래서 어쩌면 인위적이고 일시적으로 느껴질 수 있다. 더 좋은 접근법은 일상 업무 과정에서 지속적으로 권력 기울기를 평평하게 하는 것이다.

권력 기울기는 상사가 언제나 더 힘 있는 지위에 있음을 상기시키는데 보통 노골적으로 이용된다. 마치 하급자가 이를 상기할 필요가 있다는 듯이 말이다. 다음과 같은 말로 표현된다.

- "내가 여기 사장이야."
- "내가 결정할 사안이네."
- "내 회사야."

자격 조건이나 경력을 강조하는 것도 권력 기울기를 강화시킨다.

- "내가 당신보다 이 일을 더 오래 했어."
- "나는 명문대를 졸업했어."
- "나는 기술 자격증이 있어."

이러한 발언들은 생각의 다양성과 가변성을 줄인다. 가변성이 줄어들면 팀의 블루워크 능력에 해가 된다.

가파른 권력 기울기는 또 다른 권력까지 발동시킨다. 다음과 같은 말을 들어본 적이 있을 것이다.

· "사장님이 하라고 하셨어. 나는 그냥 전달만 하는 거야."

· "나는 그냥 원칙대로 하는 거야."

· "그게 우리 정책이야."

다시 말하자면 이러한 발언들은 팀원들의 의견, 생각, 의사 결정의 가변성을 줄이고 책임감과 주인 의식을 떨어뜨린다. 우리에게서 인간성을 앗아간다.

권력 기울기를 평평하게 하는 방법은 다음과 같다.

· 물리적이든, 정서적이든 분리하는 대신에 연결하라.

· 사람들에게(혹은 사람들에 대해) 뭔가를 하는 대신 사람들과 함께 하라.

· 권한을 강화하는 대신 축소하라.

· 판단하는 대신 관찰하고 묘사하라.

예를 들어 다음과 같이 말하는 대신,

· "당신이 결정해야 합니다." (상대방에게 맡겨진 결정)

· "당신이 이 일을 해야 합니다." (상대방에 대해 내린 결정)

이렇게 말하자.

· "우리는 이 사안에 대해 결정해야 합니다." (함께 결정 내리기)

육아를 예로 들어 설명하자면 다음과 같이 말하는 대신,

· "너 신발 끈 안 묶으면…." (상대방에게 행동하라고 협박하기)
· "잠깐만, 신발 끈 묶어줄게." (상대방에게 직접 행동하기)

이렇게 말하자.

· "출발할 수 있도록 네 신발 끈을 묶자." (함께 행동하기)

평소 상대방에게 어떻게 축하 인사를 건넸는지 돌이켜보면, 내가 권력 기울기를 강화하고 있는지 축소하고 있는지 관찰할 수 있다.
예를 들어 다음과 같이 말하는 대신,

· "네가 정말 자랑스러워."

이렇게 말하자.

· "네가 이 프로젝트에 매진하려고 파티도 안 가고 참는 걸 봤어."
· "그 시험을 끝내고 나면 분명히 기분 좋을 거야!"

권력을 축소하기 위한 몇 가지 예를 들자면 다음과 같이 말하는 대신,

· "이봐, 나는 기술 자격증이 있는데 자네는 어떤 자격증이 있나?"

· "나는 이 일을 한 지 25년이 됐어. 자네는 이 일을 한 지 얼마나 됐지?"

이렇게 말하자.

· "이에 대한 당신의 의견이 중요해요."

· "당신의 새로운 시각에 감명을 받았어요. 우리도 새로운 관점을 가질 수 있을 겁니다."

· "당신의 경험이 우리 결정에 도움이 될 겁니다."

하급자가 가파른 권력 기울기를 평평하게 하기란 어렵다고 생각한다. 가파른 권력 기울기를 만든 사람들도 그렇게 한 이유가 있을 거고, 하급자가 권력 기울기를 평평하게 하려고 독단적으로 행동하는 건 상급자에게 건방지거나 사회적으로 부적절한 행동으로 받아들여져 오해를 살 확률이 높다.

당신이 하급자라면 권력 기울기에 직접적으로 이의를 제기하는 것을 조심하라. 의사 결정에 바로 영향을 주려고 하기보다는 말할 권리를 얻는 것으로 시작하라. 그리고 상급자가 당신의 말을 확실히 들을 수 있게 하라. 상사에게 선택권을 준 뒤 작은 변화를 만들어내는 것이 안전하게 접근하는 방법이다.

상사가 제품 출시일을 혼자 결정하는 경우를 생각해보자. "제품 출시를 꼭 늦춰야 한다고 생각합니다."라고 말하며 결정에 직접적으로 영향을 미치기보다는 "사장님, 제품 출시일에 관한 결정을 내리셔야 한다고 생각합니다. 팀에서 이 사안을 어떻게 바라보고 있는지 말씀드리면 도움이 될까요?"라고 말하자. 당신은 지금 사장에게 선택권을 주며 일보 전진했다. 사장의 결정 사안임을 재확인함으로써 사장의 권한에 도전하지 않았다.

또 이렇게 덧붙인다. "어떤 결정을 내리시든 저희 팀에서 지원하겠습니다." 권위에 도전하는 느낌이 없으며 팀의 충성도를 재확인시키는 발언이다. 상사는 당신이 하는 말에서 안전함을 느낄 수 있다.

권력 기울기를 줄이는 주요 책임은 상급자, 즉 관계에서 더 힘 있는 사람에게 있다. 하지만 보통 하급자가 권력 기울기를 더 잘 느끼며, 상급자는 이를 생각조차 하지 않거나 크게 신경 쓰지 않는다. 오직 하급자만 자신과 상사 사이의 권력 기울기를 신경 쓴다. 당신이 상급자일 때 권력 기울기를 알 수 있는 가장 좋은 방법은 아랫사람에게 직접 물어보는 것이다.

관찰 vs 판단

아카데미 시상식, 딥워터 호라이즌호, 엘파로호, 그리고 직장에서의 두려움은 우리가 사회적 맥락에서 다른 사람들에게 판단되고, 평가받고, 가치가 매겨지는 것과 관련이 있다. 판단은 더 높은 지위에 있는 사람이 아랫사람에게 하는 것이고, 그렇기에 과도한 피드백은 도움보다는 부정적인 영향을 미친다. 판단할 수 있다는 것은 더 힘 있는 자리에 있다는 증거다. 따라서 판단은 권력 기울기를 강화하며, 목표를 달성하는 데 불리하게 작용한다.

판단할 때 우리는 다음과 같이 말한다.

· "…했어야죠."
· "…했으면 좋겠습니다."
· "…해야 합니다."
· "…를 형편없이 했군요."

비판할 때 동사 대신 명사를 쓰면 뾰족한 느낌을 완화할 수 있다. "형편없이 했군요."와 "실적이 형편없군요."*를 비교해보자. 차이가 느껴지는가? 전자가 개인에 중점을 두어 비판한다고 느꼈다면 제대로 느낀 것이다. 판단이 아닌 관찰을 하기 위한 한 가지 방법은 어떤 아슬아슬한 주제를 논의하더라도 동사보다는 명사를 선택('했군요' 대신에 '실적')하는 것이다. 감정이 고조되었을 때는 언어를 조금만 바꿔도 강력한 차이를 만들어낼 수 있다.

예루살렘을 생각해보자. 예루살렘은 유대교와 이슬람교에서 신성한 의미가 있다(기독교에서도 중요하다). 그렇기에 아랍과 이스라엘이 평화로울 수 있는 유일한 방법은 두 종교계가 예루살렘을 나눠 가지는 것이

---

* 나는 두 표현을 직접 비교하기 위해 이 예를 들었지만, "실적이 형편없군요"와 같은 표현은 쓰지 않는 게 좋다. 대신에 관찰 표현을 권한다. 고객과 만났을 때 관찰 표현을 쓴다면 다음과 같이 말할 수 있다. "우리 제안에 대해 많이 고민하신다는 것을 알았습니다."

라 믿는 사람도 있다. 한 실험에서 연구원들은 이스라엘 국적의 유대인 학생 129명에게 "나는 예루살렘 분할을 지지한다."와 "나는 예루살렘을 나누는 것을 지지한다."라는 각 문장에 대해 어느 정도 지지하는지 등급을 매기도록 했다. 참가자들은 문장에 명사(분할)가 쓰였을 때 덜 분노했다. 또 분할이 실제로 이루어진다면 얼마나 화가 날지 물었을 때도 명사형 질문일 때 분노가 덜했다.

따라서 평가를 해야 하는 상황이라면, 동사보다 명사를 사용함으로써 일에 더 초점을 맞춰라. 더 좋은 방법은 심판하는 태도를 지우고, 그저 관찰하는 것이다. 몇 가지 예를 살펴보자.

사람 판단하기: 보고서를 형편없게 썼네요.

일 판단하기: 보고서가 형편없네요.

관찰: 보고서에 맞춤법 오류가 세 개 있습니다.

사람 판단하기: 실적을 개선해야 하니 노력하세요.

일 판단하기: 기대했던 결과가 나오지 않았네요.

관찰: 이번 분기에 체결된 계약 수가 작년 동기와 같네요.

예를 들어 누군가 회의에 늦게 나타났다. 납기 일정과 회의 일정을 강조하던 차라 당신은 더욱 집중이 흐트러졌다. 그때 팀원 중 하나가 또 늦게 도착한다. 당신은 참지 못하고 이렇게 말한다. "회의에 늦다니, 정말 프로답지 못한 짓이야." 팀원이 회의에 늦었다는 건 사실이지만, 당신은 그들이 왜 늦었는지 아직 알지 못한다. 그렇기에 프로답지 못한지 아닌지는 판단이다.

늦은 사람이 직접 판단하는 것이 훨씬 좋다. 설득력 있는 이유가 있었을지 모른다. "까다로운 고객한테 전화가 왔는데 생각보다 통화가 오래 걸렸습니다.", "아이가 아파서 돌봐줄 사람을 찾느라 늦었습니다." 또는 이럴 수도 있다. "회의에 참석하라는 다른 관리자의 요청을 갑자기 받았습니다."

타당한 이유가 없을 수도 있고, 더 많은 경우에는 그 이유가 당신에게 그리 중요해 보이지 않을 수 있다. 하지만 팀원에게 주인 의식을 심어주고 싶다면 상대방이 직접 그 상황을 숙고하게 해야 한다.

2. 모른다는 사실을 인정하라

아는 체하는 사람과는 가까워지기 어렵고 그들은 보통 당신이 무엇을 생각하는지 크게 신경 쓰지 않는다. 그 대신 자기가 생각하는 것에만 온통 신경을 집중하고 있는 것처럼 보인다. 오랜 시간 나는 아는 체하는 사람으로 생계를 유지했다. 모든 답을 알아야 했으며 내가 내리는 모든 결정이 옳아야 했다. 나는 "모르겠습니다."라고 말할 때 그 누구에게도 보상받은 경험이 없지만, 이런 말을 할 수 있는 리더가 팀을 더 잘 이끈다는 사실을 발견했다.

리더가 모른다는 사실을 인정해야 팀원들도 모른다는 사실을 인정할 수 있는데, 이는 결정을 논의하는 과정에서 매우 중요하게 작용한다. 어떤 결정이 더 좋을지는 그 누구도 알 수 없기 때문이다. 역설적이게

도 리더가 모른다는 사실을 인정할 때 팀이나 팀원은 안다는 사실을 인정할 수 있다. 상사가 "모르겠네요."라고 말하면 하급자는 "제가 알기로는…." 또는 "이건 어떠세요?"라고 말할 수 있다.

하나 더 기억할 것은 모든 배움이 "모르겠어요."에서 시작한다는 것이다. "모르겠어요."는 끝이 아니다. 다음은 "모르겠어요."에 이어질 수 있는 말이다.

- "모르겠어요. 같이 찾아봅시다."
- "모르겠어요. 어떻게 시험해볼 수 있을까요?"
- "모르겠어요. 실험을 한번 해봅시다."

"다 알고 있어요."라고 말하면 배움과 발견의 여정을 시작할 수 없다.

리더가 지식이나 결정의 불확실성을 표현하는, 즉 확신에 찬 오만을 피하는 말은 다음과 같다.

- "이건 아직 나도 해본 적이 없어요."
- "우리는 지금 미지의 영역에 있습니다."
- "이 말을 해야 할 것 같은데 나는 이에 대해 60퍼센트 정도만 확신할 수 있어요. 틀릴 확률이 40퍼센트라는 얘기입니다."
- "어느 쪽이 맞는지 아직 확신이 서지 않아요."
- "이 입장에 대해 반론이 있습니다. 생각해봐야 할 내용이 있을지 모두 세심히 살펴봤으면 좋겠습니다."

리더로서 "모릅니다." 혹은 "100퍼센트 확신하지 못합니다."라고 인정하려면 취약한 모습을 드러내야 한다. 산업화 시대에서는 리더십이 강압적인 성격을 띠었기 때문에 취약함은 약점으로 여겨졌다. 그래서 결정자들은 마치 스스로가 불사신인 것처럼 불확실성을 드러내지 않도록 프로그램화되었다. 이것이 우리가 연결 전술을 펼쳐야 하는 이유다.

3. 취약한 모습을 드러내라

권력 기울기를 완만하게 하는 또 다른 수단은 취약함이다. 책임자들은 높이 올라갈수록 불사신 아우라에 한층 더 심하게 집착하는 경향이 있다. 엘파로호 선장을 보라. 다음은 대화 기록에 남아 있는 선장의 불가침 선언 중 일부다.

- "그러니 이번에는 그저 굳세게 견뎌야 할 걸세."
- "괜찮아야 하는데. 괜찮아야 하는 게 아니고 괜찮을 거야. 아무 일도 없을 거라고."
- "태풍 속으로 들어가게 될 거야. 다른 방도가 없네."
- "다 잘 풀려야지."
- "아, 안 돼. 안 돼. 배를 돌리지 않을 거야. 배를 돌리지 않을 거라고."

선장이 함교를 떠난 뒤에야 2등 항해사가 선장의 말과 실제 기상 상태의 차이에 대한 우려를 표했다. 그녀는 선장에게 우려를 직접 표현하는 것이 안전하다고 느끼지 않았다. 선장이 자신의 진짜 감정을 표현했다면 선원들은 안전한 환경에서 취약함을 드러낼 수 있었을 것이다.

- "우리는 굳세게 견딜 수 있을 거야. 하지만 기상 상태가 어떻게 될지 잘 모르겠어. 자네는 어떻게 생각하나?"
- "괜찮아야 하는데. 하지만 혹시 모르니 기상 상황에 촉각을 곤두세우자고. 계획을 바꿔서 더 긴 경로로 가야 할지도 몰라."
- "우리는 허리케인 속으로 들어갈 거야. 조금 긴장되는군."
- "모두들 이 일에 대해 어떻게 느끼고 있지? 나는 이제 긴장이 걱정으로 변하는 것 같군."
- "우리는 대서양 경로로 계속 가야 한다는 주장을 얼마나 확신하고 있지?"

선장이 취약한 모습을 보였더라면 다른 선원들도 끼어들어 상황에 대한 우려를 표현할 권한이 있다고 느꼈을 것이다.

2019년 크리켓 월드컵의 유력한 우승 후보였던 영국은 연이은 패배로 토너먼트에서 탈락하기 직전이었다. 팀은 한자리에 모여 현재 상황에 대해 이야기했다. 고참 선수들은 그들이 느끼는 두려움, 불안, 감정들에 대해 공개적인 자리에서 솔직하게 말했다. 덕분에 모든 선수들이 솔직해질 수 있었고, 결과적으로 실패에 대한 두려움이 줄어들었으며, 강한 유대감이 형성되었다. 한 선수는 이것이 그들의 터닝 포인트였다고 말했다. 영국 팀은 다음 경기에서 승리했고 이후 월드컵에서도 우승할 수 있었다.

취약함은 결코 약한 것이 아니다. 다른 사람과 연결되기 위한 엄청나게 효과적인 수단이다.

내가 리더십 코칭을 담당한 한 조직의 임원진들은 부정적인 의미로 "드러났다."는 표현을 자주 썼다. 이렇게 노출을 꺼리는 표현은 낮은 신뢰, 취약함, 높은 판단을 나타내는 징후다. 그들은 직원들을 어린애 취급했으며, 새로운 아이디어를 내는 위험을 감수하지 않도록 조직 분위기를 학습시켰다. 성공할 수 없는 운명을 그들 스스로 만든 셈이었다. 가장 중요한 것은 취약한 모습을 적극적으로 드러내고, 드러나는 것이 완전히 안전하다고 느낄 수 있는 문화를 만드는 것이다.

4. 먼저 믿어라

신뢰에 관한 산업화 시대 전술은 두 가지 측면에서 완전히 바뀌어야 한다. 첫째, 지금까지 우리는 누군가를 믿기에 앞서, 그 사람이 자기 자신을 신뢰할 수 있는 사람임을 스스로 입증하도록 만들었다. 이러한 방식은 관찰이 아닌 판단을 이끌며, 권력 기울기를 가파르게 한다. 그래서 리더는 먼저 믿어야 한다.

둘째, 신뢰를 받는다고 해서 당신이 항상 옳은 건 아니다. 이 사실이 중요한 이유는 신뢰에 대해 근본적으로 이렇게 접근하지 않으면 신뢰의 반대는 불신이 되고, 한 번의 실수가 "당신을 신뢰할 수 없어요."로 이어지기 때문이다.

누군가 실수했을 때는 이 질문들을 떠올리자. 그들이 옳은 일을 하려고 애쓰다가 실수했는가? 아니면 조직의 이익이 아닌 다른 무언가에 의해 동기 부여가 된 채 일을 하다가 실수했는가?

때때로 우리는 그들의 동기가 조직과 일치하지 않는다는 사실을 발견한다. 하지만 우리(리더)가 무엇을 성취하려고 하는지 그 의도를 분명하게 드러내지 않았고, 그들이 그 의도를 최대한 추측해서 결정을 내린 거라면 실수는 바로 우리가 저지른 것이다.

또한, 때때로 사람들은 기술적으로 잘못된 결정을 내린다. 이것은 역량의 문제다. 하지만 그들이 조직의 목표에 맞는 결정을 내리려고 노력했다면 우리는 그들을 믿어야 한다. 당신의 신뢰가 그들의 행동에 영향을 미칠 것이기 때문에 먼저 그들을 믿어야 한다. 그들은 신뢰받는다고 느낄 때 더 열심히 일하고, 더 오래 머물며, 자발적인 노력을 보여줄 것이다.

신뢰는 '당신이 올바른 결정을 내리기 위해 노력하고 있다는 것을 믿습니다.'라는 의미이기 때문에 신뢰를 보여준 다음 "자, 이 결정을 내린 이유를 설명해주세요."라고 덧붙이는 것은 괜찮다. 그리고 적절하다. 논의는 더 자유롭게 이루어질 것이다.

‖　　조직에 개인의 감정이 필요한 이유　　‖

신경학자 안토니오 다마지오Antonio Damasio는 자신의 저서《데카르트의 오류》에서 그의 환자인 엘리엇의 이야기를 통해 감정과 의사 결정 사이의 관계를 강조한다.

엘리엇은 좋은 직장에서 일하던 똑똑하고, 성실하고, 사회성 좋고, 능력 있는 남자였다. 그런데 엘리엇의 뇌에 종양이 생겨 정서 상태와 관련된 부분이 손상을 입었다. 엘리엇과 가까운 사람들은 그가 수술을 한 이후에 한 가지 일에 얽매이는 경향이 생겼다는 사실을 알아차렸다. 그는 다른 일로 옮겨가야 할 때에도 한참 지나서까지 한 가지 일에 빠져 있었다. 또한, 긴급한 일을 처리해야 할 시간에 중요하지 않은 일에 공을 들이고는 했다.

엘리엇은 건강 문제로 겪게 된 어려움에 대해 이야기하며 너무 담담했고, 당연히 표출되어야 할 슬픔이나 좌절감 같은 감정들을 전혀 드러내지 않았다. 뇌 손상이 감정 중추에 영향을 미친 탓에 그는 제대로 일할 수도 없었고 사람들과 가까워질 수도 없었다. 이로 인해 엘리엇의 행복과 안녕이 위험에 빠진 듯했고, 그는 이러한 이야기를 다마지오에게 정확하게 들려주었지만, 그 이야기를 하면서도 아무런 감정을 느끼지 못하는 것 같았다.

다마지오는 엘리엇을 치료하는 동안 감정이 효과적인 의사 결정에 매우 중요하다는 가설을 세웠다. 누군가는 훌륭한 의사 결정이라면 완벽한 논리로 설명되어야 한다고 추정하지만 다마지오는 그렇지 않은 경우를 제시한다. 우리가 변수를 비교하고 평가한 후 결정하기 위해서는 결국, 자신이 무엇을 느끼는지 알아야 한다.

다마지오의 연구는 우리의 감정이 의사 결정 능력과 불가분하게 얽혀 있다는 사실을 보여준다. 우리가 의사 결정 과정에서 어떻게든 감정을 없애려고 애쓴다면, 마치 엘리엇처럼 정신적으로 무기력해질 것이다. 연결은 의사 결정 과정에 있어 감정의 중요성을 인정하고, 일에서 직관력을 발휘할 수 있게 한다. 감정이 직장에 적합하지 않다는 생각은 직원이 판단력을 발휘하거나 결정을 내릴 필요가 없었던 산업화 시대의 유물이다.

감각 신호들은 주위 세상에 대한 감정적이고 직관적인 그림을 당신에게 전달한다. 그리고 이때 신체적 반응이 일어난다. 슬프면 목이 메고, 화나면 열이 오르며 얼굴이 붉어진다. 두려움을 느끼면 몸을 움직이지 못하고, 걱정과 기대가 교차할 때는 심장이 빨리 뛰며 땀이 난다. 이 감정들은 미세하게 조정된 정교한 수단이며, 수백만 년 동안 진화되어 왔다.

블루워크의 불확실성에 모든 사람이 관여해야 할수록 직장 내 감정의 필요성도 높아진다.

아이오와 대학교에서 개발한 아이오와 도박 과제에서 각 참가자들은 거액으로 카드게임을 해서 돈을 가능한 한 크게 불리라는 임무를 부여받는다. 참가자들은 카드 네 세트 중 한 세트에서 카드 한 장씩을 뽑는다. 각 카드는 승리(금전적 이득) 혹은 벌금(금전적 손실)을 나타낸다.

카드는 한 세트씩 따로 쌓여 있다. 세트 A와 B는 승리와 벌금 카드 모두 50달러로 괜찮은 편이다. 반면 세트 C와 D는 승리 카드는 100달러, 벌금 카드는 250달러로 좋지 않다.

감정으로 인한 신체 반응을 측정하기 위해 피부에서 땀이 나는 정도를 측정할 수 있는 장치를 참가자들 몸에 부착했다. 땀은 정신의 괴로움을 나타내는 지표다.

뇌가 건강하게 기능하는 대부분의 참가자들은 세트 A, B가 더 좋다는 결론을 내릴 때까지 여러 세트 사이를 오간다. 그런데 여기서 흥미로운 점은, 참가자들이 세트의 차이를 의식적으로 깨닫기 전부터도 C와 D에 손을 뻗을 때 스트레스를 받는다는 사실이다. 다시 말해 그들은 C와 D가 나쁘다는 것을 직감으로 알아차린다.

이 흥미로운 결과가 직관력에 의존해야 한다는 의미로 해석되어서는 안 된다. 예를 들어 카드 세트를 만들 때 낮은 금액의 승리 카드를 많이 넣고, 높은 금액의 손실 카드를 조금 넣으면, 결과적으로 나쁜 세트인데도 불구하고, 참가자들은 직감에 따라 좋은 세트라고 느낀다. 우리의 직관력은 큰 손실이 적은 횟수로 일어날 때의 심각성을 적절하게 평가하지 못한다. 반면 작은 승리들이 빈번하게 일어나면 그것이 결론적으로는 더 사소하더라도 이에 휩쓸리게 된다. 이 약점은 카지노 업계에 잘 알려져 있고, 그래서 카지노의 슬롯머신은 적은 금액의 상금을 많이 지급하도록 프로그램화되어 있다.

논리는 의사 결정에 필수적이다. 감정은 조작될 수 있다. 하지만 감정의 도움 없이 복잡한 결정을 내리면 참패한다. 감정은 결정을 내리는 데 있어 결정적인 수단이다. 예를 들어 어떤 문제를 해결하는 데 있어서 논리적으로 완벽한 해결책에 도달하는 것이 불가능할 때, 즉각적인 결과와 미래지향적인 결과 사이에서 선택해야 할 때, 특히 더 그렇다.

블루워크의 필요성이 높아짐에 따라 긍정적이고, 안전하고, 취약함을 드러낼 수 있는 즉, 감정을 존중하는 문화에 대한 요구도 높아진다. 이러한 새로운 의사소통 방식이 효과를 보기 위해서는 팀원들이 목소리를 높이는 것에 대해 안전하다고 느껴야 한다.

‖ 팀원의 참여를 이끄는 언어와 환경 ‖

조직 내 권력 기울기는 연결 전술에, 그리고 이 책에 나오는 전략들에 대체로 상당한 걸림돌이 된다. 이렇듯 권력 기울기가 매우 중요하기 때문에 신뢰의 측면에서 다시 한번 짚어보고자 한다.

나는 스위스에 본사를 둔 세계 최고의 다국적 기업과 일한 적이 있다. 이 회사의 고위 간부는 전용 층에 있는 전용 사무실에서 일했다. 또 전용 주차장과 전용 식당이 있었다. 심지어 카펫마저 훨씬 더 두툼하고 호화스러웠다. 그들은 자신들이 얼마나 특별한지 보여주는 데 많은 돈을 썼고, 그것은 효과가 있었다.

직원들은 이 임원 구역을 피하기 위해 한 층을 내려가서 반대쪽으로 걸어간 다음 다시 위로 올라왔다. 이곳을 지나가지 말라는 규칙은 없었지만, 건물 설계가 권력 기울기를 물리적 장애물로 만들었다.

그 당시 시장은 50퍼센트 성장했지만, 그 회사의 주가는 5년간 제자리걸음이었다. 이러한 문제는 고급 카펫과 연관이 있다.

당신이 기울기를 낮추는 문제에 대해 신중히 생각하지 않으면 혁신하고 배우는 팀의 능력은 저해될 것이다.

예를 들어보자. 나는 과거에 중요한 교육 동업자와 앞으로의 관계에 대해 협상하고 있었다. 교육의 질을 높이고, 신뢰 수준을 더 높이기 위해 강사들과 장기적 관계를 구축하자는 논의를 하고 있었다. 타당한 주장이었기 때문에 나는 일부러 반대 의견을 말함으로써 아이디어를 테스트하자고 결심했다. 나는 계약을 통한 접근법을 채택해서 우버Uber나 에어비엔비Airbnb처럼 강사와 신속하고 단기적인 관계를 맺자고 제안했다.

불행하게도 교육 동업자는 이 사고 실험을 내 진짜 의도로 해석했고 전체 제안을 수정했다. 만약 권력 기울기가 평평했다면 그들은 실행으로 옮기는 대신 즉석에서 내 의도를 명확하게 알려고 했을 것이다.

권력 기울기는 전통적 조직의 안과 밖, 모든 관계에 존재한다. 권력 기울기를 잘 보여주는 예로 비행기 조종사와 부조종사를 들 수 있다. 미 국가교통안전위원회National Transportation Safety Board가 1978년부터 1990년까지 일어난 37건의 사고를 연구하여 1994년에 발간한 보고서에 따르면 사고의 80퍼센트 이상이 조종사가 조종하고 있을 때 발생했다. 왜일까? 연구에 따르면 권력 기울기가 문제였다. 오랜 CRM 관행에도 불구하고 부조종사가 조종사의 잘못을 바로잡으려 하지 않기 때문에 조종사의 비행기 사고가 더 많이 일어난다. 또한, 조종사가 부조종사의 충고를 들으려 하지 않는 경우가 그 반대의 경우보다 많았다. 이것은 인간에게 있어 계층이 얼마나 강력한지를 말해준다.

인간이 무의식적으로 겪게 되는 다양한 권력 기울기가 있다. 기본 기울기는 새로운 구성원과 이미 자리를 잡은 구성원 사이에서 나타난다. 더 오래 일한 종업원이 자신의 경험을 말하며 "내가 여기에 먼저 왔어." 라는 사회적 권력 기울기를 불러내는 것이다. 이는 본능적인 것이라 해결하기 어렵다. 그리고 침팬지와 같은 다른 영장류에게도 나타나는 현상이다.

침팬지 집단에서 권력 기울기는 집단에 들어온 순서를 따른다. 더 낮은 사회적 지위에 있는 것만으로도 침팬지는 더 많은 스트레스를 받았고, 혈액 속의 어떤 표식으로 이를 측정할 수 있었다. 침팬지가 특정 순서로 집단에 들어왔을 때 나중에 합류한 침팬지는 더 높은 스트레스 징후를 보였다. 연구자들은 그 집단을 해체하고 새로운 집단을 만든 뒤, 같은 침팬지들을 반대 순서로 들어가게 했다. 스트레스에 시달리던 침팬지는 새로운 집단으로 들어가 더 높은 지위가 되자 예상대로 평온을 되찾았다. 그리고 상대적으로 더 오래 살았다.

권력 기울기 자체는 눈에 잘 보이지 않지만, 그것의 영향력(의사 결정, 혁신, 심지어 건강까지)은 매우 현실적이고 강력하다.

권력 기울기를 가파르게 하고, 다른 이들의 참여를 막는 언어는 다음과 같다.

- "내가 더 오래 일했잖아요."
- "저는 이 일을 해본 적이 있어요."
- "저는 회의에 참여했었습니다."
- "사장님이 이렇게 하면 좋겠다고 저에게 말씀하셨어요."
- "음, 당신은 그 일을 해본 적이 없죠?"

반면, 권력 기울기를 평평하게 하고 참여도를 높이는 언어는 다음과 같다.

- · "당신의 새로운 시각이 이 일에 귀중히 쓰일 겁니다."
- · "우리가 이 일을 오래 해왔다고 해서 개선할 수 없는 건 아닙니다."
- · "개선에 관해서라면 다른 관점에서 보는 게 도움이 되죠."
- · "당신 눈에만 보이는 게 있을 겁니다."
- · "나는 이 일을 너무 많이 해서 객관적으로 보기가 어려워요."
- · "이 프로젝트 전체가 내 아이디어라서 여러분보다 내가 더 방어적으로 생각할 가능성이 큽니다."

이와 동시에 권력 기울기를 가파르게 하고 참여를 막는 직장 환경 요소로는 다음과 같은 것들이 있다.

- · 사무실, 식당, 화장실, 주차장을 분리한다.
- · 상급자만 큰 책상을 사용하거나 사무실을 유리 칸막이로 나누어 물리적으로 분리한다.
- · 접근성을 떨어뜨리기 위해 비서, 보안 요원 등을 고용한다.
- · CEO를 주인공으로 하는 포스터와 사진을 인쇄한다.
- · 저자는 CEO지만, 직원이 대필한 회사 서적을 출간한다.

권력 기울기를 평평하게 하고 참여도를 높이는 직장 환경 요소로는 다음과 같은 것들이 있다.

· 나란히 앉음으로써 근접성을 높인다. 또는 하급자가 상급자의 방으로 보고하러 들어가기보다 상급자가 하급자의 공간으로 간다.

· 팀으로서 같은 공간에 머무르며 접근성을 높인다. 상급자가 하급자를 자주 찾아가거나 사무실 중앙에 놓인 개방된 책상에 앉는다.

· 팀을 주인공으로 하는 포스터와 사진을 인쇄한다.

· 실제 저자의 이름으로 회사 서적을 출간한다.

권력 기울기를 완전히 평평하게 하는 것은 불가능하거나 쉽지 않을 것이다. 하지만 리더로서 우리는 권력 기울기를 평평하게 하기 위한 모든 노력을 기울여야 한다. 특히 연결 전술을 성공적으로 펼치기 위해서 더욱 그래야 한다.

연결하는 법

1. 권력 기울기를 평평하게 하라.
2. 모른다는 사실을 인정하라.
3. 취약한 모습을 드러내라.
4. 먼저 믿어라.

연결로 리부트의 속도를 올려라

연결은 다른 모든 전술이 더 큰 효과를 발휘하게 하는 활성화 전술이다. 연결은 보살피는 것이다. 사람들이 무슨 생각을 하는지 보살피고, 어떻게 느끼는지 보살피며, 그들의 개인적 목표를 보살핀다.

연결은 피상적인 '우정'이 아니라 다른 누군가를 보살피고 그들에게 최선을 다하고 싶어 하는 진심이다. 연결은 '사랑'이다.

연결에서 핵심 개념은 권력의 기울기다. 가파른 권력 기울기는 상사가 가장 중요하다는 의미다. 연봉, 사무실 크기, 접근성은 권력 기울기의 지표다.

우리는 낮고 완만한 권력 기울기를 원한다. 권력 기울기가 가파르면 팀원은 권력자에게 사실을 말하기가 어려워진다.

권력 기울기를 평평하게 하기 위해서는 리더가 취약한 모습을 드러내고 모른다는 사실을 인정해야 한다.

신뢰는 오랜 시간 투명성을 추구한 결과다. 신뢰는 상대방이 말하는 것을 믿는다는 의미다.

CHAPTER

9

리더십 리부트
적용하기

6시간 후면 미국 필라델피아에 위치한 경기장 시티즌스 뱅크 파크Citizens Bank Park에서 야구 경기가 시작될 터였고, 상황은 어시스트 개발 팀에게 불리하게 돌아가고 있었다.

경기장과 몇 마일 떨어진 곳에 있던 어시스트 CEO 셰인 맥은 프로젝트 팀장에게서 문제가 생겼다는 문자 메시지를 받았고, 나는 그때 셰인과 점심을 먹기 위해 테이블에 함께 앉아 있었다.

나는 셰인과 함께 여러 프로젝트를 진행하면서 그가 직원들에게 자율권을 주는 등 진보된 방식으로 회사를 운영해나가는 모습에 깊은 인상을 받았다. 셰인은 내게 이번 프로젝트가 유독 까다롭다고 설명했다. 그들은 새로운 제품에 대한 현장 시험을 계획하고 있었다. 그 제품 사용법은 다음과 같다. 야구장 좌석 뒤에 있는 바코드를 자신의 아이폰으로 스캔한다. 나타난 화면에서 원하는 맥주나 음식을 고르고 좌석번호를 입력하면 잠시 후 종업원이 가져다준다. 결제는 애플 페이Apple Pay로 처리된다. 이 과정이 잘 돌아가려면 여러 회사의 소프트웨어 시스템과 경기장의 서비스 조직 등이 원활하게 연결되어야 했다. 이 시험은 어시스트에게 중대한 사안이었다. 시험에 성공하면 회사의 가치를 높이고, 기술에 문제가 없다는 사실을 입증할 뿐만 아니라 고객의 요구에 성공적으로 부응할 수 있다.

셰인은 일이 정상궤도에 올랐다고 생각했는데 방금 그렇지 않다는 문자 메시지를 받았다. 셰인은 프로젝트 팀장에게 전화했다. 프로젝트 팀장은 기술 업계에서 강인하다는 평판을 받는 여성이었고 경기장에서 이 사안을 직접 처리하고 있었다.

짧은 대화를 마치며 셰인은 팀장에게 말했다. "내가 가야 할 것 같으면 말해줘요." 그는 잠시 말을 멈췄다가 다시 말했다. "좋아요." 그리고 나서 그는 전화를 끊고 테이블 위에 놓인 메뉴판을 바라봤다.

나는 셰인에게 프로젝트 팀장에게 다시 전화해 그가 했던 마지막 말을 다음과 같이 바꾸라고 제안했다. "내가 경기장으로 가면 얼마나 도움이 되겠어요? 숫자 0에서 5까지 하나를 골라 대답한다면?" 그는 다시 전화했고 잠시 침묵이 흘렀다. 프로젝트 팀장의 대답은 "5."였다. 충격적이었다. 셰인의 눈이 커졌다. 그는 전화를 끊고 바로 일어나서 택시를 불렀다.

다행히 개발 팀은 경기가 시작되기 전에 문제를 잘 해결했고 현장 시험은 성공적이었다. 아마 내가 새로운 시스템으로 맥주를 주문한 첫 번째 사람이었던 것 같다.

한 가지 방식으로 말하면 한 가지 반응을 얻을 것이고 결국 한 가지 결과를 얻게 된다. 그러나 조금 바꾸어 말하면 다른 반응과 다른 결과를 얻게 될 것이다.

셰인이 "내가 필요하면 말하세요."라고 했을 때 프로젝트 팀장은 도움이 필요하다는 사실을 인정하고 CEO에게 지시를 내려야 했다. 그러나 공격적이고 단호한 태도를 지닌 프로젝트 팀장에게도 그건 쉽지 않은 일이었다.

셰인이 "내가 경기장으로 가면 얼마나 도움이 되겠어요?"라고 물었을 때 그 질문은 팀장에게 정보를 요청하는 방향으로 바뀌었다.

나는 이러한 언어 변화가 전등 스위치처럼 확실성을 가진다고 생각한다. 비록 단언할 수는 없지만, 당신이 노력할수록 다른 사람들이 안전하다고 느끼며 목소리를 높일 수 있는 가능성이 커질 것이다. 시간이 흐르고, 이러한 작은 확률들이 모이면 결국 큰 변화를 이끌어낼 것이다.

‖ 빠르게 살펴보는 리부트 전술 ‖

우리에게는 두 가지 업무 모드가 있다. 레드워크는 활동적으로 생산하는 일이다. 가변성을 줄이고 입증 사고방식을 갖는 게 도움이 된다. 반면에 블루워크는 공동의 사고 과정이다. 가변성을 포용하고 개선 사고방식을 갖는 게 도움이 된다. 이 두 모드 안에는 여섯 가지 리더십 전술이 있다.

레드워크 시작

레드워크에서 블루워크로 전환할 때

1. 시간을 준수하지 말고 통제하라.

2. 속행하지 말고 완료하라.

블루워크 중

3. 강요하지 말고 목표를 정해 협력하라.

4. 입증하지 말고 개선하라.

블루워크에서 레드워크로 전환할 때

5. 순종하지 말고 전념하라.

그리고 활성화 전술을 써라

6. 순응하지 말고 연결하라.

여섯 가지 전술은 블루워크와 레드워크 사이, 생각과 행동 사이, 가변성을 받아들이는 것과 줄이는 것 사이, 개선과 입증 사이를 규칙적으로 오가는 과정 속에 존재한다. 일하다가 어딘가 꽉 막힌 것 같다면, 위 과정에서 내가 지금 어디쯤에 있는지 확인한 다음, 적절한 전술을 불러내면 된다.

이때 생각해볼 첫 번째 질문은 "레드워크 중인가, 블루워크 중인가?"이다. 레드워크는 행동, 실행, 입증임을 기억하라. 블루워크는 생각, 결정, 개선이다. 레드워크 중인지 블루워크 중인지 잘 모르겠다면, 당신이 참여하고 있는 그 활동에 도움이 되는 것이 가변성을 받아들이는 것인지 가변성을 줄이는 것인지에 대해 스스로에게 물어보라. 높은 가변성

(더 많은 아이디어, 다양한 선택지, 불확실한 시기에 내린 결정)을 원한다면 당신은 블루워크 중이다. 낮은 가변성(공정의 일관성, 동일 부품 생산)을 원한다면 당신은 레드워크 중이다.

이제 얼마나 오래 그 활동 모드를 유지하고 싶은지 그리고 언제 다른 상태로 전환하고 싶은지를 생각하라.

당신이 수의 상황에 있다고 가정해보자. 당신의 머릿속은 너무 많은 생각, 논의, 숙고로 꽉 차 있다. 당신은 아직 블루워크 중이지만 행동을 시작해야 한다. 당신은 협력 전술로 무장하여 전념으로 옮겨가고 싶다. 또 완료와 개선을 포함하는, 시간을 통제하기 위한 계획도 있어야 한다. 블루워크를 하며 너무 많은 시간을 썼는데 이를 행동으로 옮길 수 없다는 사실을 알게 되면 좌절할지도 모른다. 최악의 경우 불안감과 우울증으로 이어질 수도 있다. 블루워크에 갇혔을 때의 느낌을 나타내는 흔한 말은 다음과 같다. "뭐라도 그냥 해봐.", "너무 복잡하게 생각하지 마.", "우리 팀은 지금 정보가 너무 혼재해서 오히려 아무 분석도 할 수 없는 상태야!"

한밤중에 잠에서 깼는데 어떤 상황이 떠올라 다시 잠을 이루지 못한다면 당신은 블루워크에 갇힌 것이다. 어떻게 나올 수 있을까? 당신을 레드워크로 옮겨줄 아주 작은 행동 하나에 전념하라. 행동하고, 움직이고, 뭔가를 하라. 메모장이나 일기장에 생각을 기록하라. 그것이 효과가 없다면 일어나서 당신이 진행하는 프로젝트를 살펴라. 내게는 보통 이 방법이 효과가 있다. 10분이나 15분 동안 아이디어의 주요 부분을 파악한 뒤, 나는 다시 잠자리에 들고는 한다.

반대로 당신은 프레드처럼 레드워크에 너무 많은 시간을 쓰고 있다고 느낄 수도 있다. 레드워크가 너무 많으면 생각 없이 일하게 된다. 많이 움직이고 시끌벅적하다고 해서 목표 달성에 더 가까워지는 것은 아니다. 이 상태를 나타내는 흔한 말은 다음과 같다. "우리는 지금 제자리에서 빙빙 돌고 있어.", "배가 산으로 가고 있습니다.", "나는 지금 자동 조종장치 모드야."

레드워크에서 블루워크로 또는 그 반대로 전환하는 것을 배우려면 연습이 필요하다. 정말 작은 것부터 시작하라. 그리고 자기 자신부터 시작하라. 시작할 때는 이분법적 질문을 피하는 것이 좋다. 사람들이 "네." 또는 "아니오."로 대답하도록 유도하는 대신 "무엇?" 또는 "어떻게?"로 시작하는 질문을 던져라. 한번 해보고 주위에 어떤 변화가 일어나는지 지켜보라.

대화 상대가 상사든, 동료든, 당신의 지시를 받는 직원이든 모든 대화는 소통 방식을 개선할 수 있는 기회다. 그저 반사적으로 반응하는 대신, 어떻게 반응할지를 신중하게 생각해보기 위해 잠시 멈춰서 상황을 되돌아볼 수 있다. 스스로에게 이렇게 물어보라. 지금은 무슨 패턴인가? 여기에서는 어떤 전술을 펼치는 것이 적절한가?

흔하게 접할 수 있는 업무 현장의 시나리오를 통해 이것이 실제 어떤 모습일지 살펴보자. 이 예시들은 지난 몇 년간 나의 회사 고객들의 경험을 토대로 한 것이다. 여러 시나리오를 다룰 것이고, 먼저 상급자의 관점에서 설명한 뒤 바로 이어 하급자의 관점에 대해 다룰 것이다.

‖　시간을 통제하고 싶을 때　‖

상황: 세계적인 연구 사업에 참여 중인 과학자들이 실험을 중단해야 할지 확신하지 못하고 있다.

미아는 신약 실험을 많이 하는 글로벌 제약회사의 연구 감독관이다. 초기 약의 대부분은 후기 실험까지 가지 못하거나 시장에 나오지 못한다. 과학자 팀이 실험을 설계하는데, 약이 효과적이고 안전하다는 사실을 증명하기 위해서는 엄격한 기준을 반드시 충족시켜야 한다. 실험이 설계되면 회사는 실험을 시작한다. 때때로 과학자들은 제품이 통과되지 못할 것을 실험 초기에 이미 직감하지만 혹시 몰라서 실험을 멈추지 못한다.

미아는 절차의 비효율성 때문에 좌절감을 느낀다. "안 될 줄 알았어." 라는 말이 만연하고, 실패하는 제품에 자원이 낭비되지만, 실험을 빨리 끝내기는 두렵다. 각종 실험이 특정인의 아이디어와 연결되어 있을 때가 많아서 계속하는 쪽을 선택하게 되고, 실험을 서둘러 중단하는 것에 대한 조직적인 저항이 있다. 왜 이런 일이 일어나는 것이고, 미아는 어떻게 해야 하는가?

레드워크는 실험을 수행하는 것이다. 블루워크는 설계하고, 평가하고, 어떤 실험을 계속할지 결정하는 것이다.

미아와 그녀의 팀은 몰입의 상승에 빠져 있고(어떻게 해도 실패할 것 같은 실험을 계속하고 있기 때문이다. 근본 원인은 완료 전술을 쓰지 않고, 실험을 연속된 하나의 과정으로 보는 것에 있다.) 양성 반응을 기대하며 어떻게든 실험을 끝까지 수행한다. 양성 반응이 나와야 하는 시험은 입증 책임이 크기 때문에 실험 기간이 길 수밖에 없다.

팀은 실험을 설계할 때 '얼리 아웃early out' 결정 지점을 만들어야 한다. 실험을 시작(레드워크)하면서 실험 기간을 6개월로 잡았다면, 보통 과학자들은 실험이 실패할지 성공할지를 한 달 내에 예측할 수 있다. 그러니 얼리 아웃 블루워크 회의를 한 달이 되는 시점에 연다. 실험을 계속할지, 아니면 손실을 줄이고 다른 가능성 있는 제품에 자원을 할당할지 결정한다.

얼리 아웃 회의에서 미아는 확률카드를 사용한다. 팀원들은 과거에 함께 일한 적이 있고, 서로 간에 신뢰가 높기 때문에 확률카드를 동시에 공개하는 방법을 선택한다. 그녀의 질문은 "실험을 지금 중단해야 한다고 얼마나 강력하게 느낍니까?"이다. 모든 구성원들은 1부터 99까지 쓰인 확률카드로 의견을 제시한다. 이제 집단의 생각이 명확해졌고 미아는 실험을 계속할지에 대한 결정을 내릴 수 있다.

사람들은 실험 중단을 강력하게 찬성 또는 반대하는 사람의 의견이 궁금할 수 있다. 다양한 의견은 유용한 논의거리가 된다.

사람들이 강하게 의견 제시하는 것을 불편해할 경우에는 이렇게 물을 수 있다. "이 실험이 실패할 확률은 얼마입니까?" 회의를 진행하면서 처음 몇 번은 팀원들의 투표를 올바르게 이해하기 위해 다음과 같은 질문을 해야 할 수 있다. "존, 95라고 투표한 걸 봤어요. 왜 그렇게 생각하는지 말씀해주세요." 그리고 나서 그녀는 실험을 계속하거나 중단했을 때 어떤 결과가 벌어질지에 대한 자신의 생각을 전달할 수 있다. 그들은 실험이 성공할 가능성은 낮지만, 만에 하나 성공했을 때 그 혜택이 엄청나기 때문에 실험을 계속해야 한다고 생각하게 될지 모른다.

연습을 통해 팀은 "이 실험은 실패 가능성이 크다." 혹은 "이번 실험은 중단하고 다른 실험을 시작하는 게 좋겠다." 등의 신호를 보내는 일이 점점 더 쉬워질 것이다.

‖ 새로운 조직 계획을 발표할 때 ‖

상황: CEO는 새로운 변화 계획을 발표하고 싶다. 어떻게 해야 할까?

젠은 직원 25명 규모의 소프트웨어 개발회사 설립자이자 CEO다. 젠이 소프트웨어 기술자들에게 고객과의 소통, 근무 시간, 소프트웨어 솔루션 유형 등에 있어서 상당한 자유를 허용했기 때문에 회사는 아주 성공적으로 운영되고 있었다. 그러나 기술자들이 업무 과정에서 누리는 자유 때문에 오히려 의사소통이 부족해지고 일정이 계속 지연되는 측면도 있었으므로 회사가 커질수록 비효율성이 드러나며 내부 마찰도 증가하고 있었다. 따라서 내년까지 표준화된 절차를 도입해야 하지만, 그렇게 할 경우 팀원들이 발끈할 것 같아 젠은 걱정스러웠다.

그녀가 팀에 급작스럽게 변화를 제시한다면 팀원들은 이를 영구적 변화로 받아들여서 두려움과 스트레스를 느낄 것이다. 자신만의 속도로 일하는 대신 일에 대한 압박을 느낄 것이다.

일하는 방식을 바꾸고 싶다면 변화를 원하는 이유를 팀원들에게 설명해야 한다. 함께 단계를 밟아나가면서 팀원들의 의견을 반영해야 한다. 그녀는 그것을 '변화 계획' 대신 '실험' 또는 '베타테스트'라 부르고 한 달쯤 뒤에 직원들과 함께 결과를 검토하자는 계획을 세울 수 있다. 여기서 젠은 강요가 아닌 협력을 해야 한다.

팀원들이 지금은 실험 기간이며, 업무 프로세스를 개선하는 과정에 자신들도 참여할 수 있다는 사실을 알면 젠의 제안에 덜 저항할 것이다. 그들은 학습 모드로 들어가 도움이 되는 정보를 수집하고, 이 변화가 그들의 업무 능력에 도움이 되는지 혹은 방해가 되는지를 보고할 것이다. (이 모든 과정은 실제 공동의 노력이어야 한다. 검토 과정이 의미 있어야 하며, 소프트웨어 기술자들의 의견을 진지하게 받아들여야 한다. 그렇지 않으면 젠은 그저 강요와 순종이라는 오래된 산업화 시대 전술을 변형하여 실행하고 있는 것이다. 그녀가 그들의 말을 듣는 척 시늉만 한 뒤 제안을 모두 묵살한다면 계획을 통보하는 것만큼, 어쩌면 그보다 훨씬 더 나쁜 결과를 초래할 것이다.)

검토 시간이 다가오면 젠은 집단이 문제를 해결하도록 유도해야 한다. 원하는 사람은 누구나 참여할 수 있어야 하고, 젠이 직접 참여해 논의를 주도해야 한다면 자신의 아이디어를 강요하지 않도록 조심해야 한다. 젠은 협력 전술을 쓸 때 사람들에게 실험하는 동안 무엇을 봤는지, 어떤 일이 일어났다고 생각하는지, 그것에 대해 뭘 해야 한다고 생각하는지 물어야 한다. 젠은 소프트웨어 기술자들이 보고한 것을 기반으로 회사 향후 업무 프로세스에 관한 결정을 내릴 수 있을 것이다.

우리 회사에서도 이와 비슷한 상황이 있었다. 우리가 기업용 메신저로 슬랙Slack을 사용하기 시작했을 때 어떤 사람들은 이메일도 여전히 쓰고 있었기 때문에 의사소통 통로가 쉽게 하나로 좁혀지지 않았다. 효율적으로 개선하기 위해서는 내부 의사소통은 슬랙으로 하고, 이메일은 외부 고객과 소통할 때 사용하는 것이 타당해 보였다. 우리는 이 변화를 통해 직원들 간에 의사소통이 더 활발해지리라 생각했다.

그래도 우리는 무작정 지시를 내리는 대신 실험을 하기로 했다. "자, 한 달 동안 이렇게 해보고 배운 점은 무엇이며 얼마나 좋았는지 이야기 해봅시다. 효과적이지 않다면 실험 후에는 기존 정책으로 되돌아갈 수 있습니다."

모든 변화를 쉽게 되돌릴 수 있는 것은 아니지만 실험을 올바르게 수행할수록(변화를 레드워크에 적용하고, 끝나는 시점을 결정하여 평가를 위한 블루워크 기간을 신속하게 갖고, 레드워크에 가장 효과적일 수 있도록 변화를 완성한다.) 더 유연하게 대처할 수 있다.

‖ 업무 개선이 필요할 때 ‖

상황: 글로벌 엔진 수리회사의 리더는 회사의 업무 프로세스를 개선하고 싶다.

헨릭은 유럽에 있는 엔진 수리시설의 생산관리자다. 이 회사는 유럽의 메이저 항공사에 소속되어 있지만, 절반에 가까운 작업량은 다른 항공사의 엔진을 수리하는 일이다. (보통은 자체 수리시설이 없는 작은 항공사였다.) 항공기 엔진 수리의 수요는 꾸준히 증가해왔지만, 헨릭이 인수한 엔진 수리회사는 새로운 고객을 확보하는 데 뒤처지고 있었다. 헨릭은 일을 간소화하고 품질을 개선하는 아이디어를 내는 데 더 대담해지라며 팀원들을 격려했지만, 팀원들이 생각해낸 아이디어는 너무 사소하거나 비현실적이었다.

헨릭의 회사는 '레드워크-블루워크' 사이클 전반에 걸쳐서 입증과 성과 사고방식에 갇혀 있다. 입증과 성과 사고방식은 항상 옳아야 한다는 부담과 틀릴 수도 있다는 두려움 때문에 아이디어를 자유롭게 공유하지 못하도록 억제한다. 헨릭의 회사는 시험할 작은 가설들을 만들어 그 결과로부터 배우는 데 초점을 두는 대신, 주요 계획을 한꺼번에 실행하고 있다.

필요한 전술은 시간을 통제하고, 협력하고, 전념하고, 무엇보다도 개선하는 것이다. 헨릭은 블루워크 기회를 만들기 위해 생산을 잠시 멈춰야 할 것이다. 블루워크에서는 많은 아이디어를 생산해야 하고, 헨릭은 팀이 레드워크로 돌아갔을 때 실행하고 시험할 새로운 계획을 어떻게 선택할지 결정해야 한다.

예를 들어 천장 크레인에 엔진을 매달아 수리한다면, 노동자들은 터빈 날개를 교체하기 위해 매번 사다리로 올라가야 한다. 이를 위해 노동자들은 사다리에 올라갈 때마다 안전 장비를 착용해야 하고, 결국 이러한 과정은 프로세스와 작업 속도를 떨어뜨린다. 엔진을 낮출 수 있다면 노동자들은 최적의 인체공학적 높이에서 터빈 날개를 교체할 수 있을 것이다. 하지만 그러한 수리 구역을 만들기 위해서는 공장 바닥에 큰 구멍을 파야하고 아마도 큰 비용이 들 것이다. 이 방법이 작업 속도를 개선할지 어떻게 시험해볼 수 있을까?

한 가지 방법은 엔진이 사람 손에 닿을 정도로 올라갈 수 있는 높이의 도넛 모양 원형 단을 구매하는 것이다. 이 방법이면 바닥에 구멍을 파지 않고도 인체공학적 여부와 시간 절약의 이점을 시험할 수 있다. 그들은 60일 동안 실험을 했고, 이를 통해 헨릭은 구멍을 파는 것이 실제 성과가 있을지에 대한 결정을 내릴 수 있었다.

결국 그것은 좋은 아이디어였음이 밝혀졌고, 노동자들은 이제 바닥에 서서 일한다. 작업은 더 안전하고 빨라졌으며, 팀은 이번 기회에 새로운 아이디어를 생산해 시제품으로 시험해보는 연습을 할 수 있었다.

‖ 내 의견이 모두와 다를 때 ‖

상황: 공장의 보조관리자는 동료들과 생각이 다르지만, 목소리 내기를 망설이고 있다.

토마스는 브라질에 위치한 큰 공장에서 일하고 있으며, 종이 제조 공장의 보조관리자 8명 중 하나다. 공장은 하루 24시간 3교대로 운영된다. 그들의 주요 책무는 150미터 길이의 3층 높이 대형 제지기를 관리하는 것이다.

제지기는 본래 1초에 30미터씩 움직이도록 설계되었지만, 일관되지 않은 종이 품질 문제로 1초에 18미터씩 움직이고 있었다. 롤러 각도나

건조 구간 온도가 약간 달라지면, 두께로 측정하는 종이 품질에 작은 차이가 생겼다. 또한, 종이가 찢어지면 110제곱미터 넓이의 종이가 기계가 멈출 때까지 초 단위로 쏟아져 나왔다.

회사는 생산성을 높이라고 공장을 압박하고 있고, 집단 구성원들은 이를 어떻게 개선할 수 있을지 논의를 시작한다. 그들은 A 교대조가 할 때보다 B 교대조가 할 때 찢어진 개수가 얼마나 더 많았는지와 같은 세부 사항에 초점을 맞추고 있었는데, 토마스는 그건 별로 도움이 되지 않는 논의라고 생각한다. 토마스는 찢어지는 현상이 무작위로 발생하고 있다고 생각한다. 토마스는 제지기의 문제점을 근본적으로 해결하려면 장시간 기계를 멈추고 대대적인 수리를 해야 한다고 생각한다.

토마스는 동료 대다수가 공장 관리자의 지시에 따를 것이며 아무도 자신의 말을 궁금해하지 않을 거라고 생각한다. 그는 그가 목소리를 높이는 순간 사회적 지위를 잃거나 집단 내 관계성을 상실할 것이라고 생각한다.

관리자는 이 블루워크 단계에서 협력 전술을 펼쳐야 하지만, 그것을 제대로 실행하지 않고 있다. 공장의 보조관리자는 관찰하고, 집단에 아이디어를 요청하기보다 편견을 드러냈다. 이 회의는 일시 정지, 되감기, 빨리 감기로 시작되었어야 한다. 공장 감독관은 현재 상황을 확인하면서 왜 이렇게 됐는지 분석하고, 무엇을 해야 하는지 결정해야 했다.

토마스는 시간을 통제하고 협력해야 한다. 새로운 안건을 내놓고 싶다면 집단에 방해되지 않도록 가볍게 제시해야 한다. 그는 판단하지 않으려고 노력하며 관찰할 수 있다. "아직 논의되지 않은 다른 방안을 알고 있습니다. 기계가 돌아가는 동안 교대조 감독관들은 약간씩 틀어진 롤러와 팬을 조정하는 데 많은 시간을 씁니다. 우리는 고장 난 기계를 복구하느라 정신이 없어서 문제의 근본 원인이 무엇인지 분석하고 이를 고칠 시간이 없습니다. 저는 장시간 기계를 멈추고 원인을 찾아야 한다고 생각합니다. 그래야만 기계의 효율을 올려 지금보다 더 빠르게 작업할 수 있습니다. 기계가 우리를 통제하는 게 아니라 우리가 기계를 통제해야 합니다."

전념 전술로 전환하며 토마스와 그 집단은 실험의 구체적인 목표를 세우고 싶을 것이다. 교대조 감독관은 가장 자주 조정해줘야 하는 롤러 10개를 찾을 수 있을 것이고 이제는 롤러 150개가 아닌, 그 10개만 점검하기 위해 공장을 멈출 수 있을 것이다.

‖ 마음에 안 드는 팀원과 협력해야 할 때 ‖

상황: 은행의 프로덕트 오너는 팀원 한 명이 끊임없이 내놓는 아이디어가 모두 쓸데없는 생각 같아서 불만스럽다.

제시카는 은행에서 프로덕트 오너로 일한다. 그녀는 프로그래머, 디자이너, 개인 정보 보호 및 규정 준수 전문가로 구성된 작은 프로젝트 팀을 운용하며 고객 인터페이스를 개발하고 있다. 팀은 애자일 프로세스를 활용해 협력하며 지금까지는 대체로 성공적이었다.

그렇지만 제시카는 프로그래머 옌스가 종종 '받아들일 수 없는' 유저

스토리 실행 방안을 제안하는 것에 실망하고 있다. 예를 들어 옌스는 앱 결제 방식에 대한 논의에서 카드 판독이 가능한 반지를 제안했다.

여기서 제시카는 모든 문제를 옌스의 탓으로 돌리는 대신 우선 자기 자신의 태도부터 돌아봐야 한다. 첫째, 그녀는 옌스의 발산적 사고를 인정하고 감사해야 한다. 이러한 사고는 혁신과 개선의 근원이 될 수 있다. 제시카는 옌스가 제안할 때 판단을 보류하는 대신, 호기심을 가지고 아이디어를 탐구해야 한다. 옌스가 실제로 옳다면 어쩌겠는가?

옌스는 프로그래머이기 때문에 문제에 더 가까이 있으며, 그래서 제시카가 생각하지 못한 뭔가를 갖고 있는 거라고 생각해야 한다. 제시카는 '무엇' 그리고 '어떻게' 질문을 던짐으로써 옌스가 보고 있는 게 무엇인지 알아낼 수 있다. 제시카는 다음과 같이 물을 수 있다.

- "다음 단계는 어떤 모습일까요?"
- "사용자가 필요로 하는 것과 어떻게 일치하죠?"
- "고객 프로세스를 어떻게 간소화하죠?"
- "그 근거의 가정은 무엇인가요?"

하지만 옌스의 제안이 실제로 '받아들일 수 없는' 것이라면? 어쩌면 옌스가 가진 개발 기준이 잘못됐을 수 있다. 그렇다면 명확성의 문제다. 예를 들어 은행(고객사)은 사용하기 간단하고 자료 수집에 뛰어난 제품을 원하는데, 옌스는 사용자 인터페이스를 더 복잡하게 하는 제품에 대한 아이디어만 떠올린다면? 옌스가 다른 팀원들과 조화롭게 일할 수 있도록 조직의 개발 기준을 더 분명하게 세워야 할 것이다.

프로세스가 끝난 후, 옌스의 제안이 가장 좋은 해결책이라는 사실이 밝혀질 수도 있고, 혹은 아닐 수도 있다. 제시카는 옌스의 제안을 승인하지 않는 이유에 대해 설명할 수 있지만 그렇다고 해서 옌스의 제안이 틀린 이유에 대해 그를 끝까지 납득시킬 필요는 없다. 옌스에게서는 제시카의 결정을 지지하겠다는 약속만 받으면 된다.

‖ 팀원들의 불만이 폭발할 때 ‖

상황: 선임 부사장은 변화 관리 회의에서 질문에 답할 준비가 되어 있다.

매튜는 유럽의 글로벌 자동차 제조업체에서 선임 부사장으로 일한다. 매튜의 부서는 자동차 내부의 전자제품뿐만 아니라 소비자 기술, 차량 조립에 사용되는 로봇 프로그래밍을 책임지고 있다. 1년 전, 그의 전임자는 애자일 업무 방식을 전 부서에 적용하기 위해 실행에 옮겼지만 지속적인 변화를 만들어내지 못했다.

CEO와 임원진들은 회사가 살아남기 위해서는 일하는 방식을 바꿔야 한다는 사실을 알고 있다. 또한, 자율주행 자동차, 전기 자동차, 무인 배달 시스템의 도전을 접하며 더 혁신적으로 변화해야 한다는 사실을 알고 있다. 직원 모두 혁신을 생각하도록 이끌어야 한다.

매튜와 그의 핵심 팀은 새로운 제품을 빨리 출시하는 것뿐만 아니라 직원들의 적응력과 민첩성을 높이기 위한 새로운 변화를 준비하고 있다. 변화의 일부로 매튜의 부서는 재편성되었으며 새로운 관행을 채택할 것이다. 6개월간의 워크숍이 있었고, 직원들은 재편성을 어떻게 할지 그리고 새로운 프로세스는 무엇이 될지 계획하는 모든 단계에 참여했다.

매튜는 폭넓은 개입과 참여가 성공적인 변화의 시작이라고 믿지만, 변화에 저항하는 일부 직원들은 계획이 시작되기도 전에 벌써부터 좋지 않은 말을 퍼뜨리고 있다. 매튜는 모든 이들의 의견이 같지 않을 거라는 사실을 알지만, 이제는 반대에도 불구하고 앞으로 나아갈 시간이라고 느낀다.

저항하는 사람들 중 일부는 새로운 운영 체제가 애자일 프로세스를 완벽하게 반영하지 못한다고 느끼는 애자일 코치들이었다. 그들은 완전한 변화만이 진짜 변화를 낳을 것이라고 주장한다.

중간 관리자 중 상당수도 완강히 저항하고 있다. 그들은 매튜에게 수많은 질문을 했지만 매튜는 새로운 운영 체제를 실제로 적용하기 전까지는 질문들에 대답하기 어렵다고 느낀다.

또한, 새로운 운영 체제에서는 모든 직원이 변화를 이끌어내는 행위자가 되어야 할 것이므로 기존에 이 업무를 맡던 팀원들은 자신들의 지위가 위협받고 있다고 느낀다. 그들은 자신들의 새로운 역할이 무엇일지 알고 싶다.

매튜 집단은 블루워크에 갇혀 있다. 매튜는 그것에 관해 이미 충분히 이야기했다고 느낀다. 더는 새로운 아이디어가 없고, 원래의 아이디어를 반복해 말할 뿐이다. 그래서 그는 회의를 소집하고 모든 관리자에게 변화의 첫 단계를 시작하겠다고 이야기한다. 그는 다음과 같은 말로 회의를 시작한다.

"지난 6개월간 모든 직급의 직원들이 논의와 워크숍에 참여했고, 이제는 그것을 기반으로 한 새로운 운영 체제를 시작할 때가 왔습니다. 우리는 이 계획이 완벽하지 않다는 것을 알고 있고, 앞으로 나아가면서 배우고 조정할 것입니다. 앞으로 3개월 동안은 여기에 전념해주시기를 부탁드립니다. 그 이후에 회고와 경로 수정이 이어질 것입니다." 그는 레드워크에 만기일을 정해두었다.

매튜는 질문한다. "우리가 앞으로 나아가는 것에 대해 여러분을 불안하게 하는 것은 뭐고, 제가 어떻게 도울 수 있을까요?" 작은 집단으로 나누어서 진행하는 구두 토론은 모든 사람이 자유롭게 말할 수 있다고 느끼는 편안한 분위기여야 한다. 매튜가 느끼기에 관리자들이 자신의 우려를 말하는 데 두려움을 느끼는 것 같다면 글로 쓰게 해도 좋다.

그는 또 이렇게 물을 수 있다. "이 변화에 대해 당신의 팀원들이 가장 걱정할 문제는 무엇이라고 생각합니까?" 이 질문은 관리자들이 메시지를 전달하는 역할을 하도록 돕는다.

애자일 코치 중 하나가 대답한다. "이 새로운 운영 체제는 애자일이 아닌 것 같습니다. 이걸로는 충분하지 않다고 생각하기 때문에 저는 지지하지 않습니다."

매튜는 문제를 더 듣기 위해 이렇게 물을 수 있다. "어떤 점에서 충분하지 않다고 생각합니까?" 하지만 매튜가 진짜 하고자 하는 말은 이것이다. "제가 지팡이라도 휘둘러서 새로운 변화를 완벽하게 만들어낸다면야 정말 좋겠지만, 사실 지금은 그게 뭔지 모르겠습니다. 전 지금의 방식이 우리를 나아지게 하는 과정의 첫 단계인 것 같습니다. 이 변화에 대해 의구심이 들 수도 있다고 생각합니다. 하지만 배우는 데 초점을 두고 변화를 시도하면서 3개월 동안 전념해주시면 좋겠습니다."

중간 관리자가 묻는다. "이것이 가장 좋은 방법입니까?"

매튜는 대답한다. "아닙니다. 가장 좋은 방법은 아닙니다. 하지만 지금 우리의 방식보다는 분명 더 좋은 방법에 가깝습니다. 재편성을 시행하는 동안 관찰할 것이고 이후에 회고하는 시간을 가질 것입니다. 우리의 접근법은 완벽한 해결책을 찾을 때까지 영원히 공부하는 것이 아닙니다. 더 나아질 수 있는 시스템을 만드는 것입니다. 이를 위한 레드워크, 즉 행동을 시작할 것이고 3개월 후 잠시 멈춰서 깊이 생각하고 협력할 것입니다. 저는 모두에게 일이 어떻게 진행되고 있는지 일지에 적어달라고 요청하고, 회고에 전적으로 참여할 것입니다."

또 다른 관리자가 묻는다 "작년에 했던 것처럼 이번에도 그저 크게 재편성하는 것에 불과한 것 아닙니까? 차이점이 뭡니까?"

매튜는 말한다. "이렇다 할 결과도 없이 변화가 반복되니까 실망하셨을 겁니다. 저도 그렇습니다. 하지만 이번에는 다릅니다. 우리는 이전에 했던 잘못에서 한걸음 나아가는 새로운 프로세스를 구체화했습니다. 잘못에서 교훈을 얻었기 때문에 그만큼 새롭게 변할 수 있을 것입니다. 지난 6개월 동안 무엇이 잘못되었는지, 어떻게 하면 더 잘할 수 있었을지를 이야기해주셔서 모두에게 감사드립니다."

변화관리 팀 소속 직원이 목소리를 높인다. "부사장님께서는 이 새로운 운영 체제에서 모두가 변화 행위자라고 말씀하셨습니다. 그 말이 제게는 이제 우리 팀이 맡을 역할은 없다는 말로도 들립니다. 그리고 다른 이야기지만 부사장님은 변화를 관리하는 방법을 모르십니다."

매튜는 대답한다. "소외될까 봐 걱정도 되고 미래 조직에 여러분의 자리가 있는지 확실히 하고 싶을 겁니다. CEO, 경영진들과 대화를 나눠보면 변화에 대응하는 능력이 점점 더 중요해지고 있다는 것을 알 수 있습니다. 인간이 변화에 어떻게 대처하는지 이해하는 것이 변화관리 팀의 핵심 역량이므로 여러분이 소외될 일은 없을 거라고 생각합니다."

회의가 끝난 후 관리자들은 여전히 불편하게 느낄 수 있고 팀원들의 질문에 다 대답하지 못할까 봐 걱정할 수 있다. 하지만 이를 통해 그들은 "모릅니다."를 연습할 수 있다. 여전히 새로운 조직이 어떤 모습일지 그리고 그 속에서 자신들의 역할은 무엇일지에 대해 걱정할지 모르지만 매튜의 리더십을 통해 그들은 변화를 시도하는 데 전념할 수 있고, 팀원들과 소통할 때 사용할 수 있는 언어를 얻은 셈이다.

‖ 조직에 위기관리 능력이 필요할 때 ‖

상황: 회사의 공식 발표가 연결 부족을 드러내고 있다.

2017년, 유나이티드 항공사United Airlines가 시카고에서 루이빌까지의 항공편에 직원 4명을 태우기 위해 승객이었던 데이비드 다오David Dao

를 강제로 내리게 했을 때 세상은 난리가 났다. 당시의 상황을 찍은 영상이 인터넷을 마구 돌아다녔다.

유나이티드 항공사 CEO는 다음과 같은 성명서를 냈다. "이 일은 우리 모두에게 화가 나는 사건입니다. 고객들의 좌석을 재배치한 것에 대해 사과드립니다. 우리 팀은 문제를 수습하기 위해 당국에 협조하고 있으며 자세한 경위를 파악하기 위해 노력할 것입니다. 우린 해당 승객과 직접 대화하며 문제를 해결하기 위해 노력하고 있습니다."

진정성이 부족한 성명서였다. CEO는 고객들에게 '좌석을 재배치'해야 했던 것에 대해 사과했다. (폭력적인 행동에 대한 사과는 없다.) 그는 데이비드 다오를 그의 이름이 아닌, 그저 '승객'으로 언급했다. CEO는 몇 주 후 인터뷰에서, 영상을 보고 "부끄러웠다."고 말했지만, 그 감정적이고 인간적인 반응은 성명서에 드러나지 않았다.

그는 산업화 시대의 전술 교본을 사용하며 대기업 CEO처럼 행동했고, 위험 요소를 줄이기 위한 변호사의 코치를 받은 것 같았다.

그 이유로 첫째, 그는 연결 전술이 아닌 순응 전술을 썼다. 연결은 그가 취약한 상태에 놓이는 것을 의미한다. 대신에 그는 전통적이고, 거리를 두는 계층제에 의존했다. 그는 CEO이고, 그들은 그저 '승객'이니, 이름을 언급할 필요도 없다.

둘째, 그는 개선 전술이 아닌 성과 전술을 썼다. 자기 회사를 변호했고, 더 논의할 여지를 남기지 않았다. 그는 같은 날 오후 직원들에게 다음과 같은 편지를 보냈다. "우리 직원들은 정해진 절차를 그대로 따랐습니다." 그는 직원에 대한 지지를 표현하고자 했지만, 그의 논조는 '정해진 절차에 따른 것'과 '영상에 찍힌 폭력적인 행동'을 동일시했다.

사람들이 강력하게 항의한 뒤에야 그는 끔찍한 사건을 언급하며, 유나이티드가 더 잘하겠다는, 이전보다 나은 성명서를 내놨다. 그것은 그가 처음부터 펼쳤어야 했던 연결과 개선 전술이다.

‖ 동료의 제안을 거절해야 할 때 ‖

상황: 동료가 갑자기 너무 많은 일을 떠맡긴다.

앤디는 런던에 위치한 소형 영화 스튜디오의 무대 디자이너로, 여러 분야의 사람들로 이루어진 프로젝트 팀에서 영상을 만든다. 이 프로젝트 팀의 팀원은 4명에서 7명 사이로, 수시로 바뀔 수 있다. 다양한 분야의 일을 하는 매트릭스 조직이다.

앤디는 예스맨 경향이 있고 그로 인한 무리한 업무량 때문에 스트레스를 받고 있다. 일에 치이다 보니 자신의 능력에 비해 결과가 좋지 않고 기분도 나빠진다. 때때로 몸이 좋지 않아 출근하지 못할 때도 있다.

하지만 도움이 안 되는 사람이라는 이야기를 들을까 봐, 또 나중에 프로젝트를 하다가 그들의 도움이 필요할 때 거절당할까 봐 "못 합니다!"라고 말하고 싶지 않다.

앤디는 많은 일을 그야말로 '갑자기' 떠맡는다. 예를 들면 이런 상황이다. 한 동료 직원이 자신이 담당하고 있는 프로젝트에 대해 이야기하자며 앤디에게 커피를 마시자고 한다. 그러고 나서 '쿵!' 그에게 무대 디자이너로 일해줄 수 있는지 묻는다. 앤디는 이미 너무 바쁘지만 돕겠다고 말해버리고 동시에 후회한다. 그는 커피숍을 걸어 나오면서 스트레스가 심해졌음을 느낀다.

앤디의 문제는 되돌아볼 시간도 없이 급하게 레드워크 모드로 휩쓸리는 데 있다. 사실상 그는 동료가 펼친 강요 전술의 희생자다. 그는 그 전술에 순종하며, 쓸모 있는 조수 역할에 순응한다. 동료의 교활한 행동에 맞서서 그가 펼쳐야 하는 전술은 시간을 통제하고, 협력하고, 전념하는 것이다.

앤디는 어떻게 시간을 통제할 수 있을까? 그는 이렇게 말하는 것이 가장 좋다. "이 프로젝트에서 내가 뭘 했으면 좋겠는지 더 자세히 들어보고 싶습니다. 내가 몇 시간 정도 도와야 하고 언제까지 일을 끝내야 할 것 같나요?"

덧붙여서 이렇게 말할 수도 있다. "지금 당장은 하겠다고 말할 수가 없어요. 하루 정도 생각해보고 결정할게요." 변명할 필요도 없고, 결정을 내리기 전에 깊이 생각해야 하는 이유가 따로 필요한 것도 아니다. "일정을 확인해볼게요."라고 말할 필요도 없다. 동료에게 프로젝트를 생각해보겠다고만 말하면 된다.

상대가 빨리 대답해달라고 압박하면 앤디는 이렇게 말할 수 있다. "당장 투입될 사람이 필요한 것 같은데 그럼 저는 안 될 것 같아요. 다른 사람을 찾아보셔야 할 것 같습니다."

동료가 앤디에게서 확실하고 즉각적인 전념을 기대한다면 나는 그런 식으로 일하는 사람을 경계하라고 충고하고 싶다. 보통 행동 방식은 그

태도와 일치할 것이기 때문이다. 다시 말해 그녀가 진행하는 프로젝트는 전반적으로 투명하지 않고 이렇다 할 계획도 없을 것이다. 대신에 순응과 순종을 요구하며 심하게 강요할 것이다. 아마 재미있는 프로젝트는 될 수 없을 것이다.

그 사람과의 관계성에 따라 그녀의 기습적인 행동을 직접적으로 지적하는 것도 좋다. 그녀가 그를 조종하려고 한 행동에 대해 그가 어떻게 느꼈는지 설명할 수 있다.

"아까 저한테 커피 마시자고 하면서 안부도 궁금하고, 진행하는 프로젝트에 관한 이야기도 하고 싶다고 했지요? 저보고 그 프로젝트에 참여할 수 있는지 묻는다고는 말하지 않았습니다. 그런데 제가 이 일에 바로 뛰어들어야 할 것처럼 말씀하셔서 당황스럽고 아무 생각도 나지 않네요. 결정하기 전에 생각을 좀 해야 할 것 같습니다."

앤디가 프로젝트에 동참하겠다고 결정하는 경우에도 시간을 제한할 수 있다. "다음 2주 동안 4시간에서 6시간 정도 도움이 필요하신 거죠? 일주일에 3시간 정도는 참여할 수 있어요. 나머지 시간은 다른 프로젝트에 참여해야 하고, 2주 후에는 또 다른 프로젝트에 매달려야 해서요. 2주 안에 이 프로젝트가 끝나지 않으면 다른 무대 디자이너를 구하셔야 해요. 괜찮을까요?"

이러한 방식으로 앤디가 전념한다면 프로젝트는 동료의 뜻이 아닌 그의 뜻대로 흘러갈 것이다.

상사에게 조심스러운 제안을 해야 할 때

상황: 상사가 유지보수 팀 직원에게 잘못된 지시를 내린다.

사라는 미국 중서부에 위치한 원자력발전소에서 정비 팀 관리자로 일한다. 사라의 상사는 그녀보다 15살이 많고 이곳에서 거의 30년을 일했다. 발전소는 기계를 검사하고 수리하기 위해 주기적으로 정지 시간을 갖고, 각 정지는 2주 동안 이어진다. 대부분의 기계는 특정 주기마다 한 번씩 수리되어야 한다는 권장 사항이 있다. 사라의 상사는 이 수리에 있어서 보수적이다. 제조업체가 오일을 8,000킬로미터마다 교체하라고 권장한다면 그는 딱 8,000킬로미터에 맞춰 교체해왔다.

하지만 장비의 성능을 측정하는 새로운 방법들이 생겼고, 오일 교체의 필요성을 더 정확하게 추정하는 것이 가능해졌다. 장비를 교체하지 않고 더 오래 쓸 수 있다는 의미다. 그렇게 되면 부품과 도급업체 비용을 절감할 수 있을 것이고 정지 기간도 더 빨리 끝낼 수 있다.

물론 다음 정지 전에 장비가 고장 나거나 수리해야 한다면 발전량이 감소할 수 있고, 더 심하게는 계획하지 않은 정지가 필요할 수 있다. 두 가지 모두 엄청난 비용이 들 것이다.

다가오는 정지 기간에 사라와 그녀의 팀은 특정 펌프를 점검하지 않아도 문제가 없을 거라고 생각한다. 사라는 이러한 팀의 의견에 상사가 얼마나 부정적인 반응을 보일지 염려하고 있다. 그녀가 펼쳐야 하는 전술은 시간을 통제하고 협력하고 연결하며, 전념하는 것이다. 사라와 그녀의 팀은 항상 해오던 일을 하면서 너무 많은 레드워크에 사로잡혀 있다. 효율적인 프로세스를 구상해보는 블루워크 없이, 늘 하던 방법대로 일하기 때문이다. 사라의 전술은 시간을 통제하는 것으로 시작된다. 그녀는 상사에게 새로운 아이디어를 제안할 적절한 때를 선택하고 싶을 것이다. 이미 승인한 것을 부정하는 방식으로 상사에게 맞선다면, 그는 아마도 부정적으로 반응할 것이다.

사라는 정비 계획을 논의할 적절한 시간을 찾은 뒤 협력으로 나아가고 싶다. 그녀는 팀원들과 함께 내린 결론을 상사의 지위를 약화시키지 않는 방식으로 이야기해야 한다. 그녀는 이렇게 대화를 시작할 수 있다. "정지 계획에 이차 급수 펌프 점검이 포함된 것으로 알고 있습니다. 저희 팀에서는 이를 재고해주셨으면 좋겠다고 생각하고 있지만, 계획을 고수하신다면 팀원들에게 알리고, 가장 협조적이고 효율적인 방법으로 점검하겠습니다." 어떠한 충돌도 없고, 상사의 권위를 실추시키지도 않았다. 상사는 그녀를 충실한 지지자로 생각할 것이다.

그다음에 사라는 일시 정지, 되감기, 빨리 감기를 기억하면서 팀의 관찰 결과를 전달할 수 있다. 그녀는 상사에게 결정권이 있음을 확실히 해야 한다. 가장 기본은 상사가 그녀의 말을 듣고 싶은지 아닌지이다. "팀원들이 어떻게 생각하는지 들어보시겠습니까?" 때로는 상대가 쉽게 거절할 수 있게 질문하는 것이 낫다. 상대에게 거절할 선택권을 주면 그들은 자신이 상황을 통제하고 있으니 안전하다고 느낀다.

그다음에 사라는 그녀와 그녀의 팀이 알게 된 것을 설명할 수 있다. 펌프는 아주 잘 작동하고 있으며, 다음 정지 기간까지도 문제가 없을 것 같고, 그 결정을 내리기 위한 자료를 어떻게 수집하고 분석했는지 등을 세세하게 전달한다.

그 시점에서 사라는 이렇게 말할 수 있다. "이제 저희가 어떻게 하는 게 좋을까요?" 또는 이렇게 제안할 수 있다. "그래서 다음 정지 기간까지 점검을 미루는 게 좋을 것 같습니다." 아예 기정사실처럼 표현할 수도 있다. "그래서 저희는 다음 정지 기간까지 점검을 연기하기로 결정했습니다."

그녀가 상사와 연결되기를 원한다면 가장 안전한 선택은 상사가 팀에게 무엇을 바라는지 묻는 것이다. 물론 사라가 위협적으로 말하지 않더라도, 상사가 사라의 권고를 받아들일 거라는 보장은 없다. 상사가 받아들이지 않으면 결국 사라는 그의 발전소에서 계속 일할지를 결정해야 한다. 기억하라. 자신의 진가를 인정받지 못하는 곳에서 받는 스트레스는 건강에 좋지 않다.

‖ 직무를 바라보는 관점을 리부트하라 ‖

로사리오는 캘리포니아에 있는 병원에서 간호부장으로 일하고 있다. 병원은 대형 건강관리 체인에 속해 있어서, 병원의 채용과 채용 공고 업무를 모두 본사에서 관리해준다. 그녀는 교대근무조 책임자 모두가 간단한 조치에 대해서도 상사에게 허가를 받는 등 레드워크에 갇혀 있다는 사실을 알게 되었다.

건강관리 체인에서 사용하는 표준화된 채용 공고는 마치 수행해야 할 작업 목록처럼 보인다.

다음은 채용 공고 중 일부를 옮긴 것이다.

1. 자료를 편집한다.

2. 의료책임자가 하는 일에 협력한다.

3. 일일 과제를 완료한다.

4. 일일 보고를 관리하고 문제를 파악한다.

(중략)

14. 할당되는 기타 업무를 수행한다.

담당 업무 목록을 보면 편집한다, 협력한다, 완료한다, 관리한다, 해결한다, 수행한다, 처리한다, 안내한다, 감독한다, 실시한다, 집행한다, 돕는다, 제공한다, 지도한다와 같은 동사가 포함된다. 이 동사들은 대부분 산업화 시대에서 내려온 동사이다. 생각, 성장, 의사 결정에 관한 동사가 부족하다.

블루워크는 의사 결정 측면에서는 레드워크보다 먼저 하기도 하고, 되돌아보고 배우는 측면에서는 레드워크 다음에 하기도 하기 때문에 직무를 설명할 때는 블루워크와 레드워크를 기술하는 동사를 모두 포함해야 한다. 블루워크에서 의사 결정에 관한 단어는 결정한다, 알아낸다, 제안한다, 시작한다, 전념한다, 권장한다, 선택한다 등이다. 되돌아보고 배우는 블루워크 동사는 숙고한다, 배운다, 가설을 세운다, 시험한다, 실험한다 등이다.

로사리오는 과업이 아닌 과정과 결과 측면에서 책무를 기술하고 싶을 것이다. 전자가 보고서를 편집하는 거라면 후자는 자료의 투명성, 성과 측정, 궁극적으로는 점진적 개선을 위해 사용될 데이터를 제공하는 것이다.

'성과 관리와 급여 검토'는 의사 결정과 팀 성장의 중요성을 드러내지 못한다. 블루워크 동사는 성과와 급여 검토에 관해 결정하고, 권고하고, 상의하는 것이다.

레드워크를 명령하고 통제하려는 우리의 편견이 직무기술서에서 드러난다. 반작용적이고, 수동적이고, 강압적인 동사가 많다. 이러한 동사에는 관리한다, 지시한다, 감독한다, 지도한다 등이 있다. 로사리오는 자발성, 주인 의식, 참여도를 높이기 위해 관례적이고 수동적인 문장 "할당되는 기타 업무와 특별 프로젝트를 수행한다."를 "필요하다고 생각하는 기타 업무를 수행한다."로 바꿀 수 있다. 여기에는 착수한다, 제안한다, 의도한다, 고안한다, 개시한다, 시작한다 같은 동사가 도움이 될 것이다.

CHAPTER
10

리더십 리부트를
더 잘하려면

1972년, 한 여성이 새로 구입한 포드의 소
형차 핀토를 타고 고속도로로 들어섰다. 조수석에는 13세가 된 이웃집
소년이 타고 있었다. 고속도로로 들어섰을 때 갑자기 차가 멈췄고 다른
차가 와서 핀토의 뒤를 들이받았다. 충돌 속도는 시속 45킬로미터였다.

핀토의 연료탱크가 터졌고, 차가 화염에 휩싸였다. 운전자는 불에 타
숨졌고, 소년은 전신에 심한 화상을 입고 가까스로 살아났다. 안타까운
사실은 그들이 기술적 변수로 사고를 당한 게 아닌, 포드가 실시한 비용
편익분석의 피해자라는 것이다.

1960년대, 미국 소형차 시장에 일본 자동차회사들이 진출하는 바람
에 미국 회사들이 어떤 어려움을 겪었는지 앞에서 살펴봤다. 당시 포드
의 CEO는 작고, 연료 효율이 좋은 자동차로 대응해야 한다는 결론을
내렸다. 이에 따라 무게가 2,000파운드 미만인 차를 설계해서 2,000달
러보다 낮은 가격에 출시하자는 목표를 세웠다. 그는 직원들에게 25개

월을 줬다. 그들은 그 자동차에 핀토라고 이름 붙였다.

CEO의 지시에 따라 구체적인 목표를 세웠지만, 조건을 충족시키기는 쉽지 않았고, 기술자와 디자이너 들은 설계 과정에서부터 일찌감치 타협하는 결정을 내렸다. 타협한 결정 중 하나는 연료탱크와 관련되어 있었다. 디자이너들은 보통 뒤 차축 위에 있는 연료탱크 위치를 뒤 차축 뒷자리로 옮겼다. 이에 따라 뒤에서 차를 받으면 차축이 연료탱크를 보호하는 대신 연료탱크가 위험하고 날카로운 뒤 차축과 충돌해 박살날 수 있는 형태가 되었다.

회사는 비용편익분석을 실시했고, 핀토의 잘못된 연료탱크로 1년에 180명이 죽고 다른 180명이 심한 화상을 입게 될 것이라는 예측이 나왔다. 포드는 잠재적 사고에 대한 사망 보험금과 법적 책임을 지는 데 드는 연간 비용을 4,950달러로 추산했다.

반면, 연료탱크의 안전 문제를 개선하는 데 드는 예상 비용은 차 1대당 11달러였다. 핀토를 1,000만 대 이상 판다면 연간 1억 달러가 넘게 드는 셈이었다. 연료탱크 때문에 사람이 죽거나 다쳐서 발생하는 비용보다 연료탱크를 안전하게 만드는 비용이 더 많이 들었다. 그래서 포드는 연료탱크를 고치지 않기로 결정을 내렸다.

포드의 문제는 특별하지 않다. 구체적인 목표를 명시하거나 그에 맞춰 운영되는 전략들은 보통 장기 비전을 달성하기 위한 방법이다. 이런 식으로 목표를 표현할 경우, 조직 내부는 어떠한 영향을 받을까?

전략 단계에서의 구체적인 목표는 조직을 입증과 성과 사고방식에 머물게 한다. 사람들을 레드워크에 가두고 블루워크로 넘어가는 장벽을 높인다. 조직은 목표가 달성될 때까지 사람들을 순응하게 하며 계속 일하도록 강요한다. 멈추고, 시간을 통제하고, 협력하고, 성취감을 느끼고, 축하하는 것은 일을 방해하는 시간으로 간주된다. 배움과 민첩성, 적응력이 억제된다.

배우고 적응할 수 있는 조직을 만들기 위해서는 '레드워크-블루워크' 운영 리듬을 차근차근 시행해야 한다.

‖ 구체적인 목표를 설정하지 마라 ‖

2009년 하버드 경영 대학원의 교수들은 논문 〈지나치게 열중하게 되는 목표들Goals Gone Wild〉을 쓰며 포드의 '2,000파운드 미만, 2,000달러 미만'과 같은 조직의 구체적인 목표가 행동, 특히 비윤리적 행동에 어떤 영향을 미치는지 탐구했다.

수많은 연구를 통해 그들은 구체적이고 도전적인 목표를 설정하면 단기적으로 실적이 향상된다는 사실을 확인했다. 구체적인 목표는 주의를 집중시키고 정신이 흐트러지지 않게 한다. 그럼으로써 자연스럽게 레드워크를 돕는다. 그러나 블루워크를 할 때는 더 넓은 관점을 가지고 가변성을 수용하는 것이 도움이 되므로 목표를 설정하는 것이 의도치 않게 부정적인 결과를 가져올 수 있다.

힘든 레드워크에 몰두하는 비결 중 하나는 레드워크를 작은 조각으로 나누어 처리하고, 시간을 통제하는 기회를 얻는 것임을 기억하라. 이 통제력은 리더에게서 나오지만, 조직 내 직원들이 신호를 보낼 수도 있다. 레드워크에 과도하게 집중하는 것에 대해 아무런 경각심이 없는 조직은 경로를 벗어나더라도 무작정 앞으로 나아갈 것이다.

구체적이고 도전적인 목표는 사람들을 일에 집중하게 하는 효과가 있지만, 초점을 좁혀버려서 일과 관련 없는 정보는 배제하게 한다. 그래서 조직 내에 이의를 제기하는 신호가 존재하더라도, 그 정보를 모두 놓치는 큰 사각지대에 놓이게 한다.

리더십 워크숍에서 이 현상을 재미있게 설명하는 방법은 고릴라 비디오를 이용하는 것이다. 참가자들에게 사람들이 농구공을 패스하는 짧은 비디오를 보여주고, 흰색이나 검은색 옷을 입은 팀이 농구공을 몇 번 패스하는지 횟수를 세라고 요청한다. 인지적으로 쉽지 않은 과제라서 높은 집중력이 요구된다. 영상 중간쯤 고릴라 옷을 입은 사람이 농구장을 가로지르는 모습이 카메라에 정면으로 찍히지만 많은 참가자들은 이를 전혀 알아채지 못한다.

회사가 구체적인 전략 목표를 정하면 성과 사고방식과 보호 사고방식이 뚜렷해진다. 직원들은 결과를 통제할 수 없다는 무력감을 느끼고, 목표를 달성하기 위해 비윤리적인 수단에 의지할 확률이 높아진다.

상의하달 계층제에서는 사악하거나 비윤리적이거나 단순히 생각을 잘못한 단 한 사람이 회사를 실패로 내몰 수 있다. 그 사람을 제외한 조직 내 모든 사람이 결정에 책임을 지지 않아도 되는 구조이기 때문이다.

2011년, 미 재향군인 건강관리국은 환자의 대기 기간을 14일로 줄이자는 목표를 세우면서, 이를 달성하는 병원에 장려금을 주기로 했다. 그러자 2014년, 재향군인 관리국 병원 중 한 곳에서 이중 예약 명단을 사용함으로써 '대기 기간 14일'을 부정하게 달성했다는 사실이 드러났다. 병원은 비공식 예약 명단을 만들어 일단 그곳에 이름을 올렸고, 대기 시간이 1년을 넘어갈 때도 있었다. 그러고 나서 예약이 2주가 남았을 때 비로소 그들을 공식 대기 명단으로 옮겼다. 공식 서류를 보면 대기 시간을 잘 지키고 있는 것으로 보였고, 장려금은 병원 경영진에게 현금으로 지급되었다. 조사에 따르면 재향군인 40명이 대기 중에 죽었다.

미국은 이라크 침공 당시 미군이 달성할 목표를 정했는데, 그 목표는 특정한 가정들을 근거로 세워졌다. 그중 하나는 이라크 주민들이 '미군을 두 팔 벌려 환영할 것'이라는 가정이었다. 일찍부터 이 가정이 잘못되었다는 증거가 있었고 지휘관도 이 사실을 알았지만, 조직은 전체적으로 입증과 성과 사고방식을 지니고 있었다. 따라서 틀렸음을 입증하거나 미처 생각하지 못한 정보를 끌어들이는 행위는 배척됐다. 그 결과 그들은 비효율적인 행동 방침을 너무나 오랫동안 고수했다.

위법 행위는 조직에 너무나 만연하기 때문에 소수의 사람들에게만 책임을 묻는 것은 맞지 않다. 분명히 근본적인 원인이 있을 것이다.

‖ 목표는 더 멀리가 아닌 딱 여기까지 ‖

목표와 결합해 비윤리적인 행동을 조장하는 또 다른 유형이 있다. 권력 기울기가 가파른 조직에서 직원들끼리 "뭘 해야 하는지 말해주세요."라고 상호작용하는 경우다.

구체적인 목표가 성과를 개선할 거라는 생각은 어디에서 시작되었는가? 목표가 올바르게 설정된 경우에는 개선의 여지가 있지만, 그렇지 않을 경우에는 대개 다른 목표를 배제하는 쪽으로 작용한다.

한 연구에서 두 그룹의 사람들에게는 논문을 읽으며 문법과 내용에서 오류를 찾아 교정하라고 요청했고, 한 그룹의 사람들에게는 문법에서만 오류를 찾으라고 요청했다. 그리고 세 그룹 중 두 번째 그룹에게만 "최선을 다하세요."라고 말했다. 그 결과 "최선을 다하세요."를 들은 그룹이 두 종류의 오류를 모두 잘 찾아냈다.

레드워크, 즉 입증과 성과 사고방식은 단기적인 성과를 달성하는 데 우세하지만, 학습과 성장 사고방식은 장기적으로 더 높은 적응력을 보인다. 오랫동안 노력해야 하는 전략일 때는 블루워크 협력 기간을 더 빈번하게 가지며, 학습과 성장 사고방식으로 생각하는 것이 도움이 될 것이다. 기업에서 전략 개발 및 실행은 학습으로 표현되어야 한다. 즉 CEO가 "우리의 전략은 이렇습니다."라고 말하는 대신 "ABC라는 전략이 xyz라는 결과를 가져올 것이라는 게 우리가 세운 가설입니다."라고 말하며 그 전략에 만기일을 두어야 한다.

목표의 문제점은 사람들이 이를 달성하기 위해 사용하는 전략이 종종 학습과 충돌한다는 점이다. 즉, 구체적인 목표는 학습과 적응을 방해한다.

게다가 사람들은 목표가 달성되면 일을 중단한다. 우버 운전자에 관한 한 연구에서는 운전자가 부족하여 우버 가격이 오르는 현상이 운전자에게 어떠한 영향을 미치는지 살펴봤다. 우버 운전자에게는 택시 수요가 많아 손님들이 돈을 많이 지불하는 날에 오래 일하는 것이 좋아 보이지만, 실제로는 반대 현상이 일어났다. 운전자들은 각자 암묵적인 일일 목표를 가지고 있었고, 수요가 많아 돈을 많이 버는 날에는 빨리 목표를 달성한 뒤 그날 일을 끝마쳤다. 목표는 우리가 무언가를 달성하도록 노력하게 돕지만, 성과의 상한선을 설정하는 일이기도 하다.

'레드워크-블루워크' 운영 리듬을 적용한다는 것은 전략을 학습으로 본다는 의미다. 전략에 참여하는 동안 운영 목표는 성과를 채우는 것뿐만 아니라 '배우는 목표'도 포함할 것이다.

또 그러한 기업은 도요타의 안돈 코드처럼 직원들에게 시간을 통제할 수 있는 체제를 제공할 것이다. 노동자가 안돈 코드를 당겼을 때 관리자의 반응은 가장 먼저 "감사합니다."라고 말하는 것임을 기억하라. 같은 맥락에서 관리자와 리더는 전략이 잘못되었음을 입증하는 정보에 완강히 버티기보다 감사함을 표현해야 하고, 안이하게 긍정적인 면만 바라볼 것이 아니라 불편한 정보에도 귀를 기울여야 한다.

우리는 흔히 고위 간부들이 회사에서 일어나는 일을 잘 알지 못한다고 이야기한다. 반면에 직원들은 폭넓은 관점에서 일하며 입증과 성과 사고방식에 갇혀 있지 않기 때문에 결정이 잘못되었음을 입증하는 정보를 더 많이 볼 수 있다. 이때 조직의 권력 기울기가 평평하고 구성원들이 잘 연결되어 있다면 직원들은 뭔가가 잘못되었다는 정보를 더 쉽게 공론화할 수 있다. 안돈 코드와 같은 전략적 장치를 통해 시간을 통제하는 조직은 레드워크를 잠시 멈추고 새로운 정보를 평가하기 위해 협력 모드로 옮겨가는 것이 더 쉬울 것이다.

복잡하고 빠르게 변화하는 세상에서 장기 생존이란 성취가 아닌 적응의 문제다.

'레드워크-블루워크' 체제에서는 실험을 통해 여러 가지 특성의 영향력을 알아내고, 조직이 자연스럽게 적응할 수 있도록 돕는다. 하지만 '목표'는 이와 정확히 반대다. 목표는 가변성을 줄인다. 더 나은 선택지는 없을지, 그리고 지금 이 선택지가 미래에도 유효할지를 시험하는 데 필요한 가변성까지 없애버린다.

‖ 계획은 어떻게 세워야 하는가 ‖

많은 기업이 다음 연도 계획을 세운다. 이러한 계획은 '미래는 복잡할 수 있지만, 알 수 있다. 그리고 촘촘하게 설계한 계획은 우리를 옳은 길로 안내할 것이다.'라는 산업화 시대의 시각에 뿌리를 두고 있다. 보통은 계획을 세울 때 '학습에 대한 목표'를 거의 포함하지 않거나 세부적으로 정하지 않는다.

사람들이 레드워크에 가장 집중하고 있을 때 연간 계획을 세우는 경우가 많다. 연간 계획은 블루워크가 필요한 작업이지만, 전환을 위해 잠시 멈출 것을 유의미하게 생각하는 리더가 없어서 더욱 엉망이 된다. 더나아가 이러한 계획은 팀원들에게 '발표된다.' 산업화 시대의 결정자와 행위자, 블루워커와 레드워커의 구분을 되풀이하는 방식이다.

스코틀랜드에 있는 한 공공기관의 CEO는 1년 중 가장 바쁜 시기인 그해의 마지막 분기에 사업 계획을 어떻게 진행하는지 내게 말해주었다. 그는 이 시기가 워낙 바쁠 때라 팀원들을 하고 있던 일에서 빼내 사업 계획을 세우기가 쉽지 않았다고 한다. 또한 한 해 목표량의 절반 정도가 이루어지는 중요한 분기임에도 불구하고 이때 수행한 레드워크를 학습에 전혀 활용하지 못했다고 한다. 다음 연도 계획을 바로 그 시기에 정리해야 했기 때문이다.

이 문제를 바로잡기 위한 몇 가지 방법이 있다. 하나는 4분기 교훈이 포함될 수 있도록 연간 계획 일정을 1월로 미루는 것이다. 또 다른 방법은 계획하는 주기를 한 분기 또는 두 분기 옮겨서 달력 분기와 일치하지 않도록 하는 것이다. 마지막으로 가장 나은 방법은 분기별로 사업을 계획하고 검토하고 배우는 것이다. '레드워크–블루워크' 사이클이 빨라질 것이며, 학습도 더 자주 가능할 것이다.

‖ 회사와 고객에게 만족을 주는 법 ‖

'레드워크–블루워크' 운영 리듬을 잘 관리하기 위해 블루워크 전문가를 도입한 한 기업의 모범 사례를 소개하려고 한다.

《린 스타트업》,《스타트업처럼 혁신하라》의 저자 에릭 리스Eric Ries는 차세대 엔진 출시를 지원하기 위해 GE항공에 고용되었다. GE항공은 GEnx라고 이름 붙여질 새로운 엔진을 개발하고 있었다. 팀은 엔진을 어떻게 만들어야 할지에 대한 레드워크에 얽매여 있었다. 팀원들은 엔진을 설계하고 제조하는 방법뿐 아니라 왜 그렇게 해야 하는지 이유를 알아야 했다. 이것이 그들을 블루워크로 이끈다.

시장 분석, 고객과의 인터뷰, 무역 박람회에서 얻은 피드백 정도가 블루워크를 하는 데 도움이 되는 정보였다. 그들이 해야 했던 일은 엔진을 만들어 누가 그것을 사는지 보는 것이었다. 초기 계획은 엔진의 다섯 가지 사용 사례를 파악해 각각에 해당하는 시장에 엔진을 출시하는 것이었다. 리스는 하나의 엔진이 다른 시장에서도 잘 팔리려면 어떠한 변화가 필요한지를 배운다는 생각으로 한 가지 사용 사례에 맞추어 초기 출시를 준비해보는 것으로 계획을 변경했다.

새로운 계획은 성공했고, GEnx 엔진은 GE항공에서 가장 빠른 속도로 판매되는 엔진이 되었다.

리스는 그 일들을 레드워크와 블루워크로 부르지 않지만, 이 사례에서 '레드워크-블루워크' 사이클의 양상이 보인다는 점에 주목하라. 먼저 시간을 통제하는 전술이 온다. 계획을 세우기 위해 경영진은 브레인스토밍 회의에 참석해 전념했다. 이때는 책상에 앉아 일하기보다는 협력하는 시간이다. 그들은 협력 전술을 통해 시험해야 할 가설을 세웠다. 핵심은 가설에 대한 초기 피드백을 줄 제품의 가장 작은 조각을 결정하는 것이었고 리스는 이를 위해 우선 엔진을 하나만 만들기로 결정했다.

나는 기술회사들이 실제 제품 없이 시장성을 검토하는 것을 본 적이 있다. 그들은 이미지와 설명서를 만들어 제품을 광고한 다음, 클릭 수를 잠재 고객 수로 간주해 카운트했다. 그리고 누군가 실제로 제품을 사려고 하면 '품절' 또는 '구매 불가'로 표시했다. 기업은 이러한 방식으로 생산에 투자하기 전에 시장 성공 가능성을 측정하여 제품 개발의 불확실성을 줄일 수 있다.

다음 두 가지 사례에서 영업사원과 고객의 상호 작용에 어떤 차이가 있을지 상상해보라.

먼저, 사례 1에서는 GE항공 경영진이 새 엔진 판매에 대한 명확한 실적 목표를 공표한다. 공장의 기계를 교체하고, 노동자들은 엔진을 만든다. 팔리지 않은 엔진들이 창고에 쌓이고 있다. 영업사원은 정말로 엔진을 팔고 싶다. 그래서 고객과 대화하며 혜택은 부풀리고 약점은 축소하고 싶은 유혹을 느낀다. 스트레스를 느끼고, 시야가 좁아져서 더 단기적인 사고방식에 의지하고 싶어진다. 판매 목표를 즉시 달성할 수는 있지만, 장기적으로는 불리한 조건에 거래가 성사될 것이다. 또는 양쪽 모두에게 유리하지만, 회사의 목표를 충족시키지 못한다는 이유로 영업사원이 거절하는 입장을 취해야 할 수도 있다. 고객은 판매를 당하고 있다고 여길 것이다.

사례 2는 GE항공의 실제 사례로 설명하겠다. GE항공은 엔진 하나를 만드는 것에 전념한다. 영업사원은 고객이 엔진을 어떻게 생각하는지 가능한 한 많은 정보를 알아내야 하는 임무를 부여받는다. 영업사원은 엔진을 최대한 정확하게 설명하는 데 집중하다보니, 고객이 엔진을 사도록 유혹하는 데 신경 쓰지 않을 것이고 오히려 고객의 말을 호기심으로 경청할 것이다. 그는 장기적인 관점에서 만족스러운 거래가 되도록 협상할 의지가 있을 것이다. 그는 회사가 자신에게 기대하는 것이 고객의 반응을 최대한 정확하게 묘사해 실질적이며 다양한 정보를 전달하는 것임을 알고 있다.

고객은 이러한 영업사원의 마음가짐을 감지할 것이다. 그는 영업사원의 진정한 호기심, 제품을 설명하는 침착하고 여유 있는 태도, 사탕발림하려고 노력하지 않는 태도를 알아챌 것이다. 고객은 영업사원에게서 학습 사고방식을 감지할 것이고 이에 따라 판매를 당하고 있다고 느끼지 않을 것이다. 그보다는 두 사람이 문제 해결을 위해 함께 협력하는 것처럼 느낄 것이다.

‖ 일을 짧게 끊어라 ‖

애자일 소프트웨어 개발은 기술 제품을 개발하는 소규모 프로젝트 팀에서 시작되었다. 이러한 팀들은 본래 프로덕트 오너가 규정한 상세한 요구 조건을 가지고 일을 시작하며, 전통적인 프로젝트 관리 방식으로 운영되었다. 불확실성이 큰 개발 과정 초기에서 이러한 운영 계획은 너무 융통성이 없고, 다른 선택지들을 차단한다.

애자일은 스프린트라고 부르는 짧은 시간 동안 집약적으로 작업하는 방식을 통해 이 문제점을 개선한다. 스프린트를 시작하기 전에 팀은 밀린 일을 검토하고, 프로덕트 오너와 협력해 다음 스프린트에 할 일을 선택한다. 그들은 일과 관련된 제반 사항을 직접 준비한 뒤 전념한다.

각 스프린트가 끝나면 팀에게는 동작해볼 수 있고, 시험해볼 수 있는 제품이 생긴다. 팀원들은 완료를 축하하고, 피드백을 요청하고, 제품에 대해 숙고하는, 회고 시간을 갖는다. 그러고 나서 그들은 다음 단계에 전념한다.

제품은 개발이 더 이루어질수록 금전적으로든 감정적으로든 변경 비용이 증가한다. 모든 비용을 견딜 수 있다 하더라도 몰입의 상승이 의사 결정을 방해한다. 기존 결정을 엄격하게 고수하는 것은 성능이 좋지 않은 제품의 출시, 자포자기, 비용과 시간 초과로 이어질 수 있다. 그렇기에 스프린트를 통해 개발 초기 과정에서 최대한 많은 것을 조정하는 것이 장기적인 측면에서 더 좋다.

스프린트가 얼마나 길어야 하는지, 그 기간이 고정되어야 하는지 변동될 수 있는지는 애자일 팀이 내려야 할 결정이다. 일반적인 스프린트 사이클은 2주에서 3주이지만 몇 시간 정도로 짧을 수도 있다.

'계획-스프린트-회고'로 이어지는 애자일 리듬이 '협력-전념-완료-축하'의 '레드워크-블루워크' 전술과 얼마나 일치하는지에 주목하라. 애자일은 '레드워크-블루워크' 운영 리듬이 제품 개발에 적용될 때의 모습과 같다.

스프린트는 레드워크를 포함하며 블루워크로 마무리된다. 스프린트 생산 기간 동안 팀은 제품을 설계하고 코드를 작성하며 개발에 전념할 수 있다. 리더는 팀에 새로운 아이디어를 퍼붓고 싶은 충동을 억누르고, 새로운 아이디어와 방향을 기록해두었다가 스프린트가 끝난 후에 체계적으로 결정을 내릴 수 있다.

매사에 신중히 일하라

잠수함 산타페호가 '레드워크-블루워크' 운영 체제를 실천하기 위해 연습해야 했던 하나는 신중하게 행동하는 습관을 들이는 것이었다. 신중한 행동은 잠시 멈춰서 무엇을 하려고 하는지 소리 내어 말하고, 행동하기 직전에 그 행동을 하는 것이 옳다고 결정 내렸음을 다시 한번 정식으로 설명하는 것을 의미한다.

잠시 중단한다는 건 우리가 시간을 통제하고 있다는 것을 의미한다.

그다음에 의도를 소리 내어 말하는 것은 협력을 이끌어낸다. 근처에 있는 팀원들이 목소리를 높일 기회를 가질 수 있다. 우리가 사용하는 암호는 "손 뗍시다."이다. 이것은 말로 하는 안돈 코드다. 방금 소리 내어 말한 것이 옳은 일인지 확신하지 못한다면 누구나 "손 뗍시다."라고 말할 수 있다. 그 결정이 잘못되었다고 확신하는 때가 아니라, 옳다는 것을 확신하지 못할 때가 기준이라는 점에 주의하라.

그러고 나서 우리는 행동에 전념할 것이다.

그다음에는 시스템이 예상한 대로 반응했는지 숙고할 것이다.

신중한 행동 습관을 통해 우리는 오류는 물론, 오류가 또 다른 오류를 불러일으키는 현상을 극적으로 줄일 수 있다.

사무실에서의 신중한 행동은 서류에 서명하고, 담보대출을 승인하고, 입찰에 참가하고, 이메일을 보내는 등의 행동을 하기 전에 잠시 멈춰서 마지막으로 깊이 생각하는 것을 의미한다. 비즈니스에서는 이러한 행동의 대부분을 되돌릴 수 있기 때문에 신중함이 불필요해 보일 수 있다. 계약을 수정하고 잘못 쓴 이메일에 대해 사과하면 된다. 하지만 돌이킬 수 없는 결과로 이어지거나 브랜드에 악영향을 줄 수 있는 중요한 문제에 대해서는 신중한 행동 습관이 도움이 될 것이다.

‖ 리더, 개인의 삶도 리부트하라 ‖

나는 '레드워크-블루워크' 사고 개념이 전략적인 수준을 넘어 우리 삶을 더 풍부하고, 더 흥미롭고, 더 성공적으로 만들 것이라고 믿는다.

15세기 구두 수선공들은 기술을 다시 배워야 하는 상황에 대해 별로 걱정할 필요가 없었다. 그들은 10대 견습생 때 배운 작업 절차를 30세 구두 수선공이 되어서도 써먹을 수 있다. 40세가 되면 그 작업 절차를 그대로 견습생에게 가르칠 것이며, 숙달된 구두 수선공이 된 50세에도 똑같은 절차로 작업할 것이다.

1908년 T형 자동차를 만들기 위해 포드에 고용된 노동자들은 19년 동안 같은 조립 라인에서 일하며 같은 모델을 만들고 같은 도구를 사용했다. 그들은 근본적으로 새로운 과정을 배우거나 로봇에 의해 해고당할 일을 걱정할 필요가 없었을 것이다.

인생 리듬은 다음의 구조에 맞춰져 있다. 교육받고, 교육받은 것을 적용하고, 은퇴하여 몇 년 더 살고. 이에 따라 인생 패턴은 블루워크로 시작해 레드워크로 바뀐다. 이전까지의 리듬은 블루워크와 레드워크 사이를 충분히 오고 가지 않고 한 번 배운 다음 실행, 또 실행, 계속 실행하다가 죽는 것이었다. 당시에는 일하던 시기와 교육받던 시기의 상황과 거의 같았기 때문에 그렇게 해도 괜찮았다.

교육 시스템은 산업화 시대의 순응할 인간을 만들고자 했다. 시간을 준수하고, 순종하고, 입증하는 것을 가르쳤다. 이때의 유산은 오늘날까지 심각한 영향을 미치고 있다.

하지만 당연하게도 상황이 바뀌었다. 오늘날에는 특정한 기술이나 직업을 이삼십 년 동안 변화 없이 그대로 적용하기는 어려울 것으로 보인다.

그러므로 현대 사회에서는 인생에도 '레드워크-블루워크' 리듬을 적용해야 한다. '한 번 배워서 은퇴할 때까지 써먹는 것'은 더 이상 통하지 않는다. 이제 필요한 것은 기존의 접근법을 리부트하는 것이다.

행동하는 시기에는 전반적으로 레드워크가 강조된다. 레드워크 안에 더 작은 블루워크 기간이 있기는 하지만* 대체로 행동에 방점이 찍혀 있다. 돈을 벌고, 기술을 적용하고, 자신의 가치를 입증한다. 항상 우세한 것은 아니지만 '잘하는' 나가 중요한 역할을 한다.

그다음에 우리는 잠시 멈추고 블루워크로 옮겨간다. 삶이 어떻게 흘러가고 있는지 되돌아본다. 뇌에 쉴 시간을 준다. 직업을 냉철하게 바라보고 개선 사고방식을 추구한다. 이때는 '나아지는' 나가 우세하다. 수

---

* 빌 게이츠(Bill Gates)는 1년에 한두 번, 일주일씩 휴가를 얻어 혼자 오두막집에서 지내며 많은 책을 읽었다.

업을 듣고, 새로운 기술을 터득하거나 완전히 새로운 일을 배운다. 효과적으로 하기 위해서는 되돌아보는 시기에 다른 사람들의 도움을 받을 수 있다.

이렇게 하는 데 적어도 두 가지 걸림돌이 있다. 첫째, 교육 제도가 이 접근법에 맞추어 설계되어 있지 않다. 노년층을 위한 온라인 과정과 대학 프로그램이 존재하지만, 기본 구조는 여전히 배우고, 졸업한 다음에 실행하는 것이다.

둘째, 우리 뇌는 '학습-실행' 방식에 맞춰 설계된 것으로 보인다. 어릴 때는 학습과 관련한 요소들을 발달시키기가 더 쉽다. 제임스 와트James Watt는 삼십 대 후반에 증기 기관을 발명했고, 토머스 에디슨Thomas Edison은 삼십 대에 백열전구를 발명했으며, 라이트 형제Wright Brothers도 삼십 대에 비행에 성공했다.

주로 젊을 때 발명하는 경우가 많지만, 너무 어릴 때는 아닌 것으로 보인다. 현실에서 상호작용하면서 배우고, 시험하고, 개선하는 데는 시간이 걸린다. 학교를 졸업하자마자 발명하는 것이 아니다. 그때까지 우리가 한 것은 블루워크가 전부이기 때문이다. 발명과 혁신을 하려면 블루워크와 레드워크가 모두 필요하다.

내 삶은 거의 '학습-실행' 방식을 따랐다. 해군사관학교에 갔고 2년 동안 원자력발전 교육을 받은 뒤 업무를 수행하기 위해 함대로 갔다. 그 이후 석사 학위 두 개를 받았다. 돌이켜 생각해보면 두 개의 학위를 딴 시기가 중단과 숙고의 기간은 아니었던 것 같다. 그 학위를 그저 더 나은 해군 장교가 되는 방편으로만 생각했기 때문일 것이다. 당시의 나는 아직 미숙했고, 그 기회를 충분히 이용하지 못했다.

나는 해군을 떠난 지 28년 후, 책을 쓰고 세계적인 기조 연설자가 되었다. 이것들은 이전과는 완전히 다른 경력이고, 다른 기술을 요한다. 심지어 무대에서 흥미롭고, 설득력 있고, 유용하고, 재미있는 무언가를 전달하는 일은 가만히 앉아 글을 쓰는 것과는 완전히 반대되는 행위이다. 그래서 나는 요즘 내 삶이 '레드워크-블루워크' 사이클이라고 느낀다.

요즘 나는 내 인생의 또 다른 블루워크 기간을 가져야 하는 것은 아닌지 고민하고 있다. 강요나 우연이 아닌 의도적이고 계획된 삶의 변화다.

내가 이 책에서 주장하는 것은 배움에 관한 것이고, '레드워크-블루워크' 리듬은 당신의 직업뿐만 아니라 인생에도 적용할 수 있다. 작게 시작하고 스스로에게 집중하라. 일에 대한, 그리고 인생에 대한 실험을 시작하라.

나는 당신이 이 리듬을 일과 인생에 어떻게 적용해나갈지 그 자세한 이야기가 정말 궁금하다. 새로운 언어를 배우고 있는가? 다른 나라로 이주를 준비 중인가? 학교에 들어가 학위를 취득하려 하는가? 어떤 것이든 좋다. 당신의 이야기를 david@turntheshiparound.com으로 공유해주길 바란다.

인생이라는 여정에서 당신이 행복하기를 바란다.

CHAPTER
11

엘파로호
구하기

엘파로호와 그 선원들은 비극적인 운명을 맞이했다. 그들은 죽음을 통해 귀중한 학습 도구를 남겼다. 바로 배에서 이루어진 대화 기록이다. 이 대화를 통해 그들이 어떻게 달리 행동할 수 있었을지 생각해보려 하지만, 누군가를 비난하거나 그들에게 나쁜 의도가 있었다고 말하려는 것은 아니다. 배에 탄 모든 사람은 임무와 팀에 최선을 다하는 일을 하고 있다고 믿었다. 하지만 그것은 시대에 뒤떨어진 전술 교본에서 불어난 언어 패턴이었고 그것이 그들의 좋은 의도를 재난 상황으로 이끌었다.

우리는 모두 그들과 같은 실수를 한다. 엘파로호 선원들처럼 누군가의 목숨을 위태롭게 하지는 않겠지만, 우리가 직장에서 하는 말의 효과도 이와 크게 다르지 않다.

이 책을 통해 엘파로호의 비극에서 교훈을 얻고 다시는 이러한 비극이 일어나지 않도록 단계를 밟아갈 수 있기를 바란다. 리더들이 리부트 전술 교본으로 언어가 행동에 어떤 영향을 주는지 더 잘 의식하고, 모두가 안전하고 효율적으로 일할 수 있도록 리더십을 발휘하는 세상을 나는 상상하고 있다.

이 장에서 나는 엘파로호의 이야기를 재구상하려 한다. 모든 것이 동일하지만 유일한 차이점은 선원들이 연결의 힘을 발판으로 삼아 그들의 일을 '레드워크-블루워크' 사이클 관점에서 바라본다는 것이다. 이 차이점은 가장 간단한 행동 방식, 그들이 서로에게 말하는 방식에서 분명하게 드러난다.

월요일

플로리다주 잭슨빌 정박 중

태풍 중심부에서 1,600킬로미터 이상 떨어진 지점

엘파로호가 산후안으로 가는 여정을 시작하기 전이고, 이때의 전술은 순응이 아니라 연결이다. 사관과 선원, 선장과 사관 사이에 친밀한 관계가 형성되어 있다.

선장은 필터 역할을 한다. 자신이 느끼는 스트레스가 선원들에게 전달되지 않도록 많은 노력을 기울인다. 그의 마음가짐은 '신경 쓴다. 신경 쓰지 않는다.'다. 그는 자기가 보살펴야 하는 사람과 화물에 대해 깊게 그리고 열정적으로 신경 쓴다. 그리고 배에서 이루어진 어떤 선택의 관료적인 결과에 대해서는 신경 쓰지 않는다. 연결 전술을 통해 선장도 팀의 일원임을 느끼고, 두려움을 완화한다.

선장은 항해를 떠나기 전에 연결 전술을 펼쳐 두 가지 중요한 일을 한다. 첫째, 권력 기울기를 낮추기 위해 일한다. 권력 기울기를 느끼는 것은 하급자지만, 낮추는 것은 상급자의 몫이다. 이 사례에서 선장은 53세이고, 1등 항해사가 54세, 3등 항해사가 46세이다. 나이는 고유의 권력 기울기를 형성하기 때문에 이들 사이에는 낮은 권력 기울기가 형성되어 있다. 2등 항해사는 항법사의 역할을 겸하며 여성이고, 34세다. 선장보다 거의 스무 살이나 어리고 성별로도 소수에 속하는 그녀는 권력 기울기에 가장 큰 영향을 받는다. 그렇기 때문에 그녀가 목소리를 높여도 안전하다고 느낄 만한 환경을 조성하는 것이 중요하다.

선장은 그녀와 일대일로 회의를 한다. 그는 이렇게 말한다. "자네가 우리 팀에 있어서 다행이야. 자네는 우리와 나이도 다르고 성별도 다르니까 다른 관점을 가질 수 있어. 우리가 놓치는 것들을 볼 수도 있고, 우리가 모르는 것들을 알 수도 있을 거야. 다른 사람들이 그 생각이나 우려에 공감하지 못할 수도 있지만, 그렇다고 해서 자네가 틀린 건 아니야. 어쩌면 혼자만 옳을 수도 있어. 나는 자네가 목소리를 높여주길 바라네. 그 말에 귀를 기울이겠네. 항상 자네가 원하는 대로 할 수는 없겠지만, 호기심과 관심을 가지고 그 이야기를 듣겠네. 여기 옐로카드가 있네. 내가 말을 들어주지 않는다는 생각이 들면 심판처럼 옐로카드를 내밀게. 아니면 따로 찾아와서 말해줘도 괜찮아. 그게 더 편하다면 언제든지 그렇게 하게. 자네가 올바르게 생각하는 유일한 사람일 수 있다는 걸 꼭 기억하기를 바라네."

선장은 팀원들에게 이렇게 말할 수 있다. "자네들 중에는 나와 스타일이 다르거나, 이미 다른 선장과 일을 해본 사람도 있을 거야. 항해에 대한 내 다짐은 이렇다네. 내게는 이 배를 푸에르토리코까지 안전하게 운행할 책임이 있어. 각자가 아는 것과 보는 것을 모두가 공유한다면, 우리 모두 더 잘할 수 있을 거라 믿네. 책임자로서 나는 이 여정과 관련한 중요한 결정을 모두가 함께 논의하기를 바라네. 의견이 갈려서 내가 결정해야 하는 상황이라면 모두의 의견을 들은 후에 결정하겠네. 나는 몇 달 전에도 구 바하마 해협으로 가겠다고 결정했었네. 그 경로는 6시간이 더 걸려. 그렇게 할 필요가 있을 수도 있고 없을 수도 있지만 누구도 그 답을 알 수 없네. 그리고 나는 본사에 설명을 해야겠지. 하지만 그것은 내 일이야. 본사 일은 내가 처리할 거야."

선장이 하는 두 번째로 중요한 일은 시간 통제 전술을 준비하는 것이다. 여기에는 중단 시간에 이름을 붙이는 일도 포함된다.

선장은 팀원들에게 브리핑하면서 이렇게 말한다. "허리케인 시즌이라는 것을 모두 염두에 두기를 바라네. 필요할 시에는 중단하면서 어떤 경로로 가야 하는지 결정할 수 있을 거야. 나는 이 중단 시간을 '선원들의 시간'이라고 부르고 싶네. 필요할 때에는 그냥 "선원들의 시간을 요청합니다."라고 말하게. 그다음부터는 절차대로 진행될 걸세. 모든 사관이 함교에 모여서 무엇을 해야 할지 논의하게 될 거야. 다들 처음 당직 설 때 연습 삼아 한 번씩 해보기를 바라네. 적절한 언어와 반응을 연습할 수 있고 아주 쉽다는 것을 알게 될 거야. 우리 모두 협력하기 위해 함교로 모이는 것을 연습할 수 있을 걸세."

수요일

바하마 북단 접근 중

태풍 중심부에서 약 960킬로미터 떨어진 지점

2015년 9월 30일 오전 6시

보통 때라면 특별한 일 없이 대서양 경로로 갔겠지만 이번에는 열대성 태풍 호아킨의 위험이 도사리고 있다. 이것은 레드워크(푸에르토리코까지 대서양 경로로 운행한다.)에서 나와 블루워크(경로에 대한 결정을 내린다.)로 향하는 계기가 되었다.

다음에 필요한 전술은 시간을 통제하고, 협력하고, 전념하는 것이다.

2015년 9월 30일 오전 6시 5분

당직 사관은 시간을 통제하는 전술을 쓴다. 효율적인 조직에서는 시간을 통제할 필요가 있다는 사실을 가장 먼저 알게 된 사람이 시간을 통제한다. 이메일이 전달되지 않을 수도 있다고 판단한 그는 오전 6시 30분에 회의를 열어 배의 경로를 결정하겠다는 메모를 써서 모든 사관에게 보낸다.

차선책으로는 선장에게 블루워크의 필요성을 알려서 회의를 소집하게 하는 방법이 있다. 하지만 선장은 당직 사관을 지원하는 역할만 해야 한다.

2015년 9월 30일 오전 6시 10분

선장은 다른 사관들과 함께 메시지를 받는다.

2015년 9월 30일 오전 6시 15분

2등 항해사는 함교에 도착해 누가 회의를 주재할 것인지를 당직 사관과 논의한다. 폭풍 속에서 푸에르토리코까지 이동하는 방법이 주제이므로 2등 항해사가 회의를 진행하기로 결정한다. 선장이 회의에 올 때까지 기다리지 않는다.

그들은 자신들이 의사결정자 역할을 맡을 시 팀이 더 탄력적으로 결정을 내릴 수 있고, 선장이 독립적인 결정 평가자 역할을 맡을 수 있다는 사실을 안다. 또 선장이 더 많이 개입할수록 선원들은 몰입의 상승에 빠질 위험이 크고, 미리 정해진 행동 방침을 고수할 확률이 높다는 사실을 알고 있다.

2015년 9월 30일 오전 6시 29분

모두 함교로 모인다. 선장은 한발 물러서 있고 사관들은 회의 테이블로 모인다.

2015년 9월 30일 오전 6시 30분, 회의 시작

2등 항해사는 선장이 고개를 끄덕이거나 뭔가를 말하기를 기다리지 않고 회의를 시작한다. 선장의 승인을 얻기 위해 쳐다보는 일도 없다.

다른 사관들을 보면서 그들에게 말한다. "아시다시피, 우리는 결정을 내려야 합니다. 결정 지점으로 다가가고 있습니다. 이제 그곳을 '결정 지점 1'이라고 부르겠습니다. 푸에르토리코까지 대서양 경로로 계속 갈지 혹은 배를 돌려 구 바하마 해협으로 갈지 결정해야 합니다. 우리가 협력해서 이 결정을 내려야 하는 이유는 열대성 태풍 호아킨이 1급 태풍으로 격상되었기 때문입니다."

2등 항해사는 손가락 개수를 이용한 투표를 요청한다. "두 가지 경로에 대해 얼마나 강력하게 지지합니까? 구 바하마 해협을 강력하게 지지하면 주먹(0)으로, 일반적인 경로를 강력하게 지지하면 손가락 다섯 개를 모두 펴주세요." 2등 항해사는 투표부터 한 후 논의하는 방식과 손가락 개수를 이용한 투표 방법을 활용하고 있다. 작은 집단이고, 심리적 안전감이 높기 때문에 손가락 개수 투표가 빠르고 효율적인 수단이다.

집단은 논의를 시작하기 전에 가장 큰 가변성을 보인다. 2등 항해사는 사람들이 솔직하게 의견을 내지 못할 것이 우려된다면 확률카드를 활용한 무기명 투표를 요청할 수 있다.

2등 항해사는 "구 바하마 해협 또는 대서양 경로 중 어디로 가야 합니까?"라는 이분법적 질문을 피하고, '얼마나'로 시작하는 질문을 한다. 이때 그녀가 할 일은 양쪽 선택지를 고정시킨 후, 가변성의 최대치를 이끌어내는 확률적 방식으로 질문하는 것이다.

"자, 투표하세요!"

1등 항해사, 2등 항해사, 3등 항해사, 기관장 모두 손을 올린다. 투표 결과는 각각 5, 3, 1, 0이다. 1등 항해사는 효율적인 대서양 경로를 강력하게 지지하고, 기관장은 안전한 구 바하마 해협을 강력하게 지지한다. 선장은 이어질 논의에 영향을 주지 않고 팀의 활동을 관찰하고 싶기에 투표하지 않는다. 선장은 최종 투표 결과에 대한 거부권을 갖고 있기 때문에 굳이 지금 이야기하지 않아도 된다.

2등 항해사는 가변성을 포용하고, 설득하는 대신 사람들의 의견에 호기심을 갖는다.

그녀는 기관장에게 중립적인 어조로 묻는다. "기관장님은 주먹을 보여주셨네요. 그 이유에 관해 이야기 좀 부탁드립니다." 그녀가 "투표했네요."가 아닌 "보여주셨네요."라고 말한 것 또한 의도적인 것이다. 이것은 사람과 지위를 분리하고 반대 의견을 유도한다. 또 "왜 그렇게 투표하셨어요?"라고 묻지 않는다. 그렇게 질문하면 투표에 반감을 드러내는 것으로 받아들여질 수 있고, 투표자가 방어적인 태도를 취할 수 있다.

기관장은 설명한다. "우리 배는 증기 기관으로, 45년 된 배입니다. 배가 심하게 요동치면 윤활유 시스템이 장애를 일으킬 수 있고, 그렇게 되면 설비들이 멈출 위험이 있습니다. 설비가 멈추면 다시 가동되기 어려울 겁니다."

일반적인 경로로 가는 것을 강력하게 지지한 1등 항해사는 기관장을 이해시키려고 하기 전에 먼저 이해하려고 한다. "배가 몇 도 정도 기울면 윤활유 시스템에 장애가 생기겠습니까?" 그는 배가 견딜 수 있다고 기관장을 설득하는 대신에 호기심으로 반응한다.

기관장은 대답한다. "이 배는 30도까지 기울어도 문제없도록 설계되었지만, 기어가 마모된 데다 윤활유 레벨이 낮아서 제 짐작에는 20도에서 25도 정도 기울면 중단될 위험이 있습니다. 25도 기울어진 상태에서 추진력을 유지할 수 있다는 가정에 60퍼센트 밖에 확신하지 못하겠습니다."

기관장은 확실하게 알 수 없는 상황이지만, 확률적인 대답으로 최선의 추정치를 말한다. 그는 또 윤활유 레벨이 낮다는 어쩌면 말하기 곤란한 정보를 공유한다. 이것은 운항 계획상 실수로 볼 수도 있지만 선장은 여전히 조용하다.

그다음으로 2등 항해사는 손가락 다섯 개를 모두 편 1등 항해사에게 생각을 설명해달라고 요청한다. 1등 항해사는 더 짧은 대서양 경로로 갈 때의 효율성과 승객, 회사가 얻는 이점을 언급한다.

선장은 집단에서 가장 하급자인 3등 항해사가 조용히 있는 것을 알아차린다. "3등 항해사는 말이 없네. 아까 손가락 한 개를 폈는데 이에 대해 어떻게 생각하는가?" 블루워크 협력 전술에서 리더의 책임은 합의를 이끌어내는 것이 아니라 논의를 유도하고, 말을 많이 하지 않는 구성원을 북돋워주는 것이다.

3등 항해사는 짧은 이야기를 들려준다. "음, 바하마에서 10년을 살았지만, 글쎄요, 저는 이 태풍이 두렵습니다. 지금 결정하고 나면 퇴로가 없을까 봐 걱정됩니다. 지금 내린 결정에 얼마나 전념해야 하죠?"

3등 항해사는 허리케인 속으로 항해하는 것에 대해 우려를 표현하는 것이 안전하다고 느끼고, 중요한 질문을 한다. 결정이 한 번 내려지면 다시 논의할 기회가 있는가? 시간 통제 전술로 중단 시간을 미리 계획해서 전념 시간을 짧게 할 수 있는가?

2등 항해사는 목소리를 높인다. "럼케이 섬 근처에서 한 번 더 결정을 고민할 수 있을 것 같습니다. 그곳을 '결정 지점 2'라고 부르죠. 거기에 바하마를 관통하는 해협이 있어요. 시속 37킬로미터로 가면 오늘 자정쯤 그 결정 지점에 도착할 겁니다. 약 18시간이 남았네요." 선장이 끼어든다. "여기서 한마디만 하고 싶네. 몇 달 전 폭풍이 임박했을 때 나는 구 바하마 해협을 선택했어. 결정을 번복하기 위해 회사와 논의해야 했지만 나는 여전히 이렇게 무사하네. 그러니까 내 평판을 지키는 문제로 자네들의 투표가 좌우되는 것은 원치 않아. 우리에게, 그리고 회사에 옳은 일을 해야 해." 선장은 선원들이 날씨나 배의 상태를 근거로 투표하기를 원한다. 올바른 이유를 가지고 올바른 결정이 내려지기를 원한다.

1등 항해사도 추가할 정보가 있다. "다들 알겠지만, 이번 시즌이 끝나면 알래스카로 향할 거고 거기에서는 악천후를 정말 많이 만나게 될 거야. 나는 거대한 파도 앞에서 엘파로호가 어떻게 되는지 보고 싶어. 이번 기회에 알래스카 운행을 준비하며 물질적으로나 절차적으로 변경할 것이 있는지 알 수 있을 거야." 나는 여기에서 학습을 강조하고 싶다. 블루워크를 하는 동안 사고방식은 성장, 숙달, 학습 쪽으로 치우쳐야 한다. 방침을 선택할 때는 단기적인 생산 가치도 중요하지만 우리가 무엇을 배울 수 있는지도 고려해야 한다.

2등 항해사는 전념으로 나아갈 때라고 느낀다. "좋습니다, 다시 투표하죠."

기관장은 묻는다. "산후안으로 가는 전체 항로에 대해 투표합니까, 아니면 여기서부터 럼케이 섬 갈림길까지만 투표합니까?"

2등 항해사가 말한다. "이 투표는 럼케이 섬 갈림길까지 유효합니다. 구간이 두 개, 결정 지점이 두 개라고 생각하세요. 구간을 분리하겠습니다." 그녀는 전체 경로보다 작은 일부분에 전념하는 것이 더 쉽다는 것을 안다.

투표 결과는 5, 5, 3, 2다. 팀의 의견은 대서양 경로를 타는 쪽으로 움직였다. 럼케이 섬에서 다시 결정할 수 있다는 것을 알기 때문에 기관장의 경고에도 불구하고 편안하게 결정을 내릴 수 있었다. 짧은 전념은 더 많은 학습과 위험을 감수하는 행동을 허용한다.

2등 항해사가 말한다. "좋습니다. 제 제안은 이렇습니다. 우리는 이제 대서양 경로로 갑니다. 저는 날씨가 너무 나빠지기 전에 위험을 감지할 수 있을 거라는 가설을 세웠습니다. 일기 예보뿐만 아니라 선상에서 측정되는 바람과 파도 수치도 주시하겠습니다. 자정에 다시 회의를 열고 구 바하마 해협으로 갈지 계속 대서양 경로로 갈지 결정하겠습니다."

2등 항해사는 가능한 한 작은 조각으로 나누어 선원들이 전념할 수 있게 이끌었다. 그녀는 레드워크(럼케이 섬 갈림길까지 항해하기) 기간과 다음 블루워크 결정 시점(자정)을 명시한다. 그녀는 다음 결정이 있을 거라고 모두에게 말했고 그들은 자신들의 투표가 중요하다는 것을 알기 때문에 학습과 성장 사고방식을 활성화시킨다. 그들은 다음 투표를 위해 기상 상태를 계속 관찰하며 더 넓은 관점을 가질 것이다.

2등 항해사는 집단 구성원 누구든 반대의 목소리를 낼 수 있도록 '제안'이라는 단어를 선택했다.

2등 항해사는 항법사라는 그녀의 역할을 봤을 때 집단에서 계획을 제안하기 가장 적합한 사람이다. 게다가 가장 어리기에 의견을 일치시켜야 한다는 사회적 압력을 가장 적게 줄 수 있는 사람이다.

선장은 계획을 승인한다. "좋아. 그게 우리 계획이야. 상황을 지켜봅시다. 특히 배가 기울 때 설비가 버틸 수 있을지 관심을 가져야겠어. 악천후 속으로 들어가고 있으니 모두 어떻게 대응할지 절차를 재검토해보기를 바라네. 8시에 회의를 열어 악천후에 대비해 얼마나 준비가 되었는지 확인하겠네."

결정이 내려졌다. 배를 악천후 속에서 운행할 것이기 때문에 상부 현측 문을 잠그는 등 특별 조치를 시행해야 한다. 이 조치는 대서양 경로를 타는 결정을 뒷받침하는 레드워크의 일부다. 몇 시간 동안은 배가 악천후 속으로 들어갈 확률이 높지 않기 때문에 선장은 무엇을 하라고 선원들에게 지시하는 대신 각 사관이 자신의 자리에서 절차를 재검토할 수 있는 시간을 준다. 그렇게 함으로써 사관들은 주인 의식과 주도권을 가질 수 있다.

1등 항해사는 생각한다. "본사에 우리가 무엇을 하고 있는지 알려야 할 것 같습니다. 메시지를 준비하겠습니다." 그는 본사가 엘파로호의 결정에 따르거나, 그 경로에 이의를 제기할 것으로 예상하고 있다. 둘 중 하나를 수동적인 자세로 기다리기보다 선수를 쳐서 본사에 계획을 알리자고 조직에 제안한다. 그는 앞장서서 메시지를 준비함으로써(아직 보내지는 않는다.) 능동적으로 행동하고 있다.

이후 낮부터 자정까지 몇 명이 근무를 서는 동안, 사관들은 바람, 파도, 기상의 변화에 주목한다. 그렇게 하는 이유는 곧 결정 회의에 참석할 것이고, 관찰의 결과가 회의에서 중요하게 다루어질 것을 알기 때문이다. 그들은 자기 운명을 통제할 권한이 스스로에게 있음을 안다.

2015년 9월 30일 자정, 회의 시작

자정 회의에서 사관들은 다시 손가락 개수로 투표를 진행한다. 폭풍 풍속은 시속 160킬로미터 이상으로 강해졌고, 배는 이미 심하게 기울고 있었으며, 안전을 지킬 다른 선택지가 없었기에 그들은 갈림길에서 배를 돌려 안전한 해협으로 가기로 결정한다. 선장은 이 결정으로 인해 도착까지 6시간이 지연되며, 얼마만큼의 손실이 발생할지를 알고 있다. 또한, 대서양 경로로 계속 항해하는 결정을 하더라도 아무 문제 없이 일이 잘 풀릴 수도 있다는 사실을 안다. 하지만 그는 결정을 승인하고, 사관들은 본사에 이를 알린다.

금요일

2015년 10월 2일 오전 9시

엘파로호는 산후안에 도착한다. 일부 계측기의 상단이 손상되고, 화물 일부가 부서졌다. 그러나 33명의 선원은 단 한 명도 다치지 않고 무사히 도착한다.

구 바하마 해협으로 가기로 한 결정이 배를 구했다.

감사의 글

　　　　　　　　　나는 내 아이디어 중 그 어떤 것도 실은 나의
것이 아니며, 다른 사람들에게서 얻은 생각이라고 말하고는 했다.

　지금의 생각에 이르기까지 여러 차례 머릿속이 번뜩이는 경험을 했
다. 첫째, 나는 언어가 중요하다는 사실을 배웠다. 투키디데스Thucydides
가 페리클레스Pericles의 훌륭한 연설을 높이 평가한 아주 오래 전 기록
부터 윈스턴 처칠Winston Churchill과 마틴 루서 킹 주니어Martin Luther King Jr.
의 강력한 말에 영향을 받았다. 둘째, '레드워크-블루워크'의 리듬이자
삶 전반의 틀이기도 한 실행과 휴식, 행동과 생각, 집중과 숙고의 체계
를 생각하게 됐다. 이에 대해서는 빅터 프랭클Viktor Frankl의 작품에서 많
은 도움을 받았다.

　나는 내 아이디어를 실행에 옮긴 모든 리더들에게 계속해서 귀중한
피드백과 좋은 이야기들을 전해주면서 감사의 마음을 표현하고 싶다.

　포트폴리오/펭귄Portfolio/Penguin 팀은 필요할 때마다 나를 독려하고

뒷받침해준 최고의 팀이었다. 특히 내 담당 편집자 카우시크 비스와나트에게 감사를 전하고 싶다.

《턴어라운드》팀인 척 던피, 캐시 코스텔란스키, 제이미 웰치, 제프 리프, 피터 러시안, 앤디 워섹, 마이크 길레스피 박사에게도 감사하다. 그들 모두 내가 더 나은 원고를 쓸 수 있도록 큰 도움을 주었으며, 불만과 불평을 묵묵히 들어주었고, 이 프로젝트에 몰두하는 동안 회사를 잘 이끌어주었다.

특별히 고마운 사람은 엘파로호의 기록을 자세히 분석해준 제이미다. 분석을 통해 나는 한 조직이 실제로 어떻게 의사소통하는지에 대한 통찰을 얻을 수 있었다. 국가교통안전위원회의 조사 기록을 통해 선원과 승무원의 음성 기록이 공개되지 않았다면 나는 아마 이 책을 쓸 수 없었을 것이다.

가장 큰 영광은 이 책을 설계하고 다듬어준 데이브 몰다워에게 돌리고 싶다. 데이브는 내가 막다른 길에 이르렀다고 느꼈던 시기에 큰 도움을 주었다.

마지막으로 책을 쓰지 않는 날에는 내 불만과 불평에 시달리고, 책을 쓰는 날에는 몇 시간 동안이나 내가 글을 쓸 수 있게 도와준 아내와 제인에게 감사의 마음을 전한다.

리더십 리부트

초판 1쇄 인쇄 2021년 7월 2일
초판 1쇄 발행 2021년 7월 9일

지은이 | L. 데이비드 마르케
옮긴이 | 박정은
펴낸이 | 金滇珉
펴낸곳 | 북로그컴퍼니
주소 | 서울시 마포구 월드컵북로1길 60(서교동), 5층
전화 | 02 - 738 - 0214
팩스 | 02 - 738 - 1030
등록 | 제2010 - 000174호

ISBN 979 - 11 - 90224 - 95 - 6 03320

· 원고투고: blc2009@hanmail.net
· 블로그: blog.naver.com/blc2009
· 인스타그램: @booklogcompany
· 페이스북: facebook.com/blc2009
· 유튜브: 북로그컴퍼니